실전 해법으로 풀어가는
학교 폭력과 갈등 해결

실전 해법으로 풀어가는 학교 폭력과 갈등 해결

발행일   2025년 3월 17일

지은이   안혜준, 최정한, 최윤석
펴낸이   손형국
펴낸곳   (주)북랩
편집인   선일영   편집   김현아, 배진용, 김다빈, 김부경
디자인   이현수, 김민하, 임진형, 안유경, 한수희   제작   박기성, 구성우, 이창영, 배상진
마케팅   김회란, 박진관
출판등록   2004. 12. 1(제2012-000051호)
주소   서울특별시 금천구 가산디지털 1로 168, 우림라이온스밸리 B동 B111호, B113~115호
홈페이지   www.book.co.kr
전화번호   (02)2026-5777   팩스   (02)3159-9637

ISBN   979-11-7224-543-6 03330 (종이책)   979-11-7224-544-3 05330 (전자책)

(주)북랩 성공출판의 파트너

북랩 홈페이지와 패밀리 사이트에서 다양한 출판 솔루션을 만나 보세요!

홈페이지 book.co.kr   •   **블로그** blog.naver.com/essaybook   •   **출판문의** text@book.co.kr

---

작가 연락처 문의 ▸ ask.book.co.kr

작가 연락처는 개인정보이므로 북랩에서 알려드릴 수 없습니다.

학교 현장에서 바로 적용하는
학폭 대응 매뉴얼

실전 해법으로
풀어가는

학교 폭력과
갈등 해결

안혜준 외 2인 지음

북랩

서문

　안녕하세요. 학교 폭력이 나와는 상관없을 것 같기는 하지만 불안에 놓여 계시죠. 나도 모르게 내 자녀가 학교 폭력에 피해자나 가해자가 되어 있을까 봐, 염려와 초조한 모습을 보이시는 분들을 주변에서 많이 보았습니다. 그래서 도움이 되었으면 하는 바람에서 시작하게 되었고, 저를 중심으로 책을 써 나가게 되었습니다.

　이렇게, 공동 필자가 책을 출간하게 된 배경의 시작점은 학교 폭력 예방과 관련하여 오랫동안 활동을 했던 시절로 올라갑니다. 학교 폭력의 예방 교육이나 예방 활동에서도 학교 폭력은 줄어들지 않았으며, 2004년 학교폭력예방및대책에관한법률시행령(안)을 제정한 학교(폭력대책)자치위원회에서 2020년 새학기부터 학교폭력대책심의위원회로 이관된 후에도, 즉, 학교폭력대책심의위원회 등에 많은 예산을 사용하면서도 결론적으로 학교 폭력이 줄어들지 않고 있는 이유는 무엇일까? 이러한 의문이 드는 동시에 이대로는 안 되겠다는 생각을 하였습니다.

　폭력은 안 된다는 식의 무조건적인 교육이나 강경한 태도와 법적인 제지만으로는 학교 폭력은 줄어들지 않을 것입니다. 피해자의 마음이 어떤 마음인지를 이해할 수 있도록, 타인의 입장에서 학교 폭력이 발생하면 안 되는 이유를 알 수 있도록 교육하는 것이 필요성을 강조하고 싶었고, 이렇게만 된다면 학교 폭력은 줄어들 것입니다. 또 필요한 것이 있다면, 아이의 마음을 이해하는 것입니다. 그렇다면, 올바른 가치관을 심어 주기 위하여 우리는 얼마나 노력을 하였을까요?

예전의 기억을 떠올려 보면, 2019년도 8월 학교폭력법 개정으로 학교장 자체 해결 확대와 법제화하여 학교폭력대책심의위원회의 교육지원청 이관으로 전문성과 공정성 면에서 좋은 평가를 받은 적이 있었습니다. 하지만 학교 폭력 건수는 줄어들지 않았고, 2020년에 코로나19를 거쳐 2021년 초에 연예인, 유명 스포츠 선수들에 대한 학교 폭력 me too 운동이 불거지면서 앞으로 학교 폭력이 크게 줄 것으로 예상했지만, 2021년 9월부터 현재까지 발생한 사안 건수와 학교폭력심의위원회 개최 건수가 대폭 증가한 것은 학교폭력법 개정의 취지가 전혀 반영되지 않고, 효과적으로 운영되지 않고 있다는 증거로 보이며, '아이돌학투' 등 학교 폭력 문제가 끊이지 않고 있는 가운데, 코로나19 이후 학교 운영이 정상화되면서 줄었던 학교 폭력이 다시 증가하고 있다는 기사는 계속 접하게 되었습니다.

학교에서는 학교장 자체적인 종결의 확대 시행하도록 하였지만 오히려 발생 초기부터 교육적 접근보다는 신속히 심의위원회로 넘겨 심의위원회의 가해 관련 조치 결정에 내리고 따르기만 하면 된다는 생각이 지대하였고, 초등학교의 경우는 갈등으로 인한 학부모의 개입과 교육적 화해와 관계 회복 프로그램이 전혀 효과를 보지 못하고 있다는 불신만 증가하게 되었습니다.

또한 심의위원회의 심의 현장에서 학부모들의 불만은 학교의 전담기구에서 조기에 발견하고 초기에 적절한 조치를 했더라면, 전담기구에서 이미 해결되어 학교폭력심의위원회까지 사안이 오지 않고 좀 더 원만히 해결로 마무리되었다면, 서로 얼굴을 붉히는 상황이 일어나지 않았을 것이라는 원망과, 학교는 학교폭력심의위원회로 전적으로 미루는 것 같은 미온적 조치를 아쉬워하는 사례와, 이러한 과정에서 경미한 다툼도 학교 폭력으로 조치 결정을 받는 사례가 늘면서 이에 반발하여 소송으로 이어지는 일도 빈번해서 교육적인 선도 조치의 목적이 맞는 것인지, 원성이 높아지기도 하였습니다.

이는 결국, 교육 현장에서는 무분별한 학교 폭력 신고와 소송으로 인한 학생과 학부모들 간의 갈등은 심화되고 있는 현실을 각성하게 됩니다.

학교 폭력의 피해를 입는 과정에서 피해를 입은 후에 구조적인 방법을 몰라서 제2차 폭력을 경험하지 않도록, 피해자가 가해자로 되지 않도록 하고자 간절한 바람에서 이 책을 집필하게 되었습니다.

탈고脫稿하기까지 앞에서 끌어 주시고, 뒤에서 늘 응원해 주시는 정신적인 지주이신 이미영 (전) 인천시교육청 동아시아국제교육원장님을 비롯하여 이기수 (전) 고려대학교 총장님, (전) 부평여중 김정모 교장 선생님, 인천 백석중학교 한소영 교장 선생님, 경인교육대학교 심우민 교수님, 인천시교육청 박미자 시민소통관님, (전) 경인교육전문대학원 서승미 원장님, 청운대학교 평생교육원 장현호 팀장님, 경기도안산교육지원청 강정숙 상담사님, (사)인천광역시장애인단체총연합회 위계수 회장님과

진달범 사무처장님, 박미정, 안영일, 이은원, 조미향, 김혜숙 그리고 사랑하는 가족들과 '오! 내 친구'의 송윤옥 대표님, 윤진숙 소장님, 화해분쟁조정전문가협회와 갈등화해마인드아카이브에서 함께하는 소중한 이들에게 고마움과 감사의 인사를 전합니다. 특별히 언급하고 싶은 분들이 계십니다. 속상하고 억울하셨던 학교 폭력 피해를 경험하셨던 일들로 인해 저를 찾아오셔서 눈물로 공감을 나누셨던 당사자와 그 가족분들에게 힘을 보태 드리고 싶습니다. 희망을 버리지 마십시오. 제가 필요하시다면 끝까지 함께하겠습니다.

부디 학교 폭력으로부터 우리 자녀들이 안심하고 학교생활을 하기를, 또래와의 관계가 무너지지 않기를, 바라면서 작은 갈등의 불씨가 폭력적으로 번지지 않기를, 참다운 교육적인 해결과 진정한 사과와 재발 방지가 있는 교육 현장이 되기를, 무더운 여름 같은 가을날 공동 저자의 작업실에서….

2025. 3.

代 表 著 者
安 惠 準

C O N T E N T S

PART 1

학교 폭력

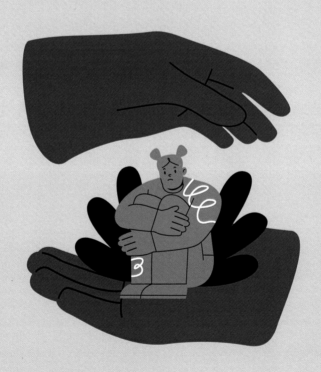

학교 폭력의 이해

폭력의 개념을 보면, 학생(청소년)과 아동과 관련하여 폭력과 관련된 법령은 아래와 같다.

구분	학교 폭력	성범죄	아동학대	아동학대범죄
피해자	학생	아동.청소년 (19세미만)	아동 (18세미만)	아동 (18세미만)
가해자	제한 없음		보호자 및 성인	보호자
관련 법	학교 폭력 예방 및 대책에 관한 법률	청소년보호법	아동복지법	아동학대범죄의 처벌등에 관한 특례법

청소년보호법 제2조의 제7호 '청소년폭력·학대'란 폭력이나 학대를 통하여 청소년에게 신체적·정신적 피해를 발생하게 하는 행위를 말한다.

아동복지법 제3조의 제7호 '아동학대'란 보호자를 포함한 성인이 아동의 건강 또는 복지를 해치거나 정상적 발달을 저해할 수 있는 신체적·정신적·성적 폭력이나 가혹행위를 하는 것과 아동의 보호자가 아동을 유기하거나 방임하는 것을 말한다.

제7호의 2. '아동학대관련범죄'란 다음 각 목의 어느 하나에 해당하는 죄를 말한다.

가. 「아동학대범죄의 처벌 등에 관한 특례법」 제2조제4호에 따른 아동
학대범죄

나. 아동에 대한 「형법」 제2편 제24장 살인의 죄 중 제250조부터 제
255조까지의 죄

아동학대처벌법 제2조의 제4호에서 보호자에 의한 아동학대에 대하여 나열해 놓았다. 이 중에서 우리가 정리하고 자세하게 살펴봐야 할 법령은 학교폭력예방법, 즉 학교 폭력예방 및 대책에 관한 법률(약칭: 학교폭력예방법)이다.

이 법의 제1조에 나오는 목적은 [제1조(목적) 이 법은 학교 폭력의 예방과 대책에 필요한 사항을 규정함으로써 피해 학생의 보호, 가해 학생의 선도·교육 및 피해 학생과 가해 학생 간의 분쟁조정을 통하여 학생의 인권을 보호하고 학생을 건전한 사회구성원으로 육성함을 목적으로 한다]로 정의를 자세히 살펴보면, 제2조(정의) 이 법에서 사용하는 용어의 정의는 다음 각 호와 같다.

1. '학교 폭력'이란 학교 내외에서 학생을 대상으로 발생한 상해, 폭행, 감금, 협박, 약취·유인, 명예훼손·모욕, 공갈, 강요·강제적인 심부름 및 성폭력, 따돌림, 사이버폭력 등에 의하여 신체·정신 또는 재산상의 피해를 수반하는 행위를 말한다.

1의2. '따돌림'이란 학교 내외에서 2명 이상의 학생들이 특정인이나 특정집단의 학생들을 대상으로 지속적이거나 반복적으로 신체적

또는 심리적 공격을 가하여 상대방이 고통을 느끼도록 하는 모든 행위를 말한다.

1의3. '사이버폭력'이란 정보통신망(「정보통신망 이용촉진 및 정보보호 등에 관한 법률」 제2조제1항제1호의 정보통신망을 말한다)을 이용하여 학생을 대상으로 발생한 따돌림과 그 밖에 신체·정신 또는 재산상의 피해를 수반하는 행위를 말한다[1].

👍 학교 폭력 정의에 관한 판례

👍 학교 폭력은 폭행, 명예훼손·모욕 등에 한정되지 않고 이와 유사하거나 동질의 행위로서 학생의 신체·정신 또는 재산상 피해를 수반하는 모든 행위를 포함한다.(서울행정법원 2014구합250 판결)

학교 폭력예방 및 대책에 관한 법률 제2조의 1. '학교 폭력'이란 학교 내외에서 학생을 대상으로 발생한 상해, 폭행, 감금, 협박, 약취·유인, 명예훼손·모욕, 공갈, 강요·강제적인 심부름 및 성폭력, 따돌림, 사이버폭력 등에 의하여 신체·정신 또는 재산상의 피해를 수반하는 행위를 말한다. 여기서 말하는 행위를 자세하게 풀이하면 다음과 같다.

---

[1] 학교폭력예방법 제2조제1호는 '학교 폭력이란 학교 내외에서 학생을 대상으로 발생한 상해, 폭행, 감금, 협박, 약취·유인, 명예훼손·모욕, 공갈, 강요·강제적인 심부름 및 성폭력, 따돌림, 사이버 따돌림, 정보통신망을 이용한 음란·폭력 정보 등에 의하여 신체·정신 또는 재산상의 피해를 수반하는 행위를 말한다'고 정하고 있다.

2013년 광주 여학생 자살 사건으로 학교 폭력 관련 법률이 개정되었다. 학교 폭력 예방과 대응에 대한 사회적 인식이 높아졌고 학교 폭력 신고 체계가 강화된 계기의 사건이다.

👍 학교 폭력 정의에 관한 판례

👍 학교폭력예방법의 목적 및 위 규정의 문언을 고려할 때, 학교 폭력은 위에서(학교폭력예방법 제2조제1호) 나열한 폭행, 명예훼손·모욕, 따돌림 등에 한정되지 아니하고, 이와 유사하거나 동질의 행위로서 학생의 신체·정신 또는 재산상의 피해를 수반하는 모든 행위를 포함한다고 봄이 타당하다.(수원지방법원 2022.11.17. 선고 2022구합74196 판결)

👍 정당방어에 관한 판례

학교 폭력의 발생을 따져보면 일방의 경우에서도 가해 관련 측에서는 쌍방을 주장하는 경우가 많이 있다. 이를테면 A학생이 B학생을 폭행하는 하였고 이러한 폭행을 당하고 있는 B학생이 폭행을 막기 위한 행위에서 A학생을 폭행했을 경우에 A학생은 B학생이 폭행을 가했다고 주장을 하고 B학생은 정당방어라고 주장을 하는 경우를 말한다.

※ 정당방위(정당방어): 개인이 자신이나 타인을 보호하기 위해 필요한 방어 행동을 할 수 있는 권리. 부당한 침해를 막기 위하여 침해자에게 어쩔 수 없이 취하는 가해 행위라고 해석하고 있다. 하지만 정당방어를 어디까지 인정해야 할지에 관하여 명확하게 법으로 되어 있지 않아서 애매한 경우가 있지만 판례를 보면 다음과 같다.

👍 서로 격투를 하는 상호 간에는 공격행위와 방어행위가 연속적으로 교차되고 방어행위는 동시에 공격행위가 되는 양면적 성격을 띠는 것이므로 어느 한쪽 당사자의 행위만을 가려내어 방어를 위한 정당행위라거나 또는 정당방위에 해당한다고 보기 어렵다.(대법원 1984.9.11. 선고 84도1440 판결)

즉, A학생이 B학생을 한 대를 때리고 또 B학생을 폭행을 하려고 했을 때 B학생은 맞을까 봐서 먼저 A학생을 때린 경우에 무조건 정당방어라고 볼 수 없다. A학생이 폭행이 시작된 부분과 상황, 폭행과 방어적 행동으로 한 폭행의 시간 차이 등 인과관계를 살펴봐야 되는 것이다.

👍 구체적 사정들을 참작하여 방위행위가 사회적으로 상당한 것으로 정당방위의 성립요건으로는 방어행위에는 순수한 수비적 방어뿐 아니라 적극적 반격방어의 형태도 포함되나 그 방어행위는 자기 또는 타인의 법익침해를 방위하기 위한 행위로서 상당한 이유가 있어야 한다.(대법원 1992.12.22. 선고 92도2540 판결)

정당방위는 자기를 방어하기 위한 필요한 수단을 사용하는 것으로 인정된다고 본다.

02.   학교 폭력의 유형

학교 폭력 예방 및 대책에 관한 법률(약칭: 학교폭력예방법) 제2조의 학
교 폭력의 개념 정리를 참조하여 더욱 자세하게 파헤치고 싶으면 아래에
서 따로따로 정리하여 유형을 분리하였으니 참조하길 바란다.

종류(유형)	개 념
상해	신체에 생리적 기능에 훼손을 입힌 것[2]
폭행	사람의 신체에 대한 유형력[3]의 행사
감금	사람을 일정한 장소 밖으로 나가지 못하게 하여 신체활동의 자유를 장소적으로 제한하는 것
협박	해악을 고지하여 상대방에게 공포심을 느끼게 하는 행위[4]
약취·유인	약취란 폭행·협박[5]으로 사람을 자기 또는 제3자의 실력적 지배하에 옮기는 것 유인이란 기망이나 유혹으로 사람을 그의 하자 있는 의사에 의하여 자기 또는 제3자의 실력적 지배하에 옮기는 것

---

2) 상해의 개념에 대한 학설 중 신체의 생리적 기능훼손설의 입장으로 다수설임.

3) 유형력이란 사람의 오관에 직접·간접으로 작용하여 육체적·정신적으로 고통을 줄 수 있는 광의의 물리력을 의미한다. 유형력에는 역학적 작용(예를 들어 구타, 밀치는 행위, 손·옷을 세차게 잡아당기는 행위, 얼굴에 침을 뱉는 행위, 좁은 공간에서 칼이나 흉기를 휘두르는 행위, 돌을 던지는 행위, 수염·모발의 절단, 일시적인 자유의 구속) 이외에 화학적·생리적 작용(예를 들어 심한 소음·음향, 폭언의 수차 반복, 고함을 질러서 놀라게 하는 경우)가 포함될 수 있다.

4) 협박은 해악의 발생이 직접·간접적으로 행위자에 의해 좌우될 수 있는 것이어야 함. 해악이 현실적으로 발생할 가능성이 있거나 행위자가 이를 실현할 의사가 있다는 인상을 주었고, 상대방이 사실상 그러한 해악이 발생할 가능성을 인식하였다면 협박에 해당한다. 그러나 행위자에게 해악을 실현할 의사가 없음이 명백한 때에는 협박이라고 할 수 없을 것이다. 해악을 고지하는 방법에는 제한이 없어서 말뿐 아니라 문자로도 가능하다.

5) 여기서의 폭행, 협박은 상대방의 반항을 억압할 정도임을 요하지 않으므로 수면제나 마취제로 상대방을 최면상태로 빠뜨려 다른 곳으로 데려가는 경우는 물론 이미 심신상실 상태에 있는 사람을 데려가는 것도 포함된다(김정철, 형법솔루션).

종류(유형)	개 념
명예훼손·모욕	명예훼손이란 여러 사람 앞에서[6] 사람의 사회적 평가를 훼손시키는 데 충분한 구체적 사실을 퍼뜨리는 행위 모욕이란 여러 사람 앞에서 사실이 아닌 사람의 사회적 평가를 떨어뜨릴 만한 추상적 판단이나 경멸적 감정을 표현하는 행위
공갈	재물을 교부받거나 재산상의 이익을 취득하기 위하여 폭행 또는 협박을 가하여 상대방으로 하여금 공포심을 일으키게 하는 행위
강요·강제적 심부름	강요란 폭행 또는 협박으로 사람의 권리행사를 방해하거나 의무없는 일을 하게 하는 것을 의미하고, 학교폭력예방법 제2조제1호 학교 폭력의 예시 중 하나인 강제적인 심부름 역시 강요에 해당한다고 볼 수 있다.
따돌림	학교 내외에서 2명 이상의 학생들이 특정인이나 특정 집단의 학생들을 대상으로 지속적이거나 반복적으로 신체적 또는 심리적 공격을 가하여 상대방이 고통을 느끼도록 하는 모든 행위[7]
사이버폭력	정보통신망을 이용하여 학생을 대상으로 발생한 따돌림과 그 밖에 신체·정신 또는 재산상의 피해를 수반하는 행위[8]. 인터넷이나 SNS 상에서 벌어지는 언어폭력, 금품갈취, 강요, 따돌림, 성폭력이 해당되고, 단체 대화방에 초대하여 욕설을 하며 금품을 갈취하거나, SNS에 이상한 소문을 퍼트리는 행위, 휴대폰으로 음란한 사진이나 영상을 전송하는 행위 등이 포함됨.[9]
사이버 따돌림	사이버폭력의 일종으로, 인터넷, 휴대전화 등 정보통신기기를 이용하여 학생들이 특정 학생들을 대상으로 지속적, 반복적으로 심리적 공격을 가하거나, 특정 학생과 관련된 개인정보 또는 허위사실을 유포하여 상대방이 고통을 느끼도록 하는 일체의 행위

---

6) 공연성이 있어야 한다고도 표현한다. 공연성이란 불특정 또는 다수인이 인식할 수 있는 상태를 의미한다.
7) 학교폭력예방법 제2조제1호의 2. 2명 이상의 학생들이 피해 학생을 상대로 조롱하거나 빈정거리는 행위, 노려보기, 이상한 별명으로 호칭하거나 의도적으로 무시하고 피하는 행위, 다른 학생과 어울리지 못하게 차단하는 행위 등이 따돌림에 해당할 수 있음(황태륜 등 5인 공저, 사례와 판례로 풀어가는 학교 폭력 참조).
8) 학교폭력예방법 제2조제1호의 3.
9) 황태륜 등 5인 공저, 사례와 판례로 풀어가는 학교 폭력 참조

종류(유형)	개 념
성폭력	폭행이나 협박으로 성행위를 강제하는 강간이나, 성적인 접촉을 하는 강제추행을 비롯하여 통신매체이용음란죄, 카메라등이용촬영죄 등 각종 성범죄는 물론 음란한 말과 행동으로 성적 수치심과 굴욕감을 주는 행위 일체 장난이라는 명목하에 신체 일부를 의도적으로 노출하여 보여주는 행위나 음란한 농담과 은유적인 표현 행위[10] 피해자의 사진을 딥페이크 프로그램을 이용하여 가공, 합성하고 이를 반포하는 행위

👍 학교 폭력 정의에 관한 판례

    학교폭력예방법상 협박에서 말하는 해악에 관하여, 상대방에게 구체적인 해악의 고지가 있어야지 추상적으로 "앞으로 물건이 없어지면 네 책임이다"라고 하는 것만으로는 해악의 고지가 없어 협박이라고 할 수 없다. (대법원 1995.09.29. 선고 94도2187)

---

10) 황태륜 등 5인 공저, 사례와 판례로 풀어가는 학교 폭력 참조

👍 학교폭력예방법상 성폭력의 정의에 관한 판례

학교폭력예방법의 입법목적, 가해 학생에 대한 조치의 제도적 특성 등을 고려하면 학교폭력예방법상 가해 학생에 대한 조치는 형사처벌과는 그 목적과 성격을 달리하고, 위 법 제2조제1호가 학교 폭력의 행위 태양으로 규정하고 있는 행위 중에는 형사상 범죄에 해당한다고 보기 어려운 '따돌림, 사이버 따돌림' 등도 포함되어 있으므로, 학교 폭력에 해당하는 '성폭력'이 형벌 규정이 정한 구성요건에 해당하는 행위로 국한된다고 보기는 어렵다. 한편 학교폭력예방법상 '성폭력'은 학교 폭력의 한 유형인데 위 법은 '학교 폭력'을 학교 내외에서 학생을 대상으로 발생한 … 신체·정신 또는 재산상의 피해를 수반하는 행위'라고 정의하고 있는 점, 성폭력, 성범죄에 있어서 주된 보호법익은 피해자의 성적 자기결정권이므로 학교폭력예방법에서 정한 성폭력에 관하여도 피해자의 성적 자기결정권이 주된 고려요소가 될 수밖에 없는 점을 고려하면, **학교폭력예방법상 성폭력은 형사상 처벌의 대상이 되는 성폭력에 이를 정도는 아니더라도, 피해 학생의 의사에 반하여 피해 학생의 성적 자기결정권을 침해하여 피해 학생의 신체, 정신 또는 재산상 피해를 수반하는 행위로 평가될 수 있다.** 학교폭력예방법상 가해 학생의 조치원인이 되는 사실의 인정은 형사소송에서와 같이 엄격한 증거능력을 갖춘 증거에 의할 것을 요하지 않고, 합리적 의심을 배제할 정도의 엄격한 증명을 필요로 하지 않는다.(수원지방법원 2020.08.27. 선고 2019구합73537 판결)

　학생B는 학생A와 1대1 대화창에서 여학생C를 대상으로 성적인 내용을 주고받았고 학생A는 학생C에게 당시 주고받았던 메시지를 전달받은 사안은 학교폭력사안으로 신고되었다. 학생C에 대한 이 사건 메시지는 학생B나 학생A의 휴대전화에 그대로 남겨져 언제든지 제3자에게 전파될 수 있는 상태에 있었던 것과 학생A가 피해자와 친밀한 관계에 있었다는 등으로 그 대화내용을 제3자에게 전파할 가능성이 없었다고 볼 만한 특별한 사정이 없는 점으로 결과적으로도 학생A가 원고로부터 받은 이 사건 메시지를 캡처하여 학생C를 포함한 여러 학생들에게 전송하여 널리 퍼지게 것과 학생B는 학생A와 카카오톡 메신저로 대화를 나누면서 학생C의 신체부위를 구체적으로 언급하거나 그 학생의 사진을 업로드하며 성적으로 희롱하는 표현을 썼는바, 그 내용상 피해 학생의 인격적 가치를 침해하는 것으로서 학생C에게 굴욕감이나 모욕감을 느끼게 하기에 충분해 보이는 점 등을 종합하여 보면, 학생B의 행위는 공연히 피해자의 명예를 훼손하거나 모욕한 것으로 학교폭력예방법 제2조제1호의 학교 폭력인 명예훼손 내지 모욕에 해당한다.(서울행정법원 2020구합 65012 판결)

👍 목격자가 없는 성폭력의 사실인정에 관한 판례

피해 학생 등의 진술은 그 진술 내용의 주요한 부분이 일관되며, 경험칙에 비추어 비합리적이거나 진술 자체로 모순되는 부분이 없고, 또한 허위로 원고에게 불리한 진술을 할 만한 동기나 이유가 분명하게 드러나지 않는 이상, 그 진술의 신빙성을 특별한 이유 없이 함부로 배척해서는 아니 된다. (인천지방법원 2024구합50494 판결)

🏴 사이버폭력의 유형은 다음과 같으며 주로 익명성과 사회적 온라인 커뮤니티의 확대로 인하여 많아지고 높아지고 있다.

사이버 명예훼손- 사이버 공간에서 상대를 비하할 목적으로 사실 또는 허위 사실을 말하며 상대방의 명예를 떨어뜨리거나 인격을 침해하는 행위

사이버 언어폭력- 채팅방, 게시판 등 사이버 공간에서 문자, 사진 동영상 등으로 비방 글, 악성 댓글, 욕설 등을 올리는 행위

사이버 영상 유포- 정보통신망을 이용하여 상대방의 동의 없이 개인의 사생활과 관련된 특정 신체 부위나 각종 위성 사진, 영상들을 전송 및 유포하여 괴롭히는 행위

사이버 따돌림- 사이버 공간에서 특정 상대를 참여하지 못하게 하거

나 채팅방에서 퇴장하지 못하게 하는 것, 채팅방으로 고의로 초대 후에 없애거나(일명 방폭파) 욕설, 비난 등과 같은 행위

사이버 갈취- 사이버 머니, 금품갈취형으로 주로 와이파이 셔틀, 게임 머니 등 사이버상의 갈취 형태의 괴롭힘

사이버 스토킹- 사이버 공간에서 원하지 않는 문자, 사진 동영상을 반복적으로 보내 상대방에게 공포심이나 불안감을 주는 모든 행위[11]

사이버 괴롭힘- 인터넷을 통해 특정 개인을 비방하거나 명예를 훼손하는 행위로, 협박, 욕설, 명예 훼손 등 행위

---

11) 스토킹범죄의 처벌 등에 관한 법률 제2조제1호에 스토킹 행위에 관하여 정의를 하고 있다.

사이버 성희롱- 인터넷을 통해 성적인 콘텐츠를 전송하거나 성적인 언어로 괴롭히는 행위로, 성적 수치심을 초래하는 행위

👍 스토킹범죄의 법률에 의한 개념

스토킹범죄의 처벌 등에 관한 법률 제2조(정의) 이 법에서 사용하는 용어의 뜻은 다음과 같다.

1. '스토킹행위'란 상대방의 의사에 반하여 정당한 이유 없이 다음 각 목의 어느 하나에 해당하는 행위를 하여 상대방에게 불안감 또는 공포심을 일으키는 것을 말한다.

가. 상대방 또는 그의 동거인, 가족(이하 '상대방등'이라 한다)에게 접근하거나 따라다니거나 진로를 막아서는 행위

나. 상대방등의 주거, 직장, 학교, 그 밖에 일상적으로 생활하는 장소(이하 '주거등'이라 한다) 또는 그 부근에서 기다리거나 지켜보는 행위

다. 상대방등에게 우편·전화·팩스 또는 정보통신망 이용촉진 및 정보보호 등에 관한 법률 제2조제1항제1호의 정보통신망(이하 '정보통신망'이라 한다)을 이용하여 물건이나 글·말·부호·음향·그림·영상·화상(이하 '물건등'이라 한다)을 도달하게 하거나 정보통신망을 이용하는 프로그램 또는 전화의 기능에 의하여 글·말·부호·음향·그림·영상·화상이 상대방등에게 나타나게 하는 행위

라. 상대방등에게 직접 또는 제3자를 통하여 물건등을 도달하게 하거

나 주거등 또는 그 부근에 물건등을 두는 행위

마. 상대방등의 주거등 또는 그 부근에 놓여져 있는 물건등을 훼손하는 행위

바. 다음의 어느 하나에 해당하는 상대방등의 정보를 정보통신망을 이용하여 제3자에게 제공하거나 배포 또는 게시하는 행위

　1) 개인정보보호법 제2조제1호의 개인정보

　2) 위치정보의 보호 및 이용 등에 관한 법률 제2조제2호의 개인위치정보

　3) 1) 또는 2)의 정보를 편집·합성 또는 가공한 정보(해당 정보 주체를 식별할 수 있는 경우로 한정한다)

사. 정보통신망을 통하여 상대방등의 이름, 명칭, 사진, 영상 또는 신분에 관한 정보를 이용하여 자신이 상대방 등인 것처럼 가장하는 행위

👍 사이버학교 폭력 사례 1

달밤초 6학년인 학생A는 졸업 전에 추억을 만들기 위해서 친구들에게 사진을 달라고 하였다. 친구의 사진을 제공 받던 중에 자신을 괴롭혔던 B학생의 사진도 받게 되었다. 하지만, 자신을 초등학교 3학년 때 괴롭혔던 B학생의 행동이 생각나서 B학생의

얼굴의 코를 확대하여 올리면서 B학생의 얼굴과 동물의 얼굴을 합성하여 인터넷에 올리게 되었다. 이것을 본 B학생은 자신의 얼굴이 합성된

사진을 보고 댓글로 A학생에 대하여 성적인 수치심을 일으킬 정도로 비방을 하며 욕설을 남겼다. 학생A는 이 사실을 알고 학교 폭력 신고를 하였다. 또한 학생B도 학교 폭력을 신고하였다. 이런 경우를 쌍방 학교 폭력사안(맞폭)이라고 한다.

과연 쌍방 학교 폭력이 성립되는가?
성립된다.

학교 폭력의 유형은 무엇으로 봐야 하는가?

사이버폭력으로 보며, 학생A의 경우에는 사이버 영상 유포에 해당하며, 학생B는 사이버 언어폭력에 해당 및 사이버 성희롱까지 될 수 있다.

👍 사이버학교 폭력 사례 2

여름 방학을 맞은 학생A는 수영장에서 친구인 학생B와 학생C를 만나게 되었다. 수영을 같이 하고 수영을 마친 후에, 탈의실에서 옷을 갈아입는 도중에 학생C의 노출 된 신체부위를 찍었고, 호기심에 학생C를 찍은 사진을 학생B에게 전송을 하였다. 이에 학생A는 학생C의 신체부위가 노출된 사진을 곧 바로 삭제를 하였지만, 학생B는 자신의 프로필 사진에 올렸고 이 사진을 학생B의 친구가 보고 학생B에게 알려 주면서 학교 폭력 신고에 접수되었다.

학교 폭력의 유형은 무엇으로 봐야 되는가? 사이버 폭력 중 사이버 영상 유포 해당 학생A와 학생B는 학교 폭력에 해당되며 학생A의 경우 학생B에게 전송한 점과, 학생B의 경우에는 자신의 프로필이라고는 하지만 다수의 사람들이 볼 수 있다는 점에서 학교 폭력에 의한 가해 관련 처분이 다르게 나올 수 있다. 실제적으로 처분은 다르게 나오는 경우가 많다. 피해의 정도와 공개여부가 불특정 다수인가 등에 따라 다르다.

👍 사이버학교 폭력 사례 3

단체 채팅방에 피해자가 없었다 하더라도 불특정 다수의 동급생들이 가입해 있는 채팅방의 성격 및 회원 규모 등에 비추어 볼 때 소수의 회원 사이에서의 폐쇄적인 온라인 공간과는 비교할 수 없을 정도로 피해자에 대한 전파 가능성이 현저하고, 원고로서도 위 채팅방에서 발언하면서 위 발언내용을 피해자가 알게 될 수도 있다는 점을 충분히 인식하였을 것으로 보이며 실제로 위와 같은 채팅 내용이 피해자에게 알려져 있어 피해자는 자살충동을 호소하고 정신과 치료를 받는 등 상당한 정신적 고통을 입었다. 행위가 반드시 피해자의 면전에서 이루어진 직접적 가해행위가 아니더라도 피해자에게 전달될 것을 예견할 수 있었고 실제로 전달되어 피해자의 정신적 피해를 수반한 이상, 위 행위는 단순한 뒷담화 정도에 그치지 않고 피해자에 대한 모욕으로서 학교 폭력에 해당한다.(서울행정법원 2018구합84607 판결)

학교 폭력에 해당하는 명예훼손, 모욕 등은 형법 등에서 규정한 범죄와 동일하게 그 성립요건 구비 여부를 엄격하게 판단할 것이 아니라 학생의 보호 및 교육의 측면에서 그와 같이 볼 만한 행위가 있는지를 판단해야 할 것이다. (서울행정법원 2023.10.27. 선고 2023구단55859 판결)

03. 학교 폭력의 특징

신체폭력이 줄어든 적이 있었다. 바로, 코로나19로 사회적 거리두기가 있었던 때이다. 하지만 사이버폭력 사안이 늘어났으며 코로나19가 해제된 이후에 점점 형태도 다양하게 변하고 있다.

사이버폭력의 개념은 앞부분의 학교 폭력에 관한 개념 설명에서 나열하였다. 사이버폭력의 가장 큰 심각성은 사이버폭력을 당하고 있는 상황에 대하여 인지를 잘 하지 못하는 것과 상황을 인지했지만 대처하는 방법을 몰라 증거를 확보하지 못하여 제대로 학교 폭력이라고 신고를 할 수 없는 것, 이 두 경우의 비중이 크다.

사이버에서 학교 폭력이 발생하였다면 어떻게 해야 할까?

사이버 학교 폭력에서 벗어나려면 다음과 같이 해 보는 것을 권하고
싶다.

① 상대가 삭제하기 전에 증거를 담아둔다 → 카메라, 캡처 등
② 상대에게 반응(댓글)하지 않는다 → 반응으로 또 다른 사건 방지
③ 상대의 도발에 휩쓸리지 않는다 → 겁쟁이, 도발로 폭력 사건 방지
④ 학교 폭력 신고 전에 어떤 상황에 관하여 내용을 정리한다 → 사이
   버폭력은 급속하게 변질되거나 속도가 빠르게 퍼지기 때문에 상황
   을 정리하여 학교 폭력으로 신고를 하는 것이 빠른 대처가 될 수
   있다.

또한 학교폭력대책심의위원회의 안내문 및 가해 학생 처분의 졸업이후
소의 이익, 학교 폭력의 인정 범위를 확대해석하지 않는 것 등도 학교 폭
력과 관련하여 특정이라고 볼 수 있다. 그러므로 판례를 통하여 자세히
들여다보는 것을 권하고 싶고 몇 중요 판례를 수록한 이유이다.

👍 과실에 의한 학교 폭력 인정 여부에 대한 판례

폭행, 성폭력 등의 행위가 학교 폭력에 해당하려면 고의에 의한 행위일 것을 요하고, 과실에 의한 행위는 학교 폭력에 해당하지 않는다고 할 것이다. (청주지방법원 2024.3.14. 선고 2023구합52593 판결)

👍 학교폭력대책심의위원회 참석안내문 관련 판례

심의위원회 참석 안내 공문 사안 개요에 기재되지 않은 추가적인 학교 폭력이 조치원인에 기재된 경우 절차적 하자 인정여부에 관한 판례로, 학교폭력예방법 제17조제5항에 따르면 심의위원회는 학교의 장에게 가해 학생에 대한 조치를 요청하기 전에 가해 학생 및 보호자에게 의견진술의 기회를 부여하는 등 적정한 절차를 거쳐야 한다. 이는 가해 학생에 대한 조치를 요청함에 있어 가해 학생에게 문제 상황을 정확히 파악하게 하고, 의견진술의 기회를 부여함으로써 방어의 기회를 주며, 이에 따라 적절한 조치를 하기 위한 것이므로, 위 조항에 따른 적정한 절차에는 회의를 개최하기 전 가해 학생과 보호자에게 회의의 원인이 된 학교 폭력의 구체적 사실을 통지하는 것이 포함된다고 해석된다. 다만, 가해 학생과 보호자가 그 조치하려는 원인이 되는 사실에 관하여 미리 고지를 받고 의견을 진술할 기회를 부여받은 것으로 평가할 수 있다면 학교폭력예방법 제17조제5항이 정한 적정한 절차를 거쳤다고 할 수 있다. (창원지

방법원 2022.7.13. 선고 2021구단10348 판결)

👍 학교 폭력 처분의 졸업이후 처분의 취소 관련 판례

졸업 이후 처분의 취소를 구할 소의 이익이 존재하는지.

구 학교폭력예방법 제12조제1항 및 구 학교폭력예방법 시행령(2020.2.25. 대통령령 제30441호로 개정되기 전의 것) 제13조제1항이 학교 폭력의 예방 및 대책에 관련된 사항을 심의하기 위하여 각 학교에 학교 폭력자치위원회를 두게 하면서도 피해 학생과 가해 학생이 각각 다른 학교에 재학중인 경우 둘 이상의 학교가 공동으로 자치위원회를 구성할 수 있게 하여 가해 학생에 대한 조치가 해당 학교를 기준으로 하는 것으로 보이는 점 등을 종합하면, 구 학교폭력예방법 제17조제1항에 의한 가해 학생에 대한 조치는 해당 학교의 학생임을 전제로 한다고 보아야 한다. 따라서 구 학교폭력예방법 제17조제1항 각호에 정한 처분을 받은 학생이 졸업 등의 사유로 해당 학교의 학생 지위를 상실하면 원칙적으로 처분의 효력은 소멸된다. 다만, 처분의 효력이 소멸된 뒤에도 그 처분 등의 취소로 인하여 회복되는 법률상 이익이 있는 경우에 한하여 소의 이익이 있다. (수원고등법원 2021.4.21. 선고 2020누14010 판결)

👍 졸업 후임에도 소의 이익이 있는 경우 관련 판례

학교의 장은 초중등교육법 제25조에 따른 학교생활기록을 해당 학생의 동의 없이 제3자에게 제공하여서는 아니 되고, 다만 상급학교의 학생 선발에 이용하기 위하여 제공하는 경우 등에는 위와 같은 동의 없이 제공할 수 있으므로, 가해 학생이 해당 학교의 학생 신분을 상실한 경우에도 학교생활기록부에 조치사항의 기재가 남아 있는 경우에는 상급학교 진학 등에서 불이익을 받을 우려가 있어 그 조치의 취소를 구할 법률상 이익이 인정된다. (서울행정법원 2023.12.7. 선고 2022구합82714 판결)

👍 가해 학생의 학교 폭력 사실에 대한 증명책임 관련 판례

가해 학생이 학교 폭력을 행사하였다는 사실에 대한 증명책임에 관한 판례로, 항고소송에서 당해 처분의 적법성에 대한 증명책임은 원칙적으로 처분의 적법을 주장하는 처분청에 있으므로, 원고가 학교폭력예방법에서 말하는 '학교 폭력'을 행사하였다는 사실에 대한 증명책임은 처분청인 피고에게 있다. (대구지방법원 2022.5.25. 선고 2021구합24966 판결)

👍 처분의 재량권 일탈·남용 주장의 증명책임 관련 판례

    법령의 내용, 형식 및 취지 등에 비추어보면, 교육장이 학교 폭력 가해 학생에 대하여 어떠한 조치를 내릴 것인지 여부는 교육장의 판단에 따른 재량행위에 속한다고 할 것이다. 나아가 피해 학생의 보호, 가해 학생의 선도·교육 및 피해 학생과 가해 학생 간의 분쟁조정을 통하여 학생의 인권을 보호하고 학생을 건전한 사회구성원으로 육성하려는 학교폭력에 방법의 입법 취지와 이를 위하여 심의위원회를 별도로 마련한 취지 등을 고려할 때, 교육전문가인 교육장이 심의위원회의 요청에 따라 교육목적에서 취한 조치는 최대한 존중되어야 한다. 그리고 행정청의 처분이 재량권을 일탈·남용하였다는 사정은 그 처분의 효력을 다투는 자가 주장·증명책임을 부담한다. (대법원 2018.5.15. 선고 2017두63986 판결 등)

PART 2

갈등의 이해와 개념

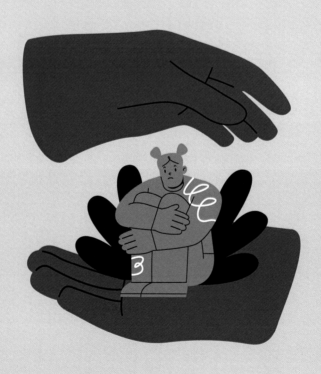

01.   갈등의 이해와 학교 폭력 사례

갈등의 어원은 어디에서 왔을까?

갈등이라는 단어를 컴퓨터에서 검색을 하여 보면, 한자어로 칡과 등 나무가 서로 얽히듯이 까다롭게 뒤엉켜 있는 모습으로 평온하지 않고 조화롭지 않는 상태를 의미하고 있다.

즉, 칡을 뜻하는 「갈(葛)」과 등나무를 뜻하는 「등(藤)」이 합쳐서 된 말로, 갈등(葛藤)은 칡덩굴과 등나무 덩굴처럼 엉망으로 뒤엉켜서 일이 풀기 어려운 상태(狀態)를 가리켜 쓰는 말[12]이다.

갈등이라는 용어는 라틴어 'confligere'에서 비롯되었는데 'con-'은 '함께'를 의미하고, '-fligere'는 '치다' 또는 '충돌하다'를 의미한다. 영어로는 conflict인데 '함께'를 의미하는 접두어 위의 설명처럼 'con'과 '때리다'는 뜻의 라틴어 'fligere'에서 파생된 'flict'의 합성어로, 서로 때리거나 충돌하는 긴장상황을 의미하고 있다.

갈등 이론의 기원은 사회갈등에 관한 마르크스와 짐멜[13]의 연구와 같이 다양하게 보이고 있다. 갈등 이론은 사회학자들이 여러 다른 관점에

---

12) 한자사전과 유래에 기재되어 있다.
13) 카를 마르크스(1818~1883) 자본주의 사회의 불평등과 계급 간의 착취를 비판하고 대립이 사회 변화의 원 동력이고 주장, 게오르크 짐멜(1858~1918) 일상생활 즉 사회 속 갈등에 중점을 둔 갈등으로 상호작용을 주장

서 연구한 결과물 중 하나로, 갈등이론의 주요한 선구자 중 하나로 꼽히고 있는데, 카를 마르크스는 자본주의 사회에서의 계급 갈등을 중점적으로 연구하여, 지배 계급과 노동자 계급 간의 경제적 갈등을 분석하였다. 이러한 갈등이 사회 구조의 주요한 동력이라고 보았고, 이를 통해 사회의 변화와 발전을 설명하고자 했다. 게오르크 짐멜은 사회 갈등을 보다 넓은 의미로 해석하였고 사회에서의 다양한 종류의 갈등을 연구하며, 이를 통해 사회의 구조와 기능을 이해하고자 하였다.

지배와 권력, 문화적 갈등, 지역 갈등 등 다양한 측면을 다루고 있고, 이 두 사회학자의 연구는 갈등 이론의 중요한 기초를 제공하였고, 이후의 사회학자들이 이를 발전시켜 현대의 갈등 이론을 구축하는 데 큰 영향을 미쳤다고 보고 있다.

잠깐, 기능주의와 갈등이론을 자세하게 살펴보도록 하자. 기능주의와 갈등이론은 사회학에서 접근하는 이론적 방식이다. 기능주의자들은 사회가 정태적이고, 기껏해야 동태적 균형 상태를 유지한다고 보았지만, 갈등 이론가들은 모든 사회가 모든 시점에서 변동의 과정을 거친다고 주장하였다.

기능주의는 사회적 질서와 안정을 강조하며, 사회의 변화를 보다 조절된 형태로 이루어진다고 보는 경향이 있으며, 기능주의자들은 사회의 안정과 질서를 강조하며 기능주의자들은 사회가 규범, 가치, 도덕에 의해 비공식적으로 유지된다고 보고 갈등보다는 사회 구조의 통합과 안정을 중시하고 있다.

반면, 갈등이론은 사회에서의 갈등과 불균형을 중심으로 이해하며 사회 구조가 특정 집단이나 계급의 이익을 보호하고 유지하기 위해 설계되었다고 보며, 이를 통해 권력과 자원의 불균형이 갈등을 초래하고 사회의 변화가 갈등의 해결 과정을 통해 이루어지며, 갈등을 통해 사회의 부정적인 측면을 드러내고 변화를 이루려는 시도라고 이해하고 있다.

자본가와 노동자, 인종 간의 갈등과 같은 다양한 형태의 갈등을 탐구하며, 사회 구조의 변화와 사회 질서의 불안정성을 강조하고 있다. 갈등이론은 갈등을 통하여 사회의 구조적인 문제를 나타내고 이를 통하여 사회의 변화와 발전을 이루고 있다고 보고 있다.

이렇게, 갈등을 이론적으로 살펴본다면, 특정 사회집단에 의하여 다른 사회 집단에 이루어지는 지배에 대한 강조를 하면서 사회 질서를 지배집단에 의한 조작과 통제에 기반을 둔 것으로 보며, 피지배집단이 지배집단을 뒤집어 사회변동이 급진적이고 무질서한 방식으로 발생하는 것으로 보고 갈등 이론은 부분적으로는 구조 기능주의에 대한 반발로 발전하게 되었고, 특정 사회 집단 간의 갈등이 사회의 발전과 변화에 의하여 다른 사회 집단에 이루어지는 지배에 대한 강조를 하면서 사회의 발전과 변화에 영향을 미친다고 보는 이론으로 특정 사회 집단이 다른 집단을 지배하고 통제하려는 노력으로 인하여 갈등이 발생한다고 보고 있다.

사회 질서를 지배집단에 의한 조작과 통제에 기반을 둔 것으로 보며, 피지배집단이 지배집단을 전복시킴에 따라 사회변동이 급진적이고 무질서한 방식으로 발생하는 것으로 보고, 이러한 갈등 이론은 구조 기능주의와 대비되는 관점으로 구조 기능주의는 사회 질서가 유지되고 사회 변화가 조절되는 것을 강조하며, 갈등 이론은 사회의 불균형과 갈등이 사회의 핵심 구성 요소라고 보고 있는 것이다. 하지만갈등 이론은 마르크스의 이론에서 직접적으로 이어지지 않고 20세기 초반에 사회학으로 발전하게 된다. 사회학자 중에서[14] 루이스 코제르는 사회학의 중요한 이론으로 발전시켰다. 또한, 갈등의 개념은 같지만 영역에 따라서 표현이 다른 경우도 있다. 그렇다면, 갈등의 개념이 같은데 사용하는 영역의 분야별 갈등의 개념이 다른 이유는 무엇일까?

우선, 보통 인식하고 있는 개인적 갈등이란 한 사람의 내면에서 일어나는 갈등 내적인 갈등으로 욕구, 목표, 가치관의 충돌로 발생하며, 대인 갈등이란 두 사람 간의 갈등을 말하며, 서로 다른 목표나 이상, 의견, 이해관계의 차이 등에서 일어나는 갈등이며 집단 내 갈등이란 한 집단 내에서 구성원들 간의 갈등을 의미하고 있다.

하지만 집단 간 갈등과는 다르다. 집단 간 갈등이란 두 개 이상의 집단 간의 갈등으로 집단 간의 이해관계, 목표, 욕구 등의 충돌 시 발생한다.

조직 내 갈등이란 조직의 운영, 구조, 목표 등에서 발생하는 갈등이다. 갈등은 사회 곳곳에서 존재하고 있다.

---

14) 루이스 코제르 (1913~2003) 갈등을 부정적이고 파괴적으로 보지 않고 오히려 갈등이 사회적 변화와 사회 구조의 발전에 필수적인 요소라고 주장하여 사회학에서 갈등 이론을 확장하고 심화시키는 역할을 함

학문적으로 보면 심리학은 특정 개인에게 복수의 세력이 작용하는 상황에서 한쪽을 포기해야 할 경우에 발생할 수 있는 심리상태, 정신질환, 탈선 등에 응용되어진다고 할 수 있다.

정치·사회학은 이념, 권력, 구조적 등 한정된 희소가치의 획득을 위하여 상대편과 투쟁하고 공격하고자 하는 데에 응용되어진다고 할 수 있다.

경제학에서는 소득 불평등, 환경 문제 등 경제적 희소자원을 서로 경쟁하는 개인이나 집단에게 어떻게 배분할 것인가에 대한 문제에 응용되어진다고 할 수 있다.

행정·정책학은 개인, 집단, 조직 내부 혹은 다양한 이해관계자들의 충돌, 상호 간 나타나는 대립적인 상호 작용으로 권력 등 희소자원을 획득하기 위한 다양한 경쟁적 집단 사이에서 응용된다고 할 수 있다.

한마디로 요약을 하면, 갈등의 원인 가치 충돌, 자원 분배, 권력, 의사결정, 문화적 차이 등등에서 시작되었다.

갈등을 구분하면 크게 나눠서 내적 갈등과 외적 갈등으로 나누는데, 다시 무엇인지 개념을 구분하여 보면 다음과 같다.

갈등은 우선 내적 갈등과 외적 갈등으로 나눌 수 있다고 하였는데, 나와의 갈등을 시작으로 본다면, 내적 갈등은 나와 갈등 물질적, 심리적, 사회적 자신과의 갈등이다.

물질적으로는 외모 및 매력, 신체적인 건강, 체력, 재산 및 소유물로 볼 수 있고, 심리적으로는 성격, 지적 능력, 성격적 매력, 대인관계 능력, 학업성적, 가치관 등이 있으며, 사회적으로는 교유관계, 인간관계, 가족관계, 이성 관계, 사회적으로 신분관계, 서열관계 등에서 오는 갈등으로 볼 수 있다.

이렇듯, 내적 갈등은 개인의 가치나 추구하는 목표에 추구나 미추구가 갈등의 유발로 갈등의 시작은 크게 가치 충돌, 자원 분배, 권력, 의사 결정, 문화적 차이에서 시작된다고 보며, 내적인 갈등은 본인의 목표, 신념, 가치, 의무 등등이 원인으로 개인의 성향이나 심리로 이해되면서 해결될 수 있고, 심리적인 치료로 갈등이 해결될 수 있지만 외부적인 갈등은 조정과 화해를 거처저 갈등이 해결될 가능성이 높다.

외부적인 갈등 사안을 해결하기 위하여 내적 갈등인 원인이 있는지 파악하는 것이 중요하고 필요하다. 내적인 갈등은 중복되어 사회적 갈등(외부적 갈등)으로 번지는 경우가 있기 때문이라는 것을 주목해야 하기 때문이다. 갈등이 조정되어 합의문을 작성하였다 하여도 갈등 당사자가 스스로 해결하는 능력을 갖도록 피드백(feedback)이 필요하다.

내적 갈등은 개인의 내부에서 발생하는 갈등으로 여러 상황에서 발생할 수 있으며 개인의 존재의 이유나 환경에서 충족되지 못하면 절망이나 욕구불만을 하게 되며 이러한 욕구불만이 심리적인 괴리감을 극복하지 못하고 발생하는 경우로 보는데, 가치 충돌, 목표 충돌 등이 원인으로 내적 갈등은 대부분 자신이 해결하는 경우가 많다. 하지만, 내적 갈등은 회피하거나 안정을 위하여 드러내지 않는 경우도 많으며 한계와 차이를 이해하며 갈등을 감소시키기도 하기 때문에 나타나지 않은 경우도 많고, 내적 갈등은 우울, 불안, 스트레스 등의 부정적인 감정을 유발할 수 있으며 행동의 방해를 일으키기도 한다.

갈등이 학교 폭력과 연관성이 깊은 점은 이러한, 내적 갈등은 스트레스를 유발하며 스트레스가 높은 상황에서 바깥으로 표출되어져 폭력을 동반하게 되고, 학교폭력이 발생하게 되는 것이다. 갈등은 학교폭력의 가해 또는 피해를 가져오는데, 갈등 상황에서 자신의 감정을 통제하지 못하고 다른 학생들을 공격하는 행동으로 이어지므로 학교 폭력의 원인이 될 수 있다고 본다. 또한 갈등상황을 해결하기 위한 올바른 방법을 알지 못하여 오해를 가져오는 경우도 많기 때문에 갈등 상황에서 소통하는 방법, 자기 조절 능력을 키울 수 있도록 해주고 자신의 감정을 털어놓은 능력을 키워야 한다.

내적 갈등만이 학교 폭력의 원인이라고 말하는 것이 아니다. 외적 갈등을 본다면 외적 갈등은 개인 또는 상대의 서로의 다른 가치관, 기준 차이, 목표의 차이, 역할에 따른 기대 차이, 욕구의 차이, 현실과의 차이 문화의 차이 등이 생길 때 갈등을 경험하게 된다. 이는 개인, 집단, 조직 등의 관계에서 발생하기도 하며 상호 작용과 의사소통을 통하여 발생한다.

내적 갈등은 자신이 해결하거나 갈등을 스스로 감소시키거나 소멸되는 경향이 높지만, 외적 갈등은 사회적 갈등이나 집단 갈등으로 번지며, 복잡한 갈등 상황으로 인하여 증폭되고, 갈등의 고조화가 되는 경우로 많이 나타낸다.

이러한 외적 갈등은 학교 폭력에서 가장 많이 보이는 원인으로, 신체적 폭력, 언어 폭력, 정서적인 폭력, 사회적 폭력인 소문 따돌림 등 다양하게 나타나고 있다. 외적 갈등으로 인한 학교 폭력은 학교생활에서 부정적인 영향을 끼치게 된다. 외적 갈등은 폭력의 가해자가 또 다른 가해자를 만드는 원인이 되기도 하기 때문에 내적 갈등보다 갈등상황을 복잡하고 폭력의 위험성을 높아지게 만들게 된다.

외적 갈등은 개인 또는 상대의 서로의 다른 가치관, 기준 차이, 목표의 차이, 역할에 따른 기대 차이, 욕구의 차이, 현실과의 차이 문화의 차이 등이 생길 때 갈등을 경험하게 된다. 이는 개인, 집단, 조직 등의 관계에서 발생하기도 하며 상호 작용과 의사소통을 통하여 발생한다.

외적갈등으로 인한 학교 폭력은 학교생활에서 부정적인 영향을 미치게 된다. 외적갈등은 폭력의 가해자가 또 다른 가해자를 만드는 원인이 되기도 하기 때문에 자신의 표현하고 문제 해결 능력을 키울 수 있도록 해야 되는 것이다.

이러한 갈등을 학교 폭력으로 이어지기 전에 갈등해소로 접근할 것이냐, 회피할 것이냐에 따라 갈등상황에서 폭력적인 상황으로의 여부를 좌우하지만, 내적 갈등은 나타나지 않고 내적 갈등은 회피하는 경우가 많기 때문에 알아차리지 못하는 경우가 많고, 갈등은 폭발하지 않고 끝나는 경우가 많다. 그렇다고 방치하게 된다면 해소되지 않은 갈등은 갈등 증가로 인하여 고조되어 폭발하게 되는데, 언제 폭발을 하는지는 본인도 예측하기 어렵기 때문에 갈등을 해소하지 않았다는 것은 폭발물을 안고 사는 것과 같다고 보고 갈등을 해소하기 위하여 적극적으로 나서야 되는 것이다. 학교 폭력예방 활동을 많이 하여도 학교 폭력이 줄지 않는 이유가 아닐까 한다.

외적 갈등은 서로의 이해와 존중, 중재 등의 방법을 통하여 관리될 수 있기 때문에 학교 폭력을 줄이기 위해서는, 외적갈등 상황에서 자신을 표현하고 문제 해결 능력을 키울 수 있도록 이끌어야 한다.

02. 갈등의 원인과 학교 폭력의 결과 사례 분석

갈등을 경험하기 싫어서 그냥 양보를 한다는 말을 하는 사람들을 주변에서 많이 보았다. 또한 학교에서 또래들끼리 어떠한 갈등 상황을 경험하거나 목격하고도 피하는 경우가 많다. 하지만 이러한 방법은 갈등을 해결하는 방법이 아니라고 생각한다. 물론, 최악의 갈등 상황에서는 피하는 것도 방법이다. 방법이 없어서 피하는 것이 아니라, 내적인 갈등이나 외적인 갈등을 기피하기 위하여, 여기서 기피란 스스로 피하는 것을 말하는데, 피하려고 양보를 하는 경우가 많다는 것이다. 특히 동양의 경우에는 '좋은 것이 좋겠지'라는 위안으로 생각하며 양보를 하는 경우가 많다. 하지만 이러한 양보가 결코 좋은 결과를 가지고 오지는 않는다는 뜻이다.

정리하자면, 갈등을 해결하기 위해서는 양보가 필요한 경우도 있다. 하지만 갈등인 상황에서 무조건적으로 양보를 하게 되면 나중에는 자신을 희생(호구)으로 생각하는 악순환으로 발전되어지는 관계의 깨짐이나 다툼, 폭력의 발생 가능성이 높기 때문에 무조건적인 양보를 가장한 회피는 좋지 않다. 양보는 회피로 비춰지는 경우에는 더 큰 갈등으로 나타날 수 있다는 뜻이다.

갈등상황에서 양보가 최선이 아니기 때문에 협상이 필요하고 조정이 필요한 것이다.

그렇기 때문에 갈등을 감소시키는 것이 중요하며 갈등조정전문가가 개입하여 조정을 하는 것이 효율적이며 또 다른 갈등의 증폭을 예방할 수 있다.

학교 폭력 사안에서 피해가 발생한 사례를 살펴보면 학교 폭력 사안이 발생하였을 경우에 즉각적으로 폭력신고를 하여 사안이 다루어지는 경우는 드물다. 또한 가해 학생이 장난이었다고 주장하는 경우가 상당히 많다. 피해를 입은 학생은 장난으로 받아들이고 지나치는 것이 아니라, 갈등의 상황이 싫기 때문에 심리적으로 부담스럽기 때문에 그 상황을 지나가기만을 바라는 경우가 많은 것이다. 가끔 학교폭력대책심의위원회에서나 학교 폭력전담조사관의 질문에서 학교 폭력의 피해가 발생한 학생에게 피해의 발생 시 "왜 바로 신고하지 않았어요", "지금까지 (있다가)

참았다가 지금 신고한 이유가 뭐냐"는 식의 질문이나 시선은 정말 금기해야 될 상황이다.

또래 간의 학교 폭력이 발생하였을 경우에, 피해 학생은 폭력을 당한 수치심, 자존감 상실, 또래들과의 관계 등으로 피하는 경우가 많기 때문이다. 때로는 수치심이나 자존감 상실 또 다른 폭력을 발생시키기도 한다. 피해 관련 학생의 마음과 상황인 심리적인 상태를 파악하는 갈등 상황을 접근해야 하지만 피해관련 학생에게 이렇게 직접적인 질문을 하기보다는 가해관련 학생의 갈등의 원인을 분석하는 것이 학교 폭력사안을 줄이는 지름길이라고 본다.

학교 폭력 피해 관련 학생에게는 폭력적인 상황이나 갈등 상황에서 회피하게 된다면 또래의 상대는 양보를 했다고 인식하는 것이 아니라, 이겼다는 생각을 하며 또 다른 폭력적인 상황에 놓이게 하며 갈등의 고조화를 유발시키기도 한다. 그렇기 때문에 피해를 입은 학생은 재발되지 않도록 갈등을 관리를 할 줄 알아야 한다. 갈등의 회피는 학교에서 또래와의 생활에서 상대가 오해를 하여 오해가 쌓이는 결과를 가져올 수 있다는 것이다. 피해관련 학생의 양보가 원인이다는 것이 아니라, 양보가 오히려 어떠한 행동을 하여도 '쟤는 괜찮다고 넘어가는 사람'으로 인식되어지면 안 된다는 것을 강조하고 싶은 것이다.

학교 폭력 사안의 사례들을 살펴보면, 가해를 학 학생의 대부분의 대답은 "장난으로 그랬는데", "장난으로 그랬는데 학교 폭력인가요?"라며 원인을 장난으로 돌리며 아무렇지 않게 대답을 하는 경우가 많다. 이렇게 생각을 하는 경우가 가해관련 학생만의 문제가 아니라 정작 피해를 입은 학생의 피해는 생각하지 않고 장난으로 한 것을 가지고 학교 폭력 신고까지 하느냐라는 식으로 반응하는 가해관련 학생 부모의 경우도 많은 것이 문제라는 것이다. 학교 폭력이 갈등으로 인하여 발생하는 것을 설명하면서 내적갈등을 설명한 이유가 바로 가해가 일방적으로 일어나는 경우를 설명하고자 한 것이다.

또래 관계에서 상대에 대한 배려나 좋은 것이 좋은 것이라는 양보를, 오히려 함부로 대하여도 되는 사람으로 인식되지 않도록 하기 위해서는 나의 생각이나 의견을 전달하거나 회피하지 않고 올바른 소통의 방법을 통한 갈등 관리를 하는 능력을 가질 수 있게 해야 한다. 갈등 관리의 방법 중에서 감정표현이 있는데 자신의 감정(느낌)을 적극적으로 표현하는 것이 필요한 이유이다.

이는, 양보를 통하여 이해관계를 조율하며 서로의 관계를 더 나은 방향으로 유도하는 유도제로 사용된다면 해결책이 되겠으나 갈등상황에서 무조건적인 회피나 양보보다는 정확하게 자신의 감정이나 입장을 밝히는 것이 좋다고 하겠다.

이른바, 나의 메시지[I-message], 자신의 감정이나 생각을 솔직하게 표현하는 방식으로 나 전달법이라고도 한다. 이때 주의할 점은, 상대를 비난하거나 현실을 부정하는 것이 아니라, 상대의 기분을 상하게 하지 않고 거절하거나 지금의 상황을 본인의 입장에서 전달하는 도구로써, 감정보다는 이성적인 대화로 메시지를 전달해야 나의 메시지를 통하여 갈등을 해소하거나 감소시키게 된다.

나의 메시지는 내가 일관되게 말하는 내용으로 행동과 상대방을 분리시켜 결과와 관련된 느낌을 전달하는 것이다.

예를 들어서, "밥을 먹으면서 폰으로 게임 하지 말라고 했잖니"가 아니라 "나는 네가 밥을 먹을 때에는 게임을 하지 않았으면 좋겠어" 이렇게 상황과 감정을 전달하는 것이다.

학교생활에서 "교실에서 시끄럽게 떠들지 마!"가 아니라 "나는 네가 교실에 있을 때에는 시끄럽지 않게 하는 것이 좋을 것 같아" 또는 "나는 네가 교실에 있을 때에 시끄럽지 않게 하는 것이 좋은 것 같은데" 식의 언어적 전달에서 상황과 감정을 전달하는 것이 갈등을 유발이나 갈등의 고조를 예방하는 방법 중 하나라고 하겠다.

또한 학교 생활의 집단 갈등에서도 이러한 방법을 사용하는 것이 갈등이 깊어지는 것을 예방하여 폭력사안이 되는 것을 방지하는 방법이라고 하겠다. 집단 갈등은 집단 스트레스를 일으켜 집단적인 폭력을 유발하기도 하기 때문이다.
집단에는 유사집단(quasi group), 이익집단, 갈등집단으로 구분하여 사회 갈등을 다렌도르프(독일, 사회학자)는 다음과 같이 설명하였다.

유사집단은 동일한 역할과 이해관계를 가지는 지위 담당자의 조직체이며, 이익 집단은 집단갈등의 실질적 행위자이며, 갈등집단은 집단갈등에 실제로 참여하는 집단을 가리킨다. 적절한 인원, 기술적 조건, 정치적 조건, 의사 소통의 연결을 통해 갈등집단이 등장하고 이는, 사회구조 안에서 변동을 일으키는 행위에 참여한다.

집단갈등은 집단 내의 협력을 방해하고 의사소통을 방해하고 조직의 성과를 방해한다. 집단 스트레스는 집단 내의 구성원들의 심리적, 정서적 영향은 물론이며 부정적인 영향을 미친다. 집단 갈등과 집단 스트레스는 서로 관계가 밀접하지만 집단 스트레스만 있는 것은 아니며 집단 스트레스가 집단 갈등을 일으킬 수 있다. 집단 갈등은 감정으로 통제가 어렵기 때문에 해소하기 어렵다. 집단 갈등에는 정치, 종교, 이념의 갈등, 개인과 집단의 괴리감에서 오는 집단 갈등이 있다.

이는 뒤집어 본다면, 집단 갈등의 해소는 어렵지만 때로는 한 부분만을 해소하게 된다면 집단 갈등이 전체적으로 해소될 수도 있다고 본다. 자신의 신념과 행동의 충돌로 생긴 심리적인 불편함을 해소한다면, 즉 인지부조화를 통하여 긍정적으로 변화시켜 새로운 깨달음을 갖게 된다는 것으로 자신의 태도와 행동 등이 모순되어 양립할 수 없다고 느끼는 불균형 상태가 되었을 때, 이를 극복하거나 해소하기 위하여 자신을 변화시켜서 조화로운 상태를 유지하려는 심리로 자기합리화라고도 한다.

인지부조화의 설명은 우리가 잘 알고 있는 이솝우화의 『여우와 포도』에서도 찾아볼 수 있다.

이솝우화 도서, 『여우와 포도』

배가 고픈 여우가 길을 지나가다가 먹음직스럽고 탐스러운 포도가 주 렁주렁 매달려 있는 것을 보고 포도송이를 먹어 배를 채우려고 했는데 높은 곳에 매달린 포도송이를 아무리 해도 따 먹을 수가 없게 되자, 포 도송이를 바라보며, "저 포도는 시어서 정말 맛이 없을 테니"라며 가 버 린 이야기이다.

학교에서 여러 명이 집단으로 괴롭힐 경우에 당하고만 있던 학생을 탓 하는 경우가 있는데, 이런 경우에 인지부조화의 부정적인 면을 이용한 심리적으로 학교 폭력을 하고 있다고 본다. 피해 학생을 세뇌시키는 주 가해 학생은 피해 학생이 보잘 것이 없고 '나 아니면 안 된다'라는 생각 으로 피해 학생을 복종하고 굴복시키며, 가해 학생이 위협의 존재라고 알면서도 피해 학생은 자신에게 이러한 위협적인 존재가 필요하기 때문 에 감당해야 되는 것으로 폭력을 감수하며 폭력으로 생각하지 못하게 만든 상황에서는 학교 폭력 가해 관련 조치만으로는 해결되지 않는 이 유이기도 하다.

폭력에도 주기가 있는데, 이는 갈등에서의 주기와 비교해볼 필요가 있다. 갈등 진행주기의 의미는 처음에는 아주 천천히 진행되었다가 어느 순간이 되면 갈등이 증폭되었다가 증폭된 갈등은 어느 정도의 상황에서 멈춰진 상태에서 증폭되지 않고 정지해 있는 것처럼 보인다. 갈등이라는 감정이 내려오기도 하면서 사라지기도 하지만 폭력은 해결되지 않고 또 다른 방법으로 진행된다. 학교폭력대책심의위원회에서 가해관련조치 처분을 내렸다 하여도, 피해보호조치를 받았다 하여도 갈등이 해결되지 않는 이유가 학교 폭력의 원인인 갈등의 근본은 짚어지지 않은 채로 해결을 보려 했기 때문이다. 이는 갈등의 유지 또는 갈등의 감소는 가져올지는 모르겠지만 갈등의 해소는 되지 않고 앙금으로 남아서 미안한 마음과 재발 방지가 아니라 또 다른 학교 폭력의 불씨를 남기게 되는 결과로 될 확률이 높다.

따라서 또래 간의 갈등이 곧바로 사라졌다고 보여도 해결이 되었다고 믿고 관심을 두지 않으면 안 되는 이유가 갈등의 주기가 있기 때문에 갈등이 원인이 완전하게 해결되기 전까지는 해소되었다고 볼 수가 없다.

갈등의 증폭 파악하기: 갈등 발생 → 갈등 증폭 → 갈등 유지 → 갈등 감소 → 갈등 해소

이에 따른, 학교 폭력에서 학교 폭력과 갈등의 주기를 살펴보게 된다면, 갈등이 잠재적으로 존재하였다가 부당한 대우를 받게 되었거나 자신이 존중을 받지 못했다고 느끼는 경우, 또는 폭력 상황을 직·간접적으로 경험하면서 다른 학생들에게 갈등을 인식하여 상황에 대한 불만을 갖고 나타내게 된다. 그 후에 갈등에 대한 감정을 바깥으로 표현하는 행동으로 폭력을 행사 하게 되는 것이다.

학교 폭력이 발생하였을 경우에 "평소에는 전혀 폭력적인 아이가 아니어요", "말도 잘 듣고 모범적인 아이여요", "우리 아이는 그렇지 않아요"라고 반응을 보이는 부모를 종종 볼 수 있는데, 부모들이 볼 때 그렇지 않은 아이라고 하는 마음은 이해는 간다. 그렇다고 집에서 보는 내 아이에 대한 생각과 느낌만으로 폭력의 가해자가 아니라고 판단하는 것은 위험한 상황을 초래할 수 있다. 왜냐하면, 갈등이라는 것은 눈에 보이는 것보다는 보이지 않는 내적 갈등이 비교적 많기 때문이며, 자신의 감정을 잘 나타내지 못하는 아이들의 갈등일수록 갈등의 증폭이 높아지면서 폭력적인 경향을 보이기 때문이다.

물론, 갈등이 무조건적으로 나쁘다고는 할 수 없지만, 긍정적인 면이 아닌 한마디로, 갈등으로 인한 부정적인 영향으로 학교 폭력에도 미치게 되는 것이다.

또한 갈등의 진행은 여러 단계를 거치는데, 갈등의 인식 단계, 갈등의 발현 단계, 갈등의 감정화(표출) 단계, 갈등의 격화(매개) 단계, 갈등의 해결 단계로 나눌 수 있다.

갈등의 인식 단계는 갈등의 원인이나 긴장 상태는 존재하지만 아직 갈등을 인식하지 못하거나 명확하게 드러나지 않는 단계이다.

갈등의 발현 단계는 갈등의 존재를 인식하고 해결해야 할 필요성을 자신의 입장에서 해결할 필요성을 인식하는 단계이다.

갈등의 감정화(표출) 단계는 자신의 갈등의 감정을 본격적으로 느끼고 갈등에 대한 태도 등에 영향을 미쳐 감정적인 충돌이 일어날 수 있는 단계이다.

갈등의 격화(매개) 단계는 자신의 감정이 갈등에 대한 의견을 표현하기 위하여 본격적으로 드러나는 단계이다.

갈등의 해결 단계는 갈등을 해결하기 위하여 중재·조정 등 해결로 인하여 갈등의 결과와 영향을 나타나는 단계이다.

갈등은 언제 어디에서나 누구에게도 반갑지 않은 일이며 특히 대인관계에서의 갈등은 어렵다. 갈등의 진행 또한 관심을 두지 않으면 파악하기 어렵고, 갈등으로 불러오는 스트레스가 폭력을 자극하기도 하기 때문에, 본인이 느끼는 스트레스가 언제 오는지 파악을 해둔다면 갈등의 원인도 알 수 있고 나아가 갈등의 주기를 파악하여 갈등을 예방할 수 있다.

03.

갈등의 심리 요소

갈등 상황은 누구에게나 스트레스를 유발시키는 힘든 상황이라는 것은 부인할 수 없다. 갈등 상황에서는 뇌에서 '원형 기제(Ur Mechanism)'가 작동하게 되는데 이는 대뇌 활동이 멈추고 뇌간이 활성화되는 것을 말한다. 이러한 현상은 모든 심리 작용에 제한을 주게 되고 비정상적으로 왜곡을 할 수 있는 상태를 만들게 된다. 오로지 자신의 주장에만 논리적으로 몰입하게 되고 모든 사고가 단순화되어 흑과 백 또는 적과 동지 등의 이분법적인 감정에만 앞서게 되어 주변의 조언이나 충고를 무색하게 만든다.

갈등으로 인해 스트레스 상태가 지속되면 인지 능력이 근시안적으로 되어 좁은 관점에서 문제를 바라보게 되며 의심과 공포로 불안감을 가질 수 있다.

그러므로 갈등 상황이 발생하면 보다 건설적으로 대처하기 위해 노력해야 하고 자신의 심리적 반응의 방식을 잘 파악하고 그에 따른 적절한 대안들을 강구하도록 노력해야 한다. 무엇보다 마음의 평정심을 찾으려고 노력해야 하는데 그래야만 심리적 혼란에서 벗어날 수 있는 해결책을 찾을 수 있는 기회를 갖게 된다.

갈등의 구조에는 가장 표면으로 드러나는 입장 부분과 중간의 이해관계, 그리고 가장 핵심부분인 욕구 영역으로 구분되어 있다. 갈등을 관리하고 해결하기 위해서는 표면에 드러나는 입장보다는 좀 더 핵심 부분에 집중하여 관계와 감정 부분을 살펴서 분석해볼 필요가 있다.

입장(Position), 입장은 갈등이 생겼을 때 갈등의 원인을 상대방의 탓으로 돌리면서 자신이 입은 피해에 대해 보상할 것을 주장하는 것을 말하는데, 이것은 상대방과 시비 논쟁을 하기 위한 근거가 된다.

말하자면 자신이 입은 피해의 정도를 입증하기 위해 완고한 태도를 취하고 입장 간의 대립을 보인다. 입장은 자신과 상대의 태도를 더 고집스럽게 만들어 더 이상 협상의 여지를 두지 않는다.

예를 들어서 "너 때문에 내가 학교를 다닐 수 없으니 당장 나가라" 하는 서로 엇갈린 입장을 피력하면서 그에 적합한 해결방안을 간단명료하게 제시한다. 마치 이것은 시위를 할 때 플래카드에 써놓은 글귀와도 같다. "물러나라", "각성하라" 등의 시위 현장의 외침으로 이해할 수 있다.

이해관계(Interests), 표면적인 입장에만 머물러 있으면 갈등의 원인으로는 들어가기 어렵게 된다. 입장은 갈등 당사자가 진정으로 원하는 바가 무엇인지 알 수 없기 때문에 입장 이면에 있는 숨겨진 목표나 소망, 욕구, 기대와 두려움 등에 따라서 정의된다.

이해관계라는 것은 시끄러운 입장 뒤에 조용하게 숨겨져 있는 핵심적인 부분이라고 할 수 있다. 이해관계는 물질적 대상뿐 아니라 자유나 권한 등과 같은 비물질적 대상에 대한 재량권을 의미한다.

갈등의 해결을 위해서는 입장들을 서로 살펴보고 타협 해나가는 것이 아니라, 그 배후에 있는 이해관계자들의 합의점을 도출해야 더 효과적인 갈등 해결이 된다. 예를 들어, 학교에서 짝끼리 서로 으르렁대고 싸울 때 입장은 자신을 침범한다고 말할 수 있다.

하지만, 그 배후의 이해관계를 살펴보면 상대에게 성적 문제나 경제적인 면에서 질투를 느끼고 있을 확률이 있을 수 있다는 것이다. 이처럼 이해관계를 살펴보지 못하게 되면 짝을 바꾼다든지 서로 남의 자리에 넘어오지 않게 하는 것으로만 해결해 버릴 수 있다.

욕구(Needs), 갈등 발생 시, 가장 깊숙하고 좀처럼 드러나기 어려운 핵심 부분인 '욕구'의 영역이 있다. 자신의 욕구가 상대방에게 알려지는 것을 싫어하고 어쩌면 자기 자신도 이런 욕구에 의해서 갈등 상황으로 치닫게 되었는지에 관하여 인정하고 싶지 않을 수 있다.

이처럼 욕구는 가장 근본적으로 충족되어야 하는 부분이지만, 속물같이 생각하는 경향이 있어서 상대에게뿐 아니라 자신에게조차 자신이 그러한 욕구가 있다는 것을 인정하기 불편할 수도 있다.

인간이 기본적으로 갖고 있는 욕구를 살펴보고 어떤 욕구에서 발생된 갈등 상황인지에 대해 좀 더 깊이 생각해 볼 필요가 있다. 앞서 짝끼리 자신의 자리를 침범한다는 문제로 갈등을 일으키는 학생이 이해관계에서는 상대에게 질투를 느끼는 것으로 가정했을 때 욕구는 바로 힘과 성취의 욕구가 충족되지 않았기 때문에 짝이 미워진 것이고 자기 자리를 침범하는 것으로 입장을 표현했다고 볼 수 있는 것이다.

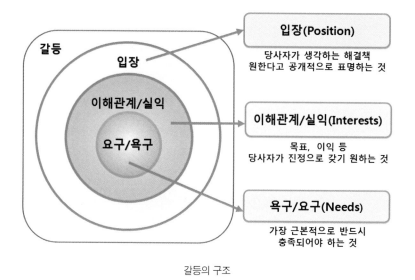

갈등의 구조

인간 사회에서 불가피한 요소로, 다양한 사회적, 개인적 맥락에서 중요한 역할을 한다. 갈등은 두 명 이상의 사람들 사이의 이해, 욕구, 가치, 또는 목표의 차이로 인해 발생하는 긴장 상태를 말한다.

이러한 관계에서, 개인 간 갈등, 집단 간 갈등, 내적 갈등으로 나뉘며, 개인 간 갈등은 두 사람 사이의 갈등을 말하며 친구, 가족, 직장 동료 간의 갈등,집단 간 갈등은 말 그대로 집단 간의 경쟁이나 대립을 말한다.

개인 내부에서 일어나는 갈등으로 자신이 원하는 것과 실제 상황 간의 불일치 욕구 불만족이 원인인 내적 갈등과 관계 갈등의 증폭은 상대방을 잘 안다고 생각해서 배려한 일이 오히려 잘못되어 돌아올 때, 선의를 베풀었다고 했는데 상대에게서 섭섭한 마음으로 돌아올 때, 사람들과 가까워지다 보면 서로의 입장 또는 이해관계가 부딪치면서 생기는 것, 이런 이유로 발생하는 것이 바로 관계 갈등이라고 하는데, 학교에서 또래 사이에서 생기는 이러한 원인의 갈등을 극복하지 못하는 미숙한 경우가 많다.

이러한 갈등을 갖게 되는 심리적 동기는 주로 무엇일까?

미국의 심리학자 토리 히긴스(컬럼비아대학 연구)의 말을 빌리자면, 인간이 갈등을 맞닥뜨리면 2가지 동기 중에서 하나를 중심으로 갈등을 해결하려 한다고 주장하면서 변화적 이동에 기초한 동기로 그 상황에서 잘잘못을 따지기보다는 제3의 상황이나 국면으로 전화해서 그 갈등으로부터 벗어나려는 변화적 의도와 조사적 평가를 중심으로 세부적으로 어느 쪽이 더 잘하고 부족한가 또는 더 적당하고 합리적인지를 구체적으로 비교하고 따져보면서 갈등을 세밀하게 살펴보고 정면 돌파해서 갈등을 벗어나야 한다고 하였다.

이는, 갈등은 이상과 현실의 차이에서 갈망하는 인지와 사고의 합리적 사고 마비로 본능적인 감정이 앞서기 때문이며, 본능적인 감정에서 오는 공포와 불안, 분노, 욕구불만이 동기일 수 있다. 기본적으로 내재된 불안에서 벗어나기 위하여 타인에 대해 감정적으로 대치하게 되면서 표출되어지게 된다고 보는 것이다. 그래서 갈등의 동기는 가치와 신념의 차이, 의사소통의 부재, 인간관계 문제, 자아실현의 충돌, 이익을 얻기 위한 경쟁, 목표의 차이, 가치관의 차이, 개인적인 차이 등에서 오는 것이다.

학교생활에서 폭력의 원인으로 보는 갈등의 동기는 성적의 경쟁, 의사소통의 부재, 가치관의 충돌, 나와 다름의 이해 부족, 약자에 대한 편견, 문화적인 영향, 정서적인 문제 등등의 여러 원인들을 종합적으로 고려하여 갈등상황을 분석하여 관리하여야 한다. 그렇지 않고 단순하게 그 상황만으로 처벌이나 조치로만으로는 학교 폭력이 예방될 수는 없다고 하는 것이다.

세상에서 가장 어려운 일이 사람과의 관계라고 한다. 아직 성인이 아닌 아동·청소년들에게서 또래와의 관계도 더욱 어려울 것이다. 앞에서 설명한 여러 동기에서 발생하는 갈등을 잘 관리하지 못하게 된다면, 스트레스의 증가와 함께 폭력으로 표출될 가능성이 높아지게 되는데 학교생활에서 또래와의 관계 속에서 갈등의 상황에 늘 있는 것은 어쩌면 당연할지도 모른다.

예를 들어서 학교에서 학생들 대상으로 어떤 조직이 있다고 하자. 조직의구성원들은 서로의 욕구나 목표를 충족시키기 위하여 조직을 구성하고 조화로운 관계를 가지고 협력하고자 한다. 하지만, 욕구불만이나 목표의 좌절을 경험하게 된다면 갈등이 생기게 되는데, 원인을 분석하여 빠르게 해결하기보다는 발생된 갈등으로 관계는 깨지게 된다. 그리고 폭언이나 비난, 욕설, 따돌림, 폭행 등을 행동으로 옮기게 된다.

※ 비난 욕설, 따돌림, 폭행 학교 폭력의 유형에 속한다. 학교폭력예방법 제2조 참조

(또래)구성원들의 욕구나 목표를 향하여 협력과 관계의 개선을 통한 조직의 단단했던 구성은 갈등을 느끼면 대립하게 되는데, 갈등이 존재하여 조화로운 관계의 형성은 깨지고 계속적인 갈등은 압력, 폭언, 억압 등의 폭력이라는 성향으로 나타난다.

이러한 갈등으로 인한 폭력적인 성향을 예방하며 관계를 깨지지 않게 하기 위해서는 갈등을 해소해야 한다. 하지만, 해결이나 해소를 잘못 해석하여 대상을 없애려고 한다면 이는 또 다른 갈등의 시작이 될 수 있으니 유념해야 한다. 그래서 갈등 관리가 필요한 것이다.

그렇다면 갈등을 해소하기 위한 올바른 방향은 무엇일까? 생각을 하고 접근해야 된다. 해소를 위해서는 갈등을 불편한 부정적인 대상으로 바라보는 것이 아니라, 긍정적인 발전 방향으로 갈등을 바라보는 것이 필요하다. 이렇게 하기 위해서는 감정의 표현이나 부정적인 감정을 다른 방향 또는 생각을 바라보는 시각을 달리하는 것이 필요로 하는데 이를 전환이라고 한다. 갈등을 이렇게 긍정적 변화의 에너지로 전환하는 것을 갈등 전환이라고 한다. 따라서, 갈등 전환은 갈등 해결, 갈등 관리로 생각할 수 있다.

갈등의 관리가 되지 못하고 갈등의 원인을 제거만 하고자 하여 또래와의 관계 형성을 힘으로 하거나 미숙한 소통의 방법으로 하려고 하면 갈등이 증폭되어 학교 폭력이 발생하는 경우가 많은 것이다.

또래관계를 조화로운 관계로 전환시키는 것을 갈등 전환으로 접근하여, 효율적으로 관리해야 되는데, 갈등 전환이나 갈등을 극복하고 조화로운 관계의 형성하기까지 아동·청소년기에는 어려울 것이다. 이러한 부분을 학교생활에서 깨닫고 익힐 수 있도록 하는 것이 올바른 교육적 회복이라고 본다.

  갈등의 전환은 갈등의 관리와 연결이 깊다고 보고 있는데 이 부분은, 갈등 관리의 기법에서 자세하게 다루도록 하겠다.

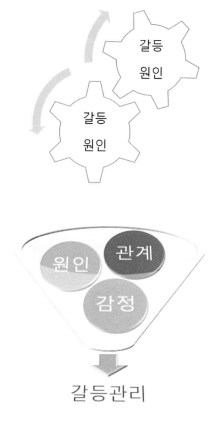

👍 학교 폭력 사례

중학생이던 A는 B가 소변을 보러 화장실에 가는 것을 보고 옆 칸에 따라 들어가 변기를 밟고 올라가 몰래 위에서 내려다보았고, B는 불쾌하고 성기를 내려다본 것에 대하여 수치심을 느꼈다. 사과를 요구했지만 성의가 없어서 A가 장난을 친 것 같지만 피해가 좀 컸으니 다시는 그런 짓을 못 하게 했으면 좋겠다는 의견서를 제출하여 학교폭력대책심의위원회에서 성폭력으로 보고 처분을 내렸다. B는 행정소송을 제기하여 성폭력이 아니라고 하였지만 A가 소변이나 대변을 볼 수도 있다는 사실을 예측 못 한다고 볼 수 없으며 B는 상당한 정신적 충격과 성적 수치심을 느꼈다고 진술하였으며 옆 칸의 변기를 밟고 올라가 B군의 용변 칸을 들여다본 행위 자체는 A가 B의 성적 자기 결정권을 침해했다며 성폭력을 인정하였다.(2024 인천지방법원)

가해관련조치결정: 3호 교내봉사, 봉사활동4시간, 특별교육4시간 처분, 2호 협박·보복금지

04

학교 폭력과 갈등의 심리

또래는 다양한 성격과 성장배경, 복잡한 감정, 의사소통의 문제, 배신, 기대의 미충족, 즉 욕구불만으로 인한 실망 등으로 관계의 갈등이 생기고 관계가 깨진다. 인간관계는 어렵고 복잡하지만 가장 가치가 있고 보람되는 것으로, 관계로 생기는 갈등을 무조건적으로 제거할 것이 아니라, 관계를 회복하기 위한 긍정적으로 발전시키는 전환이 필요하다는 것을 강조하기 위하여 앞 단락에서 잠시 설명을 하였다.

갈등이란 두 개 이상의 상반되는 경향이 거의 동시에 존재하여 어떤 행동을 해야 되는지에 관한 결정을 못하는 상태로 개인이나 집단이 가지고 있는 두 가지 목표나 정서들이 충돌하는 현상이라는 설명을 하였고, 갈등의 형태는 개인과 개인 사이의 갈등이 있으며 사회의 제도나 규칙에 따른 개인과 사회와의 갈등(집단갈등)이 있으며 학교 폭력과 갈등의 부분에서 이야기하는 갈등은 외적인 갈등과 개인적인 갈등 그리고 심리적인 갈등으로 인한 갈등을 원인으로 볼 수 있다고 하였다.

결국 개인이 성장하면서 사회와 사람, 조직, 환경에서 오는 갈등으로 인한 원인이 폭력의 유발과 증감을 가져오는데 해소가 되지 못하고 바깥으로 나나내어진 폭력이 발생하게 된다는 것을 강조하고 싶다.

학교 폭력과 갈등의 심리가 학교 폭력의 원인이라고 주장되고 있는 부분은 가정환경, 학교환경, 사회적 환경 등에서 영향을 받은 갈등의 당사자가 또래와의 관계에서, 갈등의 증폭으로 적대적인 감정으로 되기 때문에 갈등이 증폭의 표출이 끊어지는 관계로 되기도 하며 여기에 그치지 않고 폭력적인 성향으로 나타내어지기도 하며, 학교에서 나타나는 학생들 간의 즉, 또래 갈등은 심각한 갈등 상황으로 연결되어서 갈등으로 인한 폭력을 경험한 피해 학생들은 심리적, 학업적, 신체적으로 위축되며 그 피해는 또 다른 피해로 이어지며, 가해자가 되기도 한다.

이러한 상황에서, 갈등의 증폭이 된 당사자는 갈등의 상대방인 친구의 험담을 하고 SMS 등의 디지털에서 알리는 행위로 험담이나 모멸감을 주는 행위를 하게 되며, 과거의 친구로부터 관계의 불만이나 갈등의 상황에서 이러한 해결을 하지 못하여 일어나는 보복 행위로 원활한 소통을 하는 것을 모르거나 서툴기 때문에 발생하여 폭력이 발생한다.

또래의 사회에서 관계가 중요하기 때문에 갈등이 중요하다. 사회는 규범, 가치, 공통된 도덕성을 통해서 유지된다. 서로 다른 성향의 구성원들이, 구성원들에게 사회 변동 과정에서 영향을 주고, 받으면서 생기는 것이 갈등이다. 갈등은 그 자체로만으로는 불편하며 근본적으로 해결하고 싶어 한다. 이런 경우에 올바른 의사소통에 미성숙하거나 미흡한 경우에 폭력으로 갈등을 해결하려고 한다. 결국, 갈등을 유발하는 자신과 상대의 다름을 인정하지 못하고 해소하고자 갈등의 대립이 폭력적인 성향으로 퍼지며 학교 폭력사안이 발생하게 된다.

아동·청소년의 경우에 갈등의 여러 원인 중에서 부모의 갈등은 학생에게 전염성처럼 퍼진다. 부모 간 갈등은 부부 사이에서 얼마나 자주 갈등으로 인한 상황에 놓이게 되고 이러한 갈등을 해결하는 과정 속에서 공격적인 행위를 어떻게, 얼마나 하는가에 따라서 부정적인 갈등의 전염이 되며 부모 갈등의 원인은 부부 갈등에서 시작되며 부부 갈등 상황에서 언어적 표현이 비언어적인 표현으로 인하여 학생인 청소년에게 각기 다른 형태의 갈등을 유발하기도 하면서, 이로 인한 폭력적인 상황을 경험하게 되며 폭력적인 모습을 학습하게 된다고[15] 학자들은 주장하고 있다.

부모의 갈등을 직접적으로나 간접적으로 경험을 한 아이들은 학습된 폭력을 정당화하여 수용이나 허용하는 모습 속에서 갈등으로 인한 문제가 생기게 된다면 폭력을 사용할 가능성이 높다는 주장에는 아이들의 정서적으로 불안한 심리적 영향을 미치고 그 강도가 높아져 학교 폭력으로 가해행동에 작용된다는 의미로 보인다. 물론 부모의 갈등이 무조건적으로 학교 폭력의 원인이 된다는 뜻으로 말하는 것은 아니다.

갈등의 원인은 사회적 차원, 정서적 차원, 문화적 차원, 구조적 차원과 관련이 깊고 의사소통의 차원에서도 갈등의 원인이 나타날 수도 있기 때문이다. 오래전부터 학교 폭력예방을 하고 있지만 학교 폭력이 눈에 띄게 줄지 않고 있는 것은 이러한 요인들을 반영하지 않고 학교 폭력의 개념과 유형에만 치우친 예방교육은 아니었는지를 깊게 생각해야 할 것이다. 또한 학교 폭력예방 교육이나 캠페인을 하여도 해마다 증가하고 있는 학교 폭력관련 사안은 처벌과 격리만으로는 해결되지 않는 그 무엇이

---

15) 노치영(1988) 가정폭력이 아동의 공격성에 미치는 영향, T E Joiner, K D Wagnet(1996)Parental conflict and child adjustment: A meta-analysis등

있기 때문이라고 보아야 한다. 여기에는 사회, 조직, 사람, 환경에서는 갈등의 증가와 갈등으로 인한 원인이 결국에는 폭력의 유발과 증감을 가져오고 있기 때문으로 보고 깊게 접근하는 것이 필요하다. 최근에는 그마나 시·도교육청마다 갈등조정이나 관계회복 관련하여 예산을 확보하여 사용하고 있다. 하지만 이것만으로는 부족하다고 본다. 일례로, 체계적이며 일관된 매뉴얼화 하는 것이 중요하다.

학교 폭력의 사안이 다르고 발생되는 학년도 다르고 등등의 이야기를 핀잔을 하는 성인 및 조정과 관련된 기관에서 이야기를 할지도 모른다. 하지만 학교 폭력의 원인이 갈등이라는 것을 알고 있다면 학교 폭력예방의 지름길로 가기 위해서는 기본적인 매뉴얼을 하여 여러 방향에서의 갈등 상황의 대처에 관한 것을 체계적으로 하는 것이 학교 폭력예방의 근본적인 목표인 학교폭력을 낮추는 것이라고 본다.

다시 학교 폭력과 갈등과 연관되어 설명을 하면, 갈등으로 인한 학교 폭력이 초등학교에서만 심각한 것이 아니다. 또래 학생과 학생의 사이에서 갈등은 빈번하게 발생을 하고 있으며 원활한 의사소통을 위한 방법보다는 개인의 이익이나 이익추구와 관련된 부분에서 서로의 감정이나 생각의 충돌에서 나타난 갈등이 올바른 방향으로 해결이 아니라, 폭력을 동반한 해결로 이어지고 있다. 이는, 사람의 내부에서 발생될 수 있는 갈등과도 연관이 있는데 개인적인 갈등과 집단적인 갈등으로 내부적 갈등으로 나눈다면, 내부적 갈등은 개인의 정서, 동기, 의견 등이 상대와 대립되고 충돌되는 과정에서 생기며 상대의 입장과 자신과의 차이가 있다는 것을 인지 또는 극복하지 못 하여 갈등의 고조로 폭력성이 증가하게 되는 것이다.

학교 폭력 사례를 들면, 초등학교 때에는 서로의 집을 오가면서 정말 친하게 지냈던 친구가 전학이나 기타의 원인으로 헤어졌다가 중학교나 고등학교에서 만났을 때, "예전에는 그냥 넘어갔었던 행동을 가지고 지금은 문제"로 삼는다. "너, 사람이 변했다"라는 불만을 하는 경우가 있다. 사람은 변한다. 가치관, 생활습관, 환경, 개인이나 집단의 이익추구 등등 원인은 많다. 그럼에도 좋지 않게 바라보고 갈등을 일으키기도 하고 갈등을 증가시키기도 한다.

결론적으로 '너와 나의 연결고리'도 중요하지만 '너와 나의 다름'도 인정하며 존중하는 것이 절실하다. 어쩌면 갈등 관리(해소)의 핵심이라고 본다.

사람은 누구나 자신이 중요하다고 생각하며, 가치가 있기 때문에 주변 사람들로부터 존중을 받고 자신의 중요성을 보여주고 싶지만 반대로 존중을 받지 못한다고 자신의 중요성이 없다는 생각이 들게 되면, 갈등은 부정적인 방향으로 고조화가 된다.

사소하거나 아무런 일이 아닌 것에 대하여 다툼을 벌이게 되는 행동은 폭력을 예고하는 것으로 보아야 한다. 자신이 존중을 받지 못했다고 느낌이나 자존심에 손상을 입었다는 생각에서 내적으로 일어나는 갈등으로 이러한 갈등의 원인이 상대에게서 분노가 일어나서 다툼을 벌이며, 평소에는 그냥 지나갈 수도 있었던 말 한마디가 불쾌한 말 한마디로 느꺼지면서 갈등의 원인이 될 수 있다.

두 사람의 의견 대립에서 오는 갈등보다도 제3자, 이를테면 원인을 잘 알지 못하고 남의 일에 끼어드는 참견도 갈등의 원인이 될 수 있다. 갈등은 사람관계에서 발생하는 것으로 개인적인 감정이 아니라 상대의 생각을 통제하고 상대의 감정에 자신의 감정으로, 원인을 상대의 잘못을 찾는 행동으로 인하여도 생긴다. 아이들의 욕구나 목적 달성에 실패나 방해로 여긴다면 갈등을 극복하려고 하기보다는 좌절과 스트레스 유발로 이어지면서 폭력적인 성향을 나타낼 수 있다.

이러한 폭력적인 성향이 학교 안에서 일어나게 되면 갈등의 원인이 무엇인지를 파악하여 피해관련 학생의 존재를 부각하여 피해·가해관련 학생의 갈등 해소를 통하여 일방적인 절차와 징계가 아닌 피해·가해관련 학생의 관계 회복을 위하여 노력을 한다면 학교 폭력은 줄어들 것으로 본다. 최근 갈등 관련 교육이나 관계회복 프로그램을 하는 비중이 높아지고 있는 것은 이러한 설명을 반영하는 것으로 본다.

즉, 갈등으로 인하여 학생과 학생 사이에서 갈등의 구조화가 발생하기 전에 학생 본인 스스로 갈등의 해결과 화해를 할 수 있는 기회를 제공하는 것이 학교 폭력 예방에 효과적일 것이다. 효과적으로 학교 폭력을 예방하기 위해서 꼭 필요한 것은 전략적인 갈등분쟁해소관련한 과정이라고 필자는 주장하고 싶다.

초등학생의 경우, 학교에서 하루의 절반 이상의 시간을 보내면서 또래 친구들과 어울리는 과정에서 다양한 상황을 경험하고 이러한 상황 속에서 갈등을 경험하게 된다. 감정표현이나 소통하는 것이 미성숙한 상황에서 발생하는 갈등을 해소하기 위해 부정적으로 해결을 하여 공격성을 습득하거나 경험하게 되었다면, 학교 폭력에 영향을 미치고 갈등은 또 다른 갈등을 일으키게 되는 것이다.

갈등이 학교 폭력으로 이어지는 경우는 아이들만의 문제가 되는 것이 아니라 어른들인 부모의 개입으로 작은 갈등의 문제가 오히려 크게 되는 경우로 번져서 발생하는 경우가 늘어나고 있다. 이런 경우에 갈등이 갈등을 만들어내는 결과로 보아야 된다.

그렇다면 사회적 유대가 약할수록, 부모와 교사의 감시가 약할수록, 비행 친구들의 영향이 클수록, 가정 및 학교에서 스트레스를 많이 받을수록 폭력을 많이 행사할 것이라는 학자들의 주장처럼 사회적 유대가 약할수록, 일탈성향이 강한 친구들의 영향을 많이 받을수록 학교 폭력이 많이 발생하며 가족, 학교, 사회에 대한 건전한 인성교육과 또래 간 바람직한 사회연결망 구축이 필요하다는 학교 폭력의 원인에 대한 연구[16] 주장과 학교 폭력에 대한 인식과 대응 수준이 매우 낮으며 학교 폭력은 청소년기의 일반적인 발달 심리적 특성과 가해자와 피해자 각각의 개인 심리적 특성이 복합적으로 작용하여 발생하는데 학교 폭력은 가정, 학교, 사회 요인에 의해 발생하여 학교 폭력은 대응의 미비로 인해 발생하고 있다[17]는 연구의 결과가 이 책의 주장과도 일치하고 있다는 점을 주목해야

---

16) 정신성 교수(순천향대학교-경찰행정학)
17) 홍종관 교수(대구교육대학교 교육학과)

할 것이다.

갈등을 해결하기 위해서는 갈등의 원인이 무엇인지 파악하는 것이 가장 중요하며, 지금 상황에서의 갈등의 원인과 문제에만 집중하며 엉뚱한 부분의 의미를 부여하여 폭력이나 공격해서는 안 된다는 것을 알게 해야 또래 사이의 학교 폭력은 줄어든다. 인간의 근본적인 욕구불만이 갈등 원인의 시작이라고 볼 수 있기 때문이라고 여러 번 강조하고 싶다.

학생에게서 갈등이 발생하면 적대감이 아니라 상황을 인지하고 본인과 상대의 존중과 다름을 인정한다면 학교 폭력은 발생하지 않을 것이다. 또한 갈등은 상호작용이라는 점을 알고 갈등을 해결하려는 갈등의 감소에 초점을 폭력이 아닌 올바른 소통의 대화와 갈등을 관리하는 것을 알고 활용한다면 갈등은 감소할 것이며, 폭력도 감소하게 될 것이다. 폭력적인 공격은 갈등의 형태이기도 하기 때문이다.
또래 사이에서 발생하는 불안, 질투, 모욕, 수치, 분노, 초조, 적대감 등의 감정을 조절하는 능력을 키워줘야 한다.

갈등 상황의 이러한 폭력보다는 친구들의 대화를 하게 되는 경우에 오해를 풀고 서로 화해를 하며 진정한 사과를 통하여 오히려 한발 성장하는 또래 관계로 발전하게 된다는 것을 아동·청소년인 갈등 당사자들이 알게 하는 것이 교육적인 방법이며, 학교 폭력은 조치보다는 갈등을 해결하는 방향으로 길을 잡아야 한다고 학교 폭력 사례를 통하여 결론이 나타내어지고 있다.

따라서 심리적, 환경, 욕구, 스트레스 등의 갈등 원인을 알고 해결해야 하는 갈등관리가 필요한 이유이며, 상대의 다름을 인정하거나 해소하여 조화로운 관계로 회복되어지는 것, 갈등의 대립이 폭력으로 번지지 않도록 갈등을 관리함으로써 갈등 해소를 이끌어내기 위하여 갈등 관리를 하여 학교 폭력을 줄이고 교육적인 조치를 하는 것이 궁극적인 이유이다.

05.   욕구와 스트레스

갈등의 원인의 근본적인 것은 목표가 다르고, 조직 분화와 이질화, 상호 의존성, 인지 및 태도와 기대 차이, 의사 전달의 不소통, 대안 선택의 곤란, 가치 충돌, 기대치의 불일치 등으로 인한 욕구 불만이라고 보고 있다.

욕구란 무엇인가?
욕구는 사람들이 살아가면서 반드시 충족되어야만 하는 필요 욕구(Need)이며, 이러한 욕구들을 가지고 있다.

윌리엄 글래서(William Glasser)는 미국의 정신과 의사로 현실치료와 선택이론을 개발한 학자로서 인간의 욕구에 대하여 연구하였다. 그가 제시하는욕구는 5가지로 나눠져 있으며 인간의 가장 기본적인 욕구인 생존의 욕구,사랑과 소속의 욕구 그리고 힘(성취)의 욕구, 자유의 욕구, 즐거움의 욕구로 구분하고 있다.

생존의 욕구(Survival Need)는 인간이 태어나서 삶을 살아가고자 하는 욕구로 생식을 통하여 번성하고 건강하고자 하는 욕구이다. 이 욕구가 강한 사람은 안정을 추구하고 변화를 좋아하지 않지만 이 욕구가 약한 사람은 변화나 모험을 즐기는 사람이 된다. 생존의 욕구가 높은 사람들의 특징은 다음과 같다.

- 일반적으로 성적인 부분에 관심이 많다.
- 건강에 대해서 염려가 많다.
- 안정된 미래를 위해 돈이나 물건을 절약하고 저축을 한다.
- 매사에 보수적인 편이다.
- 가급적 모험을 피하는 편이다.
- 쓸 수 있는 물건은 버리지 않고 오래 간직한다.

사랑과 소속의 욕구(Love & Belonging Need)는 인간 사이의 관계를 중요시하여 사랑과 협력, 나눔과 같이 함께 이루어 나가는 것에 관심을 갖고 있는 속성이다. 사랑과 소속의 욕구가 강한 사람은 친구를 사귀고 결혼을 하고 또래 집단이나 동호회 등 모임을 자주 갖길 원한다. 생일 파티나 행사들을 잘 챙기는 성향을 보인다. 무리에서 떨어지면 심한 외로움을 느낄 수 있다. 사랑과 소속의 욕구가 많은 사람들은 다음과 같다.

- 아는 사람과 함께 있는 것을 좋아하며 가깝고 친밀하게 지낸다.
- 다른 사람이 자신에게 관심을 가져주기를 원한다.

- 다른 사람을 위한 일에 시간을 낸다.
- 다른 사람들에게 친절하게 대한다.
- 장거리 여행을 할 때 옆 사람과 자연스럽게 이야기를 꺼낸다.

힘(성취)의 욕구(Power Need)는 인간 사이에서 서로 경쟁하고 쟁취하는 행위를 통해 자신이 우위에 서려는 속성을 말한다. 힘의 욕구가 큰 사람은 자신이 지도자가 되는 것을 원하고 인정받는 것에 관심이 많으며 상대방을 통제하려는 성향을 보인다. 이처럼 상대방을 견제하는 모습이 있으므로 서로

힘의 욕구가 강한 상대와 만나면 팽팽한 긴장감을 보일 수 있다. 힘의 욕구가 높은 사람들의 특징은 다음과 같다.

- 고급스러운 물건을 사는 것을 좋아한다.
- 남에게 대접받기를 좋아하며 높은 지위를 갖고자 한다.
- 다른 사람들에게 충고나 조언을 잘한다.
- 내가 이룬 일들에 대해 자랑스럽게 생각한다.
- 경제적으로 남보다 잘 살고 싶어 하여 부의 축적을 위해 노력한다.
- 자신이 하는 일에 대해 지지와 인정을 받고 싶어 한다.

자유의 욕구(Freedom Need)는 자신이 좋아하는 것을 마음껏 선택하고 어디든지 마음대로 이동하고 싶어 하는 속성을 말한다. 자유 욕구가 많은 사람은 자칫 다른 사람을 배려하지 못할 수 있기 때문에 좀 더 주위 사람들을 신경 쓸 필요가 있다. 자유의 욕구가 높는 사람들의 특징은 다음과 같다.

- 이사를 자주 하는 경향을 보인다.
- 여행을 즐겨하고 언제든지 불시에 떠날 수 있다.
- 예술적인 창작활동을 즐긴다.
- 구속하는 것을 못 견디기 때문에 통제하기 어렵다.

즐거움의 욕구(Fun Need)는 여러 분야에 호기심이 많고 새로운 것을 배우는 것을 좋아하는 속성이다. 윌리엄 글래서(Glasser)는 즐거움에 대한 욕구는 기본적이고 유전적인 지시(instruction)라고 말한다. 삶이 즐겁다고 생각되지 않으면 우울해지기도 하여 매 순간 흥미 있는 것들을 찾아다닐 수 있다. 이러한 즐거움의 욕구를 충족하기 위해서는 생명의 위험을 감수하고도 암벽을 타다거나 높은 곳에서의 아슬아슬한 모습으로 셀카를 찍어서 블로그 등에 올리는 일들을 감행하기도 한다. 즐거움의 욕구가 높은 사람들의 특징은 다음과 같다.

- 큰 소리로 웃기를 잘한다.
- 유머를 사용하거나 듣는 것을 좋아한다.
- 고정된 방식보다는 새로운 일 처리 방식을 선호한다.
- 영화나 음악을 감상하는 것을 좋아한다.
- 흥미 있는 게임이나 놀이를 즐기기 때문에 한 가지 일만 성실히 하는 것을 어려워한다.

이러한 욕구들이 외부의 환경에 의해 또는 상대방으로 인해서 위협을 받게 되면 심리적으로 불안을 느끼게 되며 곧 심리적 위기감에 처하게 된다.

욕구의 위협이 심해지면 생활 판단 능력이 어렵게 되고 스트레스 반응 (stress response)이 밀려오며 살아야겠다는 의지와 투쟁의 자세로 돌입하게 된다. 그렇기 때문에 욕구를 위협받는다는 것은 갈등으로 이어지는 데에 있어서 중요한 요소가 된다. 이런 욕구의 불만이 갈등이 이어지기 전 과정에서 욕구불만이 하나일 수도 있고 복합적일 수도 있다. 이러한 욕구불만을 자신이 통제할 수 있고 심리적으로 풀어질 수 있다면 욕구불만으로 생기는 불안하고 좌절감과 자존감이 낮아지면서 생기는 스트레스도 해소되고 갈등으로 가는 상황도 줄어들게 된다. 욕구불만이 발생하면 스트레스가 발생한다.

스트레스는 갈등이 일어났다는 것은 심리적으로 스트레스를 받고 있다는 것을 의미한다. 어느 누구도 스트레스 상황이 지속되는 것을 원치 않는다.

이러한 스트레스로부터 벗어나기 위해 사람은 적절한 대안을 강구하게 되고 마음의 평정을 찾기 위해 해결책을 모색하게 된다. 사람이 스트레스를 받게 되면 인지적 측면과 사고, 느낌, 의지, 행동 측면에서 다음과 같은 상태를 보일 수 있다.

인지적 측면으로 근시안적인 관점을 갖게 된다. 의미와 정보에 대한 검토와 통제 능력을 잃어 이야기를 흘러듣게 되거나, 왜곡하는 등, 좁은 시각을 통해 많은 부분을 간과하게 만든다. 따라서 관점과 견해의 교환이 어렵고 이것은 곧 옳은 판단을 할 수 없게 만들 수 있다.

사고는 생각에 있어서 신중함을 잃게 되며 성급한 결론을 내려 후회하는 일을 만들게 된다. 유연하지 못한 경직된 사고패턴을 보이기 때문에 상대방의 행동을 잘못 해석하고 오해하며 의심하게 되어 본인 스스로가 피해자라는 생각에 고립되게 만든다.

느낌은 타인과의 감정적 교류에서 공감능력이 상실된다. 상대가 자신을 위협한다고 생각하기 때문에 공포를 느끼게 되고 과민해지며 공황감정이 생길 수 있다. 또한 반대로 아예 감정에서 둔감해지는 경우도 있다.

의지의 경우에는 자기중심적인 완고한 의지를 갖게 된다. 자신의 욕구만 앞세우고 고집을 피우며 좀처럼 상대와의 타협을 찾지 않게 된다. 때로는 퇴행적인 모습을 보여 충동적인 행동을 보이기도 한다.

행동은 신중하고 침착하며 유연한 행동을 하기 어렵게 된다. 감정이 격해져 있는 상태이기 때문에 공격이나 비난의 모습을 보이게 되고 반대로 상대를 투명 인간처럼 취급하여 무시하는 행동을 하게 된다.

이렇게 갈등은 초등학교 저학년인 학생은 물론이며 청소년기의 학생 누구에게나 심리적인 불안과 우울함을 조성할 수 있으며 심리적인 위협요소로 받아들여져 고도의 스트레스와 분노와 불안이 결국 타인을 공격하는 성향으로 통제력을 잃어버리고 폭력적인 결과를 발생하는 것이다.

결론적으로 학교 폭력 예방활동에 갈등해결 능력과 타인과의 관계나 소통의 부재로 오는 부작용을 최소화하기 위한 영향력을 키워내도록 해야 된다.

더불어서, 갈등을 해소하는 갈등 실무를 구체적으로 전략적으로 실행하기 위해서는 학교 폭력 예방 및 해결과 관련하여 원만한 의사와 합리적인 소통을 돕도록 하기 위하여 입법적인 구상도 필요하다고 본다. 그래야 법적인 테두리도 실천이 강조되지 않을까 생각하며, 소통과 갈등해결의 능력이 강화되어야 갈등상황에서 폭력이 아닌 올바른 갈등해결의 방안을 제시하고 학교 폭력의 예방이 효율적으로 이어져 학교 폭력을 줄이는 지름길이 될 것이다.

학교에서 여러 명이 집단으로 괴롭힐 경우에 당하고만 있던 학생을 탓하는 경우가 있는데, 이런 경우에 인지부조화의 부정적인 면을 이용한 심리적으로 학교 폭력을 하고 있다고 본다. 피해 학생을 세뇌시키는 주된 가해 학생은 피해 학생이 보잘 것이 없고 '나 아니면 안 된다'면서 복종하고 굴복시키고, 가해 학생이 위협의 존재라고 알면서도 피해 학생은 이러한 위협적인 존재가 자신을 보호해 줄 것이라는 인식 때문에 감당해야 되는 것으로 폭력을 폭력으로 생각하지 못하게 만드는 상황에서 학교 폭력 가해관련 조치만으로는 해결되지 않는 이유이기도 하다.

인간의 근본적인 욕구불만이 갈등의 원인의 시작이라고 볼 수 있다. 생리적 욕구, 안전 욕구, 애정 욕구, 존경 욕구, 자아실현 욕구 등이 있지만 이러한 욕구의 불만이 갈등이 이어지기 전 과정에서 욕구불만이 하나일 수도 있고 복합적일 수도 있다. 이러한 욕구불만을 자신이 통제할 수 있고 심리적으로 풀어질 수 있다면 욕구불만으로 생기는 불안감과 좌절감과 자존감이 낮아지면서 생기는 스트레스도 해소되고 갈등으로 가는 상황도 줄어들게 된다. 스트레스와 갈등의 연관성은 트라우마와 관련하여 갈등조정 사례 부분에서 구체적으로 설명하겠다.

스트레스라고 하여 무조건적으로 나쁘다고는 할 수 없다. 긍정적인 영향을 주는 스트레스는 받아들이고 극복하는 것이 필요하다는 뜻이다. 스트레스를 긍정적인 영향으로 바꾸기 위해서는 불안, 질투, 모욕, 수치, 분노, 초조, 적대감 등의 감정을 조절하는 능력을 키워야 한다.

갈등의 원인을 알고 해결해야 하는 이유 중의 하나가 폭력과도 연관이 되어 있다고 여러 번 강조하였다. 이유는 폭력으로 해결하려는 갈등은 평화를 깨뜨리는 존재이기 때문이다. 관계가 조화롭다는 것은 흔히, 평화로운·평온한 상태를 말하는데, 위협적이고 파괴적인 갈등이 존재하면서 이러한 갈등이 표출되는 것이 폭력을 동반하게 된다. 갈등은 그 자체로만으로는 불편하며 근본적으로 해결하고 싶어지게 만들기도 하기 때문이다. 따라서 폭력적인 행동을 해서라도 해결하려고 한다.

그래서, 또래 학생들과의 관계에서나 개인적으로 올바른 의사소통의 방법을 모르거나 미흡한 경우에는 갈등을 겉으로 나타내어 올바르지 않은 해결방법을 사용하거나 욕구충족을 하려고 한다.
기억해야 할 부문은, 이러한 경우에 미성숙한 학생은 학교에서 폭력으로 갈등을 해결하려고 한다. 수치심이 발생하는 경우에는 폭력적인 성향을 나타내기도 한다는 점이다.

갈등관리가 필요한 이유를 강조하여 앞부분에서 갈등과 학교 폭력의 설명을 다시 꺼내는 것은 이러한, 갈등을 유발하는 자신과 상대의 다름을 인정하거나 해소하여 조화로운 관계로 이끌어 나가는 것과 이러한 갈등의 대립이 폭력으로 번지지 않도록 갈등을 관리하고 규제함으로써 평화로운, 조화로운 관계로 이끌어내기 위하여 필요하다는 것을 나타내기 위함이다.

학교에서 갈등이 발생하면 적대감이 아니라, 상황을 인지하고 본인과 상대의 존중과 다름을 인정한다면 학교 폭력은 발생하지 않을 것이다. 또한 갈등은 상호작용이라는 점을 알고 갈등의 감소에 초점을 폭력이 아닌 소통의 대화와 갈등관리를 통한다면 갈등은 감소할 것이며, 폭력도 감소하게 될 것이다. 폭력적인 공격은 갈등을 해결하기 위한 형태이기도 하기 때문이다.

이러한 요인들의 제거에는 갈등의 원인 제거가 필요하기 때문에, 학교 폭력은 결과적으로 갈등이라 주장하는 것이다. 갈등을 무조건 부정하라는 뜻은 아니다. 지금까지 갈등의 부정적인 면에서 폭력의 발생을 설명하였다면, 갈등의 긍정적인 면을 보고자 한다. 갈등이 개인, 집단에서 동일한 목표를 두고 서로 상호의존적인 경쟁으로 작용하여 높은 달성을 보이기도 하기 때문에 또래관계에서 긍정적인 갈등도 필요하다. 갈등의 긍정적인 부분은 보완하고 부정적인 갈등은 해결한다면 갈등은 시너지 효과를 낼 것이며, 학교 폭력을 낮추며 예방에 효율적으로 교육적인 올바른 선도가 될 것으로 주장한다.

욕구의 불만과 내 목표와 관련하여 서로 입장이 달라서 일어나는 불화, 의견의 충돌 등등에는 서로에 대한 이해도를 높여 서로의 간격을 줄여 주는 것으로, 사람과의 관계에서의 갈등을 어떤 태도로 접하고 어떻게 해결해 나가야 하는가를 알려주고 실천하게 하는 것이 또래의 갈등을 줄이고 학교 폭력을 줄이는 것에 중요하다고 강조를 하고 싶다.

06. 갈등 관리의 기법(조정/화해/협상 기술 등)

갈등관리란, 갈등을 효과적으로 관리하면 관계를 강화하고 공동체 건강한 삶을 촉진시킨다. 따라서, 어떠한 상황에서 문제의 본질을 명확히 이해하고, 상대방의 말을 경청하며 자신의 생각을 명확하게 표현하는 명확한 의사소통과, 감정의 조절과 상대방의 입장을 이해하고 공감하여 서로의 바라보는 관점을 인정하는 공감과 이해와 문제의 원인보다는 해결책을 찾기 위하여 좋은 방향으로 이끌어 가려는 방법을 제시하고 나아가도록 하는 것을 말하는데, 심각한 갈등으로 해결이 어려운 상황에서는 전문가 등 제3자의 도움을 받는 것이 좋다.

이러한 갈등관리의 기법에는 여러 가지가 있는데, 우리가 말하고 있는 기법은 주로 조정·화해이다. 기법과 관련된 설명 전에 갈등관리에 개념 이외에 깊이 들여다보려고 한다.

갈등의 상황에서 갈등의 원인인 문제를 제대로 인식하고 넓게 바라보는 것이 필요하다. 바라보는 것뿐만 아니라, 해결을 위한 다양하게 바라보고 이해하기 위한 방법이 필요하다는 것까지 포함된다. 왜냐하면 사람마다 개성이 다르듯이 갈등의 크기와 갈등의 의미를 함축하여 하나의 틀에서 해결하는 것을 주의해야 한다. 갈등의 원인인 문제를 충분하게 좀더 깊게 보지 않고 빠르게 해결하려고만 한다면, 다른 갈등으로 번지게 되어 있다. 따라서, 갈등의 원인을 분석하여 해결하기 위해서는 현실을 바로 인식하고 내용과 상황에 따라 맞는 갈등관리를 해야 한다. 갈등관리는 단순하게 갈등을 해결하는 것에 그치지 않는다는 것이다.

갈등으로 오는 부정적인 영향은 과거에는 아무렇지 않게 받아들이던 상대의 말이나 행동이 갑자기 불편해지고 민감한 반응으로 자연스러웠던 관계가 불편해진다. 불편한 마음은 불쾌한 감정으로 옮겨져 심한 감정의 변화는 물론이고 좌절과 고통을 호소할 수 있기 때문에, 갈등이 증가·감소·유지로 주기적으로 변화한다는 것을 인식하여 갈등의 방향과 의도하는 목적, 즉 욕구가 무엇인지 등의 갈등을 분석하여 갈등의 긍정적인 면(관계)을 끌어들이는 것이 갈등전환이며 진정한 갈등관리의 목적으로 인식해야 한다. 하지만 갈등의 악순환으로 인한 상처와 파멸을 유념해야 한다.

갈등은 상대와의 승패를 나눠서 해결하는 것이 아니다. 갈등이라는 것은 인간이라면 마땅히 느끼고 경험하는 것이다. 그렇기 때문에 내가 갈등이 생겼다고, 내가 갈등을 경험하였다고 하여서 자존심이 상하거나 패하였다고 생각해서는 안 된다.

평온하고 잠잠했던 관계가 갈등으로 인하여 불편해지고 갈등의 증가, 감소가 되는 것이 인간관계에서 갈등이 자연스러운 것처럼, 또래 관계에서도 갈등은 자연스러운 것으로 받아들이되 갈등을 해결하기 위한 노력이 필요하다. 건강한 또래 관계와 올바른 공동체를 세우기 위해서는 갈등의 전환, 갈등관리가 필요한 이유이며, 갈등관리를 통하여 갈등에 대한 근본적인 변화가 필요하다는 뜻이다.

유기체들과 또 그들과 서로 영향을 주고받는 것을 생태계라고 하는데, 관계에도 생태계가 있다고 보고 갈등은 우리를 위협하는 것이 아니라 발전하는 계기로 삼아야 한다. 그래서 또래 갈등을 포함한 사회 갈등이 폭력적이고 파괴적으로 변화된다는 것을 염두하여 갈등을 해결하기 위한 기법이 필요하며 이러한 기법을 활용하려면 갈등을 부정적으로 보고 회피하지 않고 오히려 긍정적으로 받아들인다면, 폭력은 멈추고 평화로운 관계가 회복될 것 이다. 폭력이 아닌 비폭력적인 해결을 하기 위해서는 눈에 보이는 갈등의 해소만이 아니라, 갈등의 유지·감소·증가의 패턴까지 해결해야 한다. 그러기 위해서는, 다양한 상황에 영향을 미치는 갈등의 해결(변화)을 위해서 적절한 갈등관리가 활용되어야 하는데, 대화를 통한 갈등관리가 효율적이며 투명하다고 본다. 대화에는 변화하고 이끌고 만들어내는 능력이 있다. 그 이유는 지금까지 일어났던 일들, 원인이나 상황과 감정까지도 대화를 통하여 당사자가 인식하게끔 하여 갈등의 당사자들이 터놓고 소통을 할 수 있다. 대화는 화해조정을 하는데 기본이 된다.

조정은 서로에 대한 이해도를 높여 서로의 간격을 줄여주는 것이 목적으로 대인관계에서의 갈등을 어떤 태도로 접하고 해결을 어떻게 어떤 방식으로 풀어야 하는지 중요하기 때문에 조정이 필요하며 중요하다고 볼 수 있다.

갈등을 경험하게 되면 오히려, 자신의 감정을 솔직하게 상대에게 이야기를 하여 관계를 개선하는 올바른 방향으로 이끄는 기회로 생각하여야한다. 의견의 차이를 좁히고, 갈등의 내용을 전달하며 본인의 감정이나의견을 전달(I-message)하여, 상대방과 본인의 관계와 원하는 것을 표현하여 서로의 관계를 회복하는 것이 관건이다.

이는, 갈등에서 숨겨져 있는 당사자들 외에 이해관계자가 있는지를 찾아주는 도움을 주는 것이 조정이기도 하다.

갈등이 증폭되면 이 증폭의 간격을 좁혀줄 상황이 되어야 한다. 그러나 갈등이 있는 당사자는 좁히려고 하지 않고 대치하거나 서로의 주장을 강조하여 주도하기만을 하려고 한다. 이를테면 자기합리화의 작용이된다. 이럴 때에 제3자의 개입을 통하여 갈등의 증폭을 좁히며 해결을하기 위한 방향이 설정되기도 한다.

하지만 이때의 개입된 제3자가 개인적 감정을 가지고 접근을 하거나갈등의 당사자 중에서 한쪽으로 치우치는 의견을 하게 된다면 갈등의증폭은 더욱 고조화가 된다.

따라서 주의할 점은, 갈등의 상황에서 조정이란 조정전문가가 개입되어야 바람직한 조정이 될 수 있으며 갈등을 해소하는 결과를 가져올 수있다. 무조건적인 제3자의 개입이 아닌 전문적인 조정이 필요하다.

갈등 관리의 기법인 화해에 관하여 헷갈리는 부분을 짚고 넘어가려한다. 갈등조정과 화해의 차이라고 생각하면 될 것이다.

화해는 민법 [제731조] 화해는 당사자가 상호양보하여 당사자간의 분쟁을 종지할 것을 약정함으로써 그 효력이 생긴다.

* 第731條(和解의 意義) 和解는 當事者가 相互讓步하여 當事者間의 紛爭을 終止할 것을 約定함으로써 그 效力이 생긴다.

화해계약은 원칙적으로 착오를 이유로 원칙적으로 취소하지 못하며 화해계약의 내용에 따라 변경되고 확정된다. 민법[18]에서 말하는 화해 규정은 학교 폭력에서 말하는 화해와는 다르다. 제소전 화해와 같은 재판절차에 관한 것이거나 재판으로 가기 전에 당사자들끼리 미리 화해계약을 체결하는 내용의 규정으로 갈등관리에서 나오는 화해와는 결이 다르다고 봐야 한다. 갈등관리에서의 (화해)조정과 민법에서 규정하는 (화해)조정의 구분이 필요하다면 갈등당사자들끼리 해결할 수 있도록 하여 합의하는 것이 갈등조정이며, 법률적으로 제3자가 개입하여 그 결과가 법적인 효력이 발생하는 화해조정은 법적인 접근으로 보고 차이점이라고 보면 된다.

또한 민법 재판의 소송은 장시간 소요, 유연성이 낮음, 판사의 개인적인 신념이 적용될 수 있음, 갈등고조가능(스트레스) 높음, 조정은 신속성이 높음, 유연성이 높음, 비용소요 낮음, 당사자들의 결과, 갈등고조가

---

18) 민법 제732조~제733조 참조

낮다.

조정은 자율적인 합의로 갈등당사자들에게 평화를 주며 갈등이 해결된다. 조정은 갈등당사자들의 서로의 주장을 이해할 수 있다. 갈등당사자의 이해도, 관심사, 신념 등을 알 수 있기 때문에 오해가 풀어질 가능성이 높아지기 때문에 갈등의 해결이 오히려 쉬워진다. 조정으로 갈등의 해결방안과 미래적인 개선방안을 구축할 기회가 생긴다.

다시 말하자면, 조정은 조정전문가의 개입을 통해 갈등의 당사자들 간의 상호작용을 조율하고 해결하는 과정을 의미하며, 조정전문가(중재자)는 중립적인 입장에서 각 당사자의 이해관계와 요구사항을 듣고, 이를 바탕으로 갈등의 해결을 위한 합의나 타협을 이루는 데 도움을 주는 것으로, 조정은 양측의 이해관계를 고려하며, 상호간의 이해와 협력을 이룬다.

반면, 화해는 갈등의 당사자들 간에 실제로 일어난 상처나 불화를 해소하고, 다시 조화롭게 관계를 맺는 과정이며 종종 갈등 상황에서의 원래의 관계나 상태로 돌아가는 것이 아니라, 새로운 관계나 상태를 창출하며, 화해는 상호 간의 용서와 이해를 통해 상호 간의 신뢰를 회복하고, 미래에 발생할 수 있는 갈등을 예방하는 데 중요한 역할을 한다고 볼 수 있다.

07.   그 외 갈등 관리 기법과 갈등 해결·조정 사례

1인 가구가 늘어나면서 사회적 갈등이 줄어든 것 같지만 해소된 것은 아니며, 또래 갈등의 경우에도 증후가 없다고 하여 갈등이 없어진 것은 아니다. 갈등을 일으키지 않기 위한 1인 가구와 대인기피증이 갈등을 회피하기 위한 수단이 되어서는 안 된다. 갈등은 인간관계에서 자연스러운 현상이기 때문에, 기본적인 욕구와 충족시킬 결과를 찾아 해소하고 노력하도록 이끌어 내야 한다.

갈등의 원인으로 폭력적이기 때문에 구조적 차원의 갈등 해결이 필요한데, 개인적으로는 성장 잠재력을, 관계적으로는 상호 이해와 관계의 희망을, 구조적으로는 폭력이 아닌 구조적 발전의 조성을, 문화적으로는 건설적인 문화를 위하여 갈등 관리가 필요하다는 점을 상기시켜야 한다.

갈등 해결과 갈등 전환이 같은 거 아닌가? 하는 생각이 들 수도 있을 것이다. 비교를 하자면, 갈등 해결과 갈등 전환이 다른 점은, 갈등 해결은 갈등 상황에서 직접적으로 드러난 원인에 초점을 맞춰서 해결을 찾는 것이 중점이라면, 갈등 전환은 넓은 면에서 갈등의 변화를 이끄는 것이라는 점이다. 그래서 조정 기법에는 조정화해만이 아니라, 즉 갈등의 해결의 궁극적인 결론은 어떻게 하면 우리가 원하는 것을 만들고 폭력적이지 않고 상황을 마무리하는 것인가 하는 것에 있다.

과거의 일들이 현재의 갈등을 증폭시키기도 하기 때문에 갈등 해결이 필요한데, 그러기 위해서는 갈등 관리를 통해야 진정한 관계의 회복이 될 수 있는 것으로 이해하면 쉽다.

갈등을 관리하고 해결해 나가기 위해서는 자신이 보는 관점이 '관찰'의 측면인지 아니면 '해석'의 측면인지를 주의하여 살펴볼 필요가 있다. 사건에 대한 정확한 관찰이 없다면 주관적인 자신의 성격과 자라온 환경에 의해 생긴 잣대를 가지고서 제멋대로 해석해 버려서 갈등의 해결이 아니라 갈등의 증가만 된다.

갈등의 원인(유형)을 파악하기 위해서는 관찰이 필요할 수 있다. 관찰은 일반적으로 사물의 실태를 주관적이 아닌 객관적인 시각을 가지고 주의 깊게 살펴보는 것을 의미한다. 이때, 개인차에 의한 관점은 배제된다. 학교 교육에서 관찰은 매우 중요한 부분이 된다. 교사가 학생들을 살펴볼 때, 교사 개인의 주관적 해석이 아닌 객관적 시각을 가진 관찰의 행위는 갈등 문제를 해결해 나감에 있어서 매우 의미 있는 일이다. 정확한 관찰을 하기 위한 방법은 다음과 같다.

- 관찰의 목적을 분명히 해야 한다.
- 문제를 분명히 설정해야 한다.
- 관찰의 대상을 결정해야 한다.
- 관찰할 장면을 선정하고 기간을 결정해야 한다.
- 관찰하려는 행동이나 행동의 단위를 명확히 정의해야 한다.
- 관찰 후 어떻게 기록을 할 것인지에 대해 형식을 정해야 한다.

예를 들어서,

> 예진이는 수업 시간에 아무에게도 말하지 않고 뒷문으로 나갔다
> 수업 시간에 선생님은 나에게 한 번도 질문을 시키지 않았다
> 학교 가는 길에 개미를 발로 밟았다
> 보람이는 어제 저녁에 텔레비전을 보면서 손톱을 물어뜯었다

해석은 관찰이 객관적이고 개인차에 의해 달라지지 않은 것이라면 해석은 개인의 자라온 환경이나 가치 기준에 의해 생각이나 느낌이 반영된 주관적인 부분이 포함된다.

어쩌면 개인의 주관에 따라서 전혀 엉뚱하게 해석되어 표현될 가능성이 높기 때문에 갈등을 해결하기 위한 중립적 자세에서는 부합하지 않다. 그러므로 갈등 상황을 보고 나름대로 해석하지 않도록 좀 더 세심한 주의가 필요하다. 교사는 교사 자신이 갈등 상황을 지켜보는 입장에서 이것이 관찰의 영역인지 해석의 영역인지에 대해 고려해 볼 필요가 있다. 또한, 학생들이 문제를 가지고 교사를 찾아왔을 때에도 주의를 해서 들어야 하는데, 이는 학생이 교사에게 와서 전달하는 내용이 관찰이 아니라 해석의 내용일 것이라는 것을 염두하고 있어야 할 것이다.

예를 들어서,

> 선생님은 참 좋은 분이다
> 민수는 공격적이다
> 소라는 어제 저녁에 아무런 이유 없이 나에게 화를 냈다
> 언니는 이를 자주 닦지 않는다

이러한 갈등 기법을 통하여 갈등을 해소하여 폭력적인 성향도 줄이고자 한다면, 갈등 해결의 목적인 갈등의 원인을 알아차리고 적절한 전략으로 서로의 수용 가능한 해결책을 찾는 것을 말한다.

갈등 해결이 필요한 이유를 하나 살펴보면, 갈등의 상황이 증폭되면 갈등 상대방의 실수를 도발하여 공격적인 상황으로 만들며, 갈등의 유발자는 자신의 권리를 보호하기 위하여 더욱 강요와 공갈·협박 등의 폭력과 부정적인 결과가 발생할 수 있다. 그렇기 때문에 갈등을 조기에 해결하는 것이 갈등당사자들을 위해서나 공익적으로도 영향을 끼치며 이것이 갈등의 긍정적인 역할이며 갈등을 조기에 해결하기 위해서는 갈등 관리가 필요한 이유라고 할 수 있다.

갈등의 유발자인 가해자는 상대방을 이기적인 자라며 비난하고 가스라이팅을 형성하지만 자신의 행동(주장)은 옳다고 하기 때문에 갈등 해결이 필요 한 것도 한 이유이다. 이러한 경우에는 조정으로 갈등 당사자에게 끼치는 영향의 가장 필요한 부분은 스스로 갈등을 해결할 수 있도록 갈등 유발 원인에 치중하지 않고 창의적인 생각을 할 수 있도록 감정적인 부분보다는 논리적인 생각을 갖도록 해야 한다.

또한 갈등해결에서 중요한 것은 앞부분에서 이야기를 하였지만, 갈등은 승자와 패자를 가르는 것이 아니라, 갈등당사자 서로에게 좋은 방향으로 나아가기 위한 것으로 양보하면 쉽게 해결이 되지만 이렇게 객관화가 어렵기 때문에 갈등 해결이 어려운 점을 알고 임하는 것이 중요하다고 하겠다. 따라서 갈등 해결의 원칙은 갈등을 인지하여 서로에게 해결책을 제시하도록 하는 것이 필요하다.

갈등 해결의 원칙을 크게 나눠본다면, 다음과 같을 수 있다.

첫째로, 갈등 문제를 인식하기

- 갈등의 원인이 바로 문제라는 것을 인식하고 접근을 해야 된다. 이는 갈등의 원인을 이해하는 것이 매우 중요하다. 여러 관점에서 당사자와 이해관계자를 파악하고 갈등의 배경, 문제를 인식한다.

둘째로, 갈등의 목표와 의도 파악(분석)하기

- 갈등의 원인을 인식하였으면 그 문제가 무엇이며 어떤 목표를 해결해야 되는지 원인은 무엇인지를 파악해야 된다. 근본적인 원인을 파악하여 어떤 문제가 발생하고 있는지를 명확하게 해야 한다.

셋째로, 감정의 촉발을 인식하기

- 갈등의 어떠한 감정으로 되었는지, 불만인지, 불안인지 등등 감정의 촉발을 인식하여야 된다. 갈등의 상대방의 감정을 인식하여야 문제 해결의 초점에 다가갈 수 있다.

넷째로, 감정과 문제를 분리하기

- 갈등의 문제를 파악하였다면 감정을 분리하여 문제에 접근하여야 된다. 그 이유는 감정에 휩싸여 있으면 문제를 문제답게 보는 것이 아니라 더 큰 갈등으로 이어질 수 있기 때문이다. 감정의 증폭은 갈등의 증폭으로 이어질 수 있기도 하며 결국 소통이 되지 않는다. 그래

서 서로의 관점에서 존중하여야 원활한 소통으로 서로의 의견을 이해할 수 있다.

다섯째로, 의사결정과 목표 의식하기

- 갈등 상황에서 갈등의 당사자가 원하는 것과 해결하고 싶은 것이 진정으로 무엇인지를 정하여야 한다. 그러기 위해서는 충분히 갈등 당사자의 의견을 경청하며 해결하려는 목표에 다가갈 수 있다.

여섯째로, 타인의 태도 뒤에 숨어 있는 의도와 동기 파악하기

- 갈등 상황에서는 갈등의 당사자가 아닌 제3자인 타인의 의도로 인하여 갈등의 양상이 생기는 경우도 있기 때문에 타인의 태도나 의도, 동기 등을 파악할 필요가 있다. 왜냐하면 이해관계자로 인한 갈등이 발생할 수 있기 때문에 제3자인 타인의 의도, 이해관계자를 파악하는 것도 중요할 수 있다.

일곱째로, 갈등 해결을 위한 모색하기

- 이렇게 하나씩 경청하고 상황을 인지하여 파악을 하였다면 해결의 방법을 찾아야 하나, 조정전문가가 정하는 것보다는 갈등의 당사자들이 스스로 방법을 찾도록 도와주는 역할을 하는 것이 타당하다.

마지막으로 해결책을 찾았다 하더라도 조정전문가가 합의점을 제안하게 된다면 갈등 당사자들은 합의에 도달하였다고 생각하더라도 받아들일 수 없으며 갈등 상황은 다시 원점으로 돌아갈 수 있다는 것을 생각하고 끝까지 집중해야 한다.

합의된 것을 실행하고 결과가 어떠한지를 평가하는 것으로 추가적인 조치가 필요한지 문제를 완전하게 해결되었는지를 살펴보아야 한다. 이후 사후모임, 사후조정 등을 통하여 할 수 있다.

갈등 해결을 위해서는 갈등 당사자들이 역지사지로 상대방의 입장을 이해하고 자연스럽게 해결이 되거나 조정으로 갈등 원인의 차이를 양보를 통하여 좁히게 하는 방법이 있으나 대부분 역지사지로 상대의 입장을 이해하고 자연스럽게 양보하려 않는다. 양보를 한다고 인식하지 못하고 패했다고 인식하는 경우가 많기 때문이다.

갈등 해결을 위해서는 승자와 패자의 따짐이 아니라는 것을 여러 번 강조하고 싶다. 강조하는 이유는 또래 갈등에서 조정·화해를 한다는 것을 패한다고 생각하고 시도하지 않으려는 당사자와 당사자의 부모가 많기 때문이다. "우리 애가 잘못한 일이 아닌데 왜 조정을 해야 해!", "잘못은 저쪽에서 했는데 내가 조정·화해 신청을 왜?"라고 인식하는 경우가 많다.

화해조정을 통하여 갈등 해결에 임하는 것은 즉, 자존심 싸움이 아닌, 서로에게 필요한 공적인 부분이 어떤 점인지를 인식하도록 하는 것이 중요하다.

그리고 조정·화해를 통하여 피해 관련 측은 진정한 사과를 받을 수 있고 어떤 피해를 어떻게 입어서 속상하고 화가 나는지에 대한 감정과 표현을 직접적으로 할 수 있는 기회이며 진정한 사과를 받을 수 있는 통로로, 가해 관련 측은 오해가 된 부문이나 어떤 부분에서 잘못을 하여 이렇게 되었는지를 깨닫고 재발 방지의 약속과 진정한 사과를 할 수 있는 기회의 통로로, 전체적으로 체벌이 아닌 선도와 용서가 숨 쉬는 화해와 회복이 있는 교육적인 해결 방법으로 인식해야 한다. 이러한 부분이 화해·조정의 장점이며 궁극적인 목표이다.

학교 폭력을 해결하기 위해서는 갈등의 원인을 분석하는 것이 기본이며, 원인을 분석하기 위하여 갈등 해결 원칙을 적용하는 것이 필요하다. 갈등 해결 원칙의 적용과 화해·조정을 원활하게 하기 위해서는 조정전문가가 필요한데, 갈등의 당사자들의 의견을 존중하며 서로의 신뢰를 증진시키도록, 갈등전문가는 이러한 부분을 유념하여 조정을 할 때에는 갈등 당사자의 심리적인 부분도 고려해야 한다.

효과적인 갈등 관리를 위하여 갈등 해결의 원칙이 필요하며 여기에는 기본적으로 서로의 존중, 이해, 수용, 소통, 타협과 협력이, 조정전문가에게는 전문성과 중립적으로 행동하여야 된다. 즉, 조정전문가는 주관적인 입장이 아니라 객관적으로 바라보는 입장에서 이해를 해야 한다. 이러한 원칙을 지키면서 갈등 해결을 추진하는 것이 무엇보다도 중요하다고 주장하고 싶다.

피해 관련자의 입장에서 어떠한 문제가 발생하였고 감정은 어떠하며, 문제와 감정을 분리하여 해결하고자 하는 것, 가해 관련자 측의 갈등의 원인 분석, 발생된 피해를 위한 노력과 갈등 상황에서 올바른 의사소통의 방법을 알게 되어 재발방지와 또 다른 학교 폭력이 발생되지 않도록 해야 한다.

학교 폭력의 가해자를 한 학생들의 주장은, '장난으로 했다'이다. 학교 폭력의 시작은 대부분 장난이었다고 하지만, 장난이 아닌 숨겨진 갈등이 원인이라고 생각하고 이러한 갈등이 내적이든 외적이든 간에, 갈등의 원인을 파악하고 해결하는 것이 중요하다.

하지만 그동안 학교 폭력에서 갈등 해결을 중요하게 인식하지 못하고 있었던 것은, 우리의 일상에서 의미가 모호하고 광범위하여 갈등인 상황을 갈등이라고 생각하지 못하고 넘어가는 경우가 많았고, 동서양의 문화적 차이 등등의 이유로 갈등을 제도화하여 해결하기 위한 노력이 미미하였다. 갈등이라는 개념을 사회에서 인식하고 체계화하려는 노력을 보인 것이 얼마 되지 않은 것은 이러한 이유 때문이기도 하다.

학교 폭력의 원인의 갈등, 사례들을 해결하기 위해서는 갈등은 개인의 감정, 생각, 의도, 평가, 판단, 욕구 등이 서로 대립하거나 불일치를 경험하면서 일어나는 내적인 갈등을 자기 자신이나 또래 간에서 발생하여 서로의 다른 사고나 감정, 행동이 피해나 위협적으로 느끼는 감정으로 연결되면서 다수의 또래 사이에서 발생하여 사회적 갈등이 되는 것으로, 개인적인 갈등과 사회적 갈등과 연관된 경우가 많기 때문에, 원인을 분석하여 근본적으로 해결해야 재발방지와 사례들을 잘 풀어나갈 수 있다.

갈등을 심리적으로 연결하여 보는 것은, 정서적인 고통은 갈등의 원인이 될 수 있는데 경험한 분노, 불안, 혼란 등은 대인관계에서도 충돌을 일으킬 수 있으며 개인의 트라우마를 악화시킬 수 있다.

갈등은 상황적 요소에 따라 다양한 경로로 진행하는데, 심리적으로 상대에게 위험한 공격행동을 하여 보복하고자 분노로 표출하거나 상대에 두려움을 느끼고 보호 행동을 하는 심리적 반응이 나타난다.

심리적 갈등이 자아, 초자아, 이드라는 영역에서 상호 작용하게 되는데 서로 충돌하여 심리적으로 긴장과 갈등으로 이어지고 있다.

해결되지 않는 갈등이 심리적으로 불안과 공포를 일으켜서 무의식 속에 트라우마로 나타내어지기도 한다. 자신의 자기방어기제로 극복하여 발전하기도하지만 갈등을 극복하지 못하고 일상생활에 지장을 주어 불안한 정서와 생활을 가져옴으로 망상, 환각을 경험하기도 하기 때문에 갈등 해소가 절실하게 필요하다고 하겠다.

따라서, 트라우마를 인식하고 치료하며 관리하는 것이 갈등 해결에 도움이 되기도 한다. 이는 학교 폭력과도 관련이 없다고 할 수 없다. 학교 폭력에서 폭력이 트라우마가 되어 우울증, 자살이라는 극단적인 선택을 하게 되는 경우로 악순환이 되기도 한다.

결론적으로 갈등의 원인을 제거하여 갈등을 예방하는 것이 학교 폭력의 예방의 최우선이라는 인식을 하기 위하기 설명을 계속하는 것이다.

학교폭력대책심의위원회에서 내려지는 학교 폭력 피해자의 보호 조치도 중요하지만 갈등을 해소하고 갈등을 관리하여 학교 폭력을 예방하게 된다면 갈등으로부터의 트라우마를 극복하게 되어 심리적인 안정에까지 영향을 미치게 된다고 본다. 갈등은 언제 어디서나 발생할 수 있고 사람이 살아가면서 사람과 사람과의 관계에서나 개인적으로도 갈등은 발생, 유지, 증가하는 필수적인 존재이기 때문이다.

학교 폭력 갈등 사례를 하나 예로 들자면, 평소에 친하게 지냈던 친구 A와 B 사이에서 사소한 오해로 인한 갈등의 고도화는 B의 작은 행동 하나를 예민하게 받아들여서 자신을 따돌리거나 고립시킨다고 믿고 A는 B를 험담하거나 비방을 하게 되는 일이 종종 있었다. 결국, B는 A를 학교 폭력으로 신고하게 되는데 이러한 사안을 학교 폭력대책심의위원회에서 해결하는 것보다는 갈등조정, 화해조정을 통하여 원만한 해결을 하는 것을 권하고 싶다.

학교 폭력으로 신고가 되어 가해 관련자에서 가해자의 처분을 받는다고 해서 B와 A의 사이가 회복되거나 B가 원하는 사과를 받거나 원인이 해결되지는 않고 또 다른 갈등으로 남기 때문이다.

이는 피해자가 원하는 가해 측의 진정 어린 사과를 받거나 재발 방지에 대한 것에 대하여 약속이 어렵고, 가해자 측에서는 처분을 받은 부분의 '나만의 잘못이 아니다'란 자기합리화 및 억울하다는 입장으로 더 큰 갈등의 증폭만 될 수 있기 때문이다.

이런 경우에는 A는 A의 입장에서 B에게 I-Message를 B는 B의 입장을 A에게
I-Message 전달하여 서로의 마음을 터놓고 이야기를 해서 오해를 풀 수 있도록
조정 전문가를 통하여 조정을 하도록 한다

위와 같이 하게 된다면, 갈등은 사라지고 관계회복을 하게 되는 것이
다. 이렇게 하는 것이 진정으로 학교 폭력을 예방하는 길이며 안전한 학
교생활을 할 수 있도록 선도하는 것이라고 본다.

위의 사례는 실제로 조정을 통하여 학교 폭력심의대책위원회까지 심
의하지 않고 화해·조정을 통하여 지금은 A와 B는 좋은 관계로도 회복되
어서 즐겁게 학교생활을 하고 있다고 한다.

또래와의 관계에서 갈등이 중요하여 이런, 사회의 관계에서의 갈등을
극복하게 된다면, 개인적 성장과 성숙 그리고 대인 관계에서도 향상될
것이다.

따라서 갈등 상황이라고 무조건 피할 것이 아니라 적극적으로 개입하
여 해소하는 긍정적인 갈등 상황이 될 수 있도록 해결하는 능력을 길러
줘야 한다.

갈등 해결이 필요하고 중요한 이유를 지금까지 알아보았다면, 다음으
로 갈등 관리의 유형을 살펴보려고 한다.

갈등 관리란 한 마디로 갈등을 인식하고 해결하는 과정을 말하는데 이러한 갈등 관리가 중요한 이유는 갈등의 발생을 방지하고 갈등 상황을 효과적으로 관리하여 갈등을 해소할 수 있는 해결책을 찾아내는 것을 목표로, 갈등 기술, 갈등 분석, 갈등 해결 전략 수립, 실행, 개선하여 나가는 것이기 때문이다.

갈등 관리는 개인 갈등으로부터 조직 갈등에 이르기까지 다양한 갈등의 관계에서 효과적으로 적용될 수 있도록 하는 것으로 무척이나 중요하다고 하겠다.

학교 폭력과 갈등 관리의 연관성은 갈등 발생을 예방하고 적절한 대인 관계에 대한 기술과 원활한 소통으로 문제 해결 능력을 길러낼 수 있도록 하는 것이 학교 폭력의 예방이기 때문에 갈등 관리가 중요하다고 하는 것이다.

이처럼 갈등에서 빠질 수 없는 갈등 관리에 관한 연구로 유명한 사회 심리학자인[19] 토머스 킬먼(Thomas Kilman)은 갈등 관리 양식이라는 모델을 개발하였고 5가지 유형을 설명하였다. 그 내용을 살펴본다면,

회피형 회피(avoiding)- 자기주장성↓ 타인수용성↓
난 싸우는 게 싫어! 회피형은 갈등을 피하거나 무시하는 방식으로 의

---

19) 갈등을 해결하는 다섯 가지 형태로 각 형태는 두 가지, 관계의 중요성과 목표 당성의 중요성에 따라 결정된다고 함

사결정을 하기에는 정보가 부족하거나 더 중요한 문제가 있어서 현재의 문제 해결을 뒤로 미루는 갈등 유형으로 단기적으로는 효과가 있을 수 있겠으나, 장기적으로는 문제를 악화시킬 뿐 해결되어지지는 않는다.

협력형 협력(collaborating)- 자기주장성↑ 타인수용성↑

협력형은 양쪽의 요구를 충족시킬 수 있는 제3의 대안을 찾는 갈등 유형으로 협력하여 서로의 관심사를 해결하고 이익을 고려하여 해결책을 찾고자 하는 방식으로 서로에게 윈윈이라고 하겠다. 서로의 입장을 이해하고 맞춰 해결하려고 할 때, 기본적인 이해관계가 무엇인지 확인하고 그것을 만족시키는 대안을 찾고 노력하는 유형이라고 하겠다.

수용형 수용(accommodating)- 자기주장성↓ 타인수용성↑

모든 건 네 뜻에 따를게가 담긴 것으로, 상대방의 의견이 합리적이거나 상대에게 호의를 끌어내기 위해 상대방의 관심을 우선하고 상대방에게 이해관계를 양보하여 자신의 것은 뒤로 미룬다. 상대방과의 관계를 유지하고 화해하고자 할 때 사용되는 갈등 유형으로 상대방의 요구를 받아들이는 관계 유지에 중점을 두는 것으로 자기의 주장은 낮으며, 경쟁과 반대로 자신의 이해관계를 무시하고 상대방 만족만 중요시한다.

경쟁형 경쟁(competing)- 자기주장성↑ 타인수용성↓

내가 이겨야 해 뜻이 담긴 경쟁형은 강력한 근거를 바탕으로 자신의 의견을 주장하지만 상대방의 목표는 무시하고 다른 사람은 결정하기 어려운 일을 빠르게 추진해 나가는 갈등 유형으로 자신의 이익을 최우선으로 한다. 간단하게 표현한다면, 갈등을 해결하는 방식으로 승패를 가르고자 하는 경우이다. 상대방을 희생시켜서라도 자신의 이해관계를 충족시킨다.

타협형 타협(compromising)- 자기주장과 타인수용의 반반으로 상대와의 동등한 이익과 희생을 바탕으로 양측의 중간 지점의 해결책을 제시하는 갈등 관리 모드이다. 양측이 동등한 권력이 있고 동등하게 반대되는 관점을 가졌을 때, 일시적인 해결책을 찾아야 할 때 서로(일부) 양보하자는 유형으로 두 당사자들의 주장을 부분적으로 만족시켜주는 대안으로 중간 지점을 찾은 것으로 생각하면 된다.

이러한 갈등 유형의 5가지 중에서 가장 합리적이라고 할 수 있는 유형은 협력형으로 볼 수 있다.

경쟁형 → 회피형 → 타협형 → 수용형 → 협력형

하지만 이러한 갈등 유형을 무조건적으로 도입하는 것이 아니라 갈등의 다양한 상황에서 복잡하게 되는 갈등 상황과 환경에 따라서 분석하여 적절하게 사용되어져야 하겠다. 이를테면, 또래 학생들 사이에서나 학생과 교사 사이에서 또는 교내 구성원들 간의 정서적, 물리적, 사회적 폭력적인 상황을 학교 폭력으로 본다면 다양한 갈등 관리와 폭력 예방 활동으로 이러한 학교 폭력의 문제를 관리하고 예방할 수 있는데, 학교 폭력의 심각성과 정적인 면을 인식시키고 올바른 소통의 방법과 학교 안에서 배려와 존중하는 문화를 확산시키며 무조건적인 엄격한 규정보다

는 갈등 관리 프로그램을 도입하여, 갈등 조정, 화재 중재 등의 기술을 습득하게 하는 것이 학교 폭력에서의 갈등 관리의 유형이라고 할 수 있겠다.

여기서 말하는 갈등 조정이란 가해 관련자와 피해 관련자 사이의 대화로 조정전문가가 중재하며 주선하여 서로의 이해와 소통을 이끌어내는 것으로 이를 통하여 양측의 관점을 이해하고 합의하는 것을 찾는 것이다.

타협이란 피해 관련자와 가해 관련자의 갈등이 해결되기 위해서 어느 정도의 양보를 통하여 서로의 만족스러운 해결책을 찾는 것으로, 폭력 행위에 대한 책임을 인정하여 그에 따른 조치를 합의하는 것으로 본다.

다시 강조를 한다면, 결론적으로 학교 폭력의 예방은 이러한 갈등 관리가 꼭 필요하다고 하겠다.

PART 3

조정기법의 이론적 배경

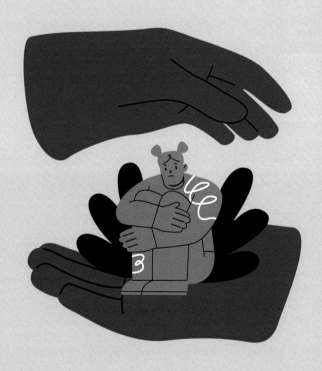

01.
역사와 정의

조정이란, 분쟁을 법원의 판결에 의하지 않고 중립적인 위치에 있는 제 3자 조정위원의 권고에 의하여 양당사자가 서로 양보하여 당사자의 합의로서 해결하는[20] 대체적 분쟁해결제도로 재판외 분쟁해결방법 (ADR:Alternative Dispute Resolution) 중의 하나로 본다. 대체적 분쟁 해결에는 중재, 화해, 조정, 협상, 갈등 해결, 분쟁 해결, 온라인 분쟁 해결, 회복적 정의로 나누어 볼 수 있다.

위의 갈등 해결에서 잠깐 언급을 하였지만 여기서 말하는 조정이란 갈등을 조정으로, 가해 관련자와 피해 관련자 사이의 대화로 조정전문가가 중재하며 주선하여 서로의 이해와 소통을 이끌어 내는 것으로 이를 통하여 양측의 관점을 이해하고 합의하는 것을 찾는 것으로 보며, 타협이란 피해 관련자와 가해 관련자의 갈등이 해결되기 위해서 어느 정도의 양보를 통하여 서로의 만족스러운 해결책을 찾는 것으로, 폭력 행위에 대한 책임을 인정하여 그에 따른 조치를 합의하는 것으로 하고 있다.

주목할 부분은, 각종 행정관청에서 주재하고 있는 행정형 조정과 법원 민사조정도 당사자의 자율성이라는 측면에서는 진정한 의미의 조정이 아니라 재판에 가깝게 보고 있다[21]는 것이다.[22]

---

20) 위키백과: 대체적 분쟁 해결: 법원의 소송 이외의 방식으로 이루어지는 분쟁 해결 방식을 말한다.
21) 한국조정학회, 「국세상사조정 및 합의의 집행 관련 협약과 국내 수용 및 동북아시아 분쟁조정 허브도입방안 연구 논문」, p99, p100.
22) 정헌주, 김경배, 「조정합의 성립의 결정요인에 관한 실증적 분석」, 서울: 경희대학교 대학원, p12

당사자들이 협상이나 토론을 통하여 분쟁을 해결할 수 없는 경우, 분쟁 당사자가 해야 할 일은 의사소통을 원활히 하고 해결점을 찾기 위해 제3자의 도움을 구하는 것으로, 다시 말하면, 조정은 당사자들이 분쟁을 스스로 해결하지 못하기 때문에 개시되는 것으로 제3자의 도움을 받아 진행하는 협상 절차라고 하였다.

조정의 역사는 대한상사중재원의 조정제도로 보인다. 하지만 이때에 조정제도는 중재 철차 중의 한 부분으로서 규정되었기에 제도의 이용보다는 당사자들의 합의하는 (당사자 쌍방의 조정 내용을 수락하면 재판상의 화해와 같은 효력) 화해 판정의 형식이었을 것이다.

한 당사자가 외국인인 경우에 당사자들을 중재하기 위한 진행이 어렵기 때문에 알선 단계로 국제분쟁의 조정 형태가 나타나고 있다고 한다.

하지만, 대한상사중재원의 알선담당자들이 조정인의 역할을 담당하여 임의 조정 형태로 조정을 시행하고 있으며, 법원에서는 민사조정제도가 시행되고 있다.

대한상사중재원의 조정인이 작성·제시하는 조정안을 수락하면 조정이 성립되나 조정인이 선정된 날로부터 30일 이내에 조정이 성립되지 않으면 조정은 불성립으로 종료되고 중재절차가 즉시 개시된다.

02.   조정의 원리와 필요성

앞의 설명을 보면서 학교 폭력의 원인이 갈등이라고 감을 잡았다면, 갈등 상황에서 어떤 원리가 조정에서 필요할까? 라는 의문이 들 것이다.

갈등의 고조화로 폭력이 발생하여 이러한 갈등을 해소하고자 제3자나 당사자가 나서게 된다면 화해조정이 아니라 갈등만 높아지게 된다. 갈등의 고조화가 되었다는 것은 상대를 온전하게 보고 있지 않다는 것을 의미하고 있다. 즉, 상대를 자신의 방해거리나 위협적인 존재 또는 상대로 피해를 받았다고 생각하기 때문이라서, 섣불리 갈등을 해결하려고 한다면 갈등의 증가가 될 수밖에 없다는 설명이다.

또 갈등 상황을 이야기하는 중에 상대방을 비난하거나 공격을 하려고 한다면 갈등은 걷잡을 수 없이 번지고 있기 때문에 정작 갈등의 원인에서 벗어난 행동이나 또 다른 이슈를 가지고 대립할 수 있기 때문에 조정의 원리를 잘 아는 조정전문가의 개입이 필요하다.

당사자들은 자신보다 높은 위치에서 거리를 두고 전체 상황을 볼 수 있는 제3자에게 갈등을 넘겨 해결책을 찾아줄 것을 요구하기 때문에 갈등이 위임되는 조정이 필요하며, 조정전문가의 개입으로 갈등의 당사자들, 자신은 조정을 통하여 대화할 수 있도록 해결책을 제시하는 것이 중요하고 조정의 원리를 작용하게 된다.

갈등조정전문가가 개입되어서 갈등을 조정하여 현재의 갈등 해소와 미래의 갈등까지도 예방할 수 있다.

조정을 하는 조정담당자, 다시 말해서 조정자는 형평성과 공정성에 의하며 가장 중요한 원리인 조정자는 중립적이고 조정의 결론을 내리는 권한이 없는 만큼 조정의 당사자들의 대화를 통하여 욕구를 분석하여 원인을 해결하게 하기 위한 도움의 진행 역할에 충실해야 된다.

또한 조정당사자의 의사가 합의가 되어야만 조정이 성립되며, 조정자는 비공개로 진행을 하며 강제적인 권한도 없으며 단지 조정당사자들의 조정 절차를 촉진자로 진행하는 역할을 한다.

따라서 조정의 원리는 중립적인 중재자와 비밀유지이다. 중립적이지 못 한다면 조정의 당사자는 신뢰하지 않을 것이며, 비밀로 진행하지 않으면 조정당사자들은 사안에 대하여 적극적이거나 진정성 있는 대화를 하지 않으려 할 것이기 때문이다.

조정자는 갈등 사안의 내용에 대하여 들어가기 전에, 조정자에 대한 자기소개와 조정인의 역할 및 절차를 설명하는 것도 필요하다.

관계에서 갈등을 그대로 두게 된다면 악순환이 되어 더 큰 갈등을 만들 수 있다는 것을 유념하여 조정의 원리를 이용하여 갈등 상황을 벗어나야 한다. 갈등이 악순환이 되기 전에 얼마든지, 갈등 조정을 통하여 관계가 회복될 수 있으며 갈등은 역기능이 있기 때문에, 특히 또래에서의 갈등은 조정의 원리를 알고 있는 사람이 해결하는 것은 무척이나 중요하다.

갈등은 인간관계에서 사회에서 발생하는 것으로, 피하는 것보다는 이런 상황을 어떻게 관리하고 해결하는가에 따라 부정적인 갈등을 제거하고 긍정적인 갈등으로 변화될 수 있다는 것을 새기며 조정에 임하며 나아가 갈등 관리의 계속적으로 적용시켜야 된다.

결론적으로 다시 이야기를 하자면, 조정이 필요한 이유는 효율적으로 문제를 해결하고 관계를 회복시키며 갈등 당사자나 조직의 목표를 달성시키며 긍정적인 효과를 가져 올 수 있기 때문에 필요하다.

잠시, 갈등의 부정적인 증상과 역기능을 설명하고 넘어가겠다.

갈등의 효과는 사람마다 상황에 따라 다르게 나타나기도 하지만, 주로 부정적인 갈등은 다음과 같은 증상이 나타난다. 의욕상실, 스트레스, 불안, 정체, 관계 악화, 무반응, 의사소통 장애, 아이디어 결핍 등으로 나타난다.

갈등의 역기능이란 제대로 관리되지 못한 갈등은 개인, 조직, 사회에 부정적인 영향을 미치며 스트레스, 우울, 불안, 생산성 저하, 사회적 고립, 관계악화, 소통 단절, 협력방해, 결정 지연, 부정적인 조직문화 형성 등으로 신체적·정신적으로 악화시키게 된다.

그렇기 때문에, 갈등의 역기능을 최소화하기 위한 노력으로 갈등 상황을 조기에 파악하기 위한 갈등 관리를 하는 것이 더욱 필요하다고 보는 것이며 갈등의 역기능을 막기 위하여 필요하다.

학교생활에서도 갈등의 역기능을 알고 갈등을 해소하기 위하여 적극적인 노력이 필요한 이유이기도 하다.

관계에도 온도가 있는데, 이는 '회복력이 있다'라는 뜻으로 통한다. 개인, 집단 등이 갈등 상황에서 극복하기 위한 관계를 회복하는 능력을 말하는 것으로, 갈등 발생 시 어떻게 반응하고 갈등을 해결하기 위한 노력과 유지하는 것을 말한다.

회복력이 높은 사람은 갈등을 서로의 입장 차이로 생각하여 긍정적인 방향으로 해결하며, 반대로 회복력이 낮은 사람은 상대와의 차이점과 부정적인 면에만 주목한다. 또한 자기주장만 내세우며 자신이 옳다는 것을 입증하기 위하여 거짓 정보까지 동원하여 관계의 갈등을 촉진시킨다. 따라서 관계의 온도는 회복력과 상관이 있다. 회복력이 높은 사람은 자존감이 높다. 자존감이 높은 사람은 갈등의 진행주기도 길다고 볼 수 있다. 이러한 관계는 또래관계일수록 두드러진다.

갈등은 유지되기도 하며 증가되기도 하며 감소되기도 하기 때문에 갈등 상황으로 보이지 않더라도 또 다른 갈등의 온도를 높일 수도 있으며 갈등상황에서 해결을 통하여 관계가 회복되기도 한다. 갈등 관계의 회복을 위한 방법으로 적극적인 경청과 자세, 공감하여 상대방을 이해하며, 감정을 표현하되 과도한 감정 표현에는 통제가 있어야 한다. 갈등의 원인을 해결할 수 있도록 창의적인 해결책을 찾는 것도 중요하다. 신뢰를 구축하며 화해를 하는 것이 갈등 관계의 회복력을 높이는 방법이다.

그렇다면, 갈등 온도의 평가를 어떻게 해야 되는가?

상대에 대한 신뢰, 상대의 말에 대한 경청, 역지사지, 자신의 말만 하는지, 자존감 관계를 통하여 서로의 회복력을 미리 예상해 볼 수 있다. 갈등의 악순환는 갈등이 해결되지는 않으면서 점점 더 심화되면서 관계와 상황을 악화시키는 것을 말한다. 갈등의 악순환에는 다양한 종류가 있으나, 이런 악순화를 이해하면 갈등을 예방하고 관리하는 데 도움이 될 수 있다.

갈등의 악순화의 종류를 살펴보면, 의사소통의 악화로 메시지가 왜곡 또는 오해가 발생하여 갈등이 증가되는 경우, 반복적인 갈등으로 인하여 상대에 대한 신뢰가 무너지는 경우, 상대에 대한 의심이 끊임없이 반복되어 경계하는 경우, 분노와 적대감이 증폭되어 감정이 높아지는 경우, 상대 한쪽의 공격적인 행동이 또 다른 상대의 보복을 유발하는 경우, 갈등 상황을 회피 또는 무시하는 경우, 갈등의 증가로 사회적 지지가 고립되는 경우, 상대에게 비현실적인 기대의 증가 등으로 악순환는 진행된다. 이러한 갈등의 악순환를 피하기 위해서는 갈등 초기 상황에서 적절한 대응을 하는 것이 중요하다.

갈등은 증가·유지·감소로 변화하나, 갈등의 감소가 다시 갈등의 증가를 하여 역기능적인 악순환가 될 수 있기 때문에, 갈등은 들춰내는 것이 불편하다는 생각에 자연스럽게 넘어가는 것보다는 갈등을 인정하고 갈등관리·전문가를 통한 조정을 거쳐 갈등의 증가 요소를 없애도록 하는 것이 바람직하다고 하겠다.

갈등 상황에서 회피하는 경우가 많다. 이러한 회피의 경우를 살펴보면, 회피의 이유로는 어린 시절 경험이나 부모님에 대한 갈등상황에 대하여 부정적인 감정 또는 경험이 성인이 되면서 갈등에 대한 비관적인 시선을 갖기 때문이며 또 다른 이유로는 문화적인 차이에서 나타날 수 있다.

회피는 갈등으로 인한 감정 낭비나 마음의 상처를 받고 싶지 않기 때문에 하는 행동이지만 오히려 이러한 회피는 더 큰 갈등 상황을 만들며 관계의 단절된 감정을 나타나게 한다.

또한 갈등을 그대로 두면 감소할 수 있는 경우도 있지만, 감소보다는 갈등은 증가되어 점점 갈등의 단계가 높아지게 된다.

조정의 원리를 깊게 들여다보려면 갈등 고조 9단계를 숙지할 필요가 있다.

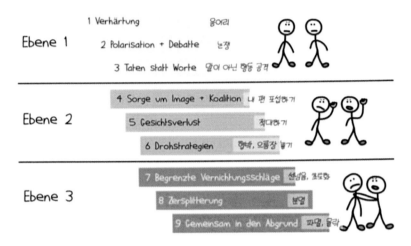

독일 유아 교육 아우스빌둥 & Glasl의 갈등 고조 9단계

Glasl이 제시한[23] 갈등 고조 9단계를 참조하면서 설명을 하자면 1~9단계로 나뉜다. 그림을 통하여 내용을 자세히 살펴보려 한다.

---

23) 아우스빌둥은 유아 교육학을 배우기 위해 학교나 교육기관에서 제공하는 공식적인 교육과 훈련이며, Friedrich Glasl은 오스트리아의 심리학자이자 갈등 해결 분야의 전문가로 갈등고조 9단계 모델은 갈등이 어떻게 발전하고 고조되는지 설명함.

1단	경쟁	갈등당사자의 입장이 서로 충돌, 당장의 합의는 불가능, 상대방에게 시시비비를 가려야 하며 해결책이 가능함
2단	실패	단호한 태도로 자기주장만 내세우며 양극화된 모습을 보임, 갈등의 상대방보다 우위에 있기 위하여 입씨름 함
3단	고조	말보다는 행동으로 보이려고 함, 갈등상대방의 오해가 깊어짐, 갈등과 상대방의 약점 바깥으로 표출 신경전
4단	공통의 적 만들기	사실관계나 해결보다는 승자에 관심, 상대방에게는 적대감, 자신의 정당성을 알리기 위하여 자기 세력을 구축함
5단	심리폭력	신뢰가 될 수 없음, 상대방을 비난하며 공격 높음, 어떤 반칙을 써서라도 복수하려고 함, 모욕과 폭력성이 높아짐
6단	물리폭력	사실을 떠나 자제력을 잃고 감정을 최고조로 나타냄, 비합리적인 행동으로 통제가 불가능, 갈등의 지속성 깊어짐
7단	파괴	대화보다는 폭력으로 상대에게 피해를 입히려고 함
8단		상대방 제거가 최선의 방법이라고 생각하고 행동함 비윤리적 비상식적 행동
9단		최악의 싱횡으로 상대방과 같이 끝을 보려고 함

방해

1~3단계: 1단계는 서로의 의견이 충돌되는 단계로 그대로 서로를 수용하는 단계

2단계는 갈등 고조의 시작으로 확산되는 단계

3단계는 갈등이 심각해지고 의사소통이 어려워지는 단계

갈등 확산

4~6단계: 4단계는 갈등이 더욱 확산되고 감정이 고조되는 단계, 상대방 중에 일방이 승리하는 단계

5단계는 갈등이 복잡해지고 적대적인 행동으로 되는 단계

6단계는 갈등이 매우 심각하여 해결이 어려워지는 단계

자기방어

7~9단계: 7단계는 자기방어 강화로 서로의 대립이 심화되는 단계, 상대방 중에 일방이 적을 완전히 제거하는 단계

8단계는 해결이 불가능해지며 서로를 적으로 여기는 단계

9단계는 최악으로 서로 파괴하려는 단계 갈등 해결이 불가

Friedrich Glasl이 개발한 갈등 고조 9단계는 갈등의 진행 단계를 설명하는 모델로 갈등이 발생하고 고조되는 과정을 자세하게 설명하고 있다.

경쟁 → 다툼(협상) → 비난과 공격 → 공통의 적(편) 만들기 → 심리적 폭력(모욕,
체면 깎기) → 물리적 폭력(협박, 폭행) → 파괴(갈등 해결 목적 아님 존재 없애기)
→ 광기(극단적) → 파멸(전체적 파괴)

따라서 갈등을 해결하기 위해서는 조정이라는 방법을 통하는 것이 필
요하고 중요한 이유이다.

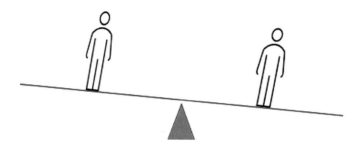

갈등 조정을 통하여 관계 회복의 균형이 필요

PART 4

학교 폭력의 조정기법 적용

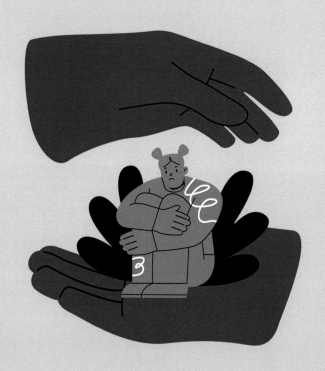

01. 복잡하지 않은 조정 절차

화해조정 절차가 어렵다고 생각하거나 피해자가 양보를 하는 상황으로 오해를 하고 적극적으로 동의하지 않으려고 한다.

이러한 이유가 기우에 지나지 않는다는 점을 알려주고자 화해조정 절차가 복잡하지 않다는 설명을 하려 한다.

조정인은 전문가로서 갈등당사자들을 완벽하게 이해하는 것이 조정 절차의 시작이라고 본다.

갈등 당사자들의 의견과 타협을 통하여 갈등을 해결하기 위한 조정으로 갈등 문제를 분석하여 원인·동기를 파악 및 분석하고 갈등의 문제 개선 가능성이 있는지 파악을 한 후에, 갈등상황에 개입하여 결정하고 합의문 작성 후 사후 평가를 한다.

① 문제(갈등) 분석: 갈등 고조가 되지 않도록 감정적 행동 자제
② 문제(갈등) 원인 분석: 상황, 원인, 조건, 목표, 상황을 악화시키는 요인 파악, 이해 당사자 확인 등
③ 문제(갈등) 개선 가능성: 긍정적·부정적 갈등 파악, 조정전문가 개입의 필요성 타진
④ 갈등 개입 목적: 해결 목적과 조정 이후 나타날 부작용 여부를 염두하고 목적 정리

⑤ 갈등개입 결정: 해결방법 여러 방면에서 체크(누구의 이익으로 쏠리지 않도록)

⑥ 갈등 평가: 합의문, 성공과 실패, 위기 상황 등 정리, 사후 평가

그림으로 나타낸 조정 절차

다시 강조해야 하는 주의점으로는 조정에 임하는 조정전문가는 중립적인 입장과 자신이 해결하려는 생각을 버려야 된다. 실제로 본조정에서 조정전문가가 감정에 이입되어서 A의 갈등당사자의 주장에 동의를 하는 발언을 하였는데, B의 갈등당사자는 즉각적으로 항의를 하여 자리를 이탈하였고 조정이 성립되지 않았다. 또한 조정에 임하는 전문가가 변호인이라면 법적 권리를 강조할 수 있고, 조정사안을 법정 안으로 끌고 갈 수 있으며, 갈등의 당사자 중에서 강압감을 느끼게 되면 어느 편으로 쏠릴 수 있다고 갈등당사자들이 생각하여 조정이 이루어지지 않을 가능성이 있으니 주의해야 한다.

조정의 절차에서 중요한 점은, 갈등의 당사자들에게 서로의 발언을 할 수 있도록 공평하게 해야 하며, 상대방을 비방하거나 위협하지 않도록 주의사항을 명확하게 규정해야 한다. 조정을 하기 전에 조정 규칙을 준

수할 수 있도록 조정전문가는 읽어주고 갈등의 당사자들이 규칙을 지킬 수 있도록 해야 한다. 그 이유는 조정 절차 과정에서 공평하고 공정하다고 갈등당사자들이 느낄수록 조정의 결과를 받아들이는 경우가 높아지기 때문이다.

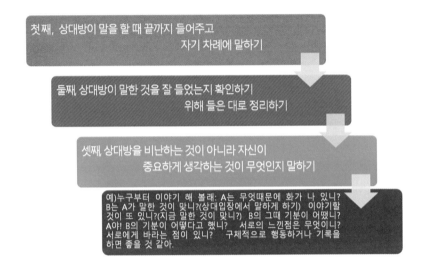

조정의 기본 원칙을 그림으로 눈에 띄게 정리를 하였다.

조정의 절차는 어렵거나 복잡하지 않지만, 조정에서 조정전문가의 역할이 매우 중요하다. 그 이유는 갈등의 당사자들이 신뢰로 조정전문가를 믿고 갈등 상황을 털어놓을 수 있어야 하기 때문에, 갈등의 사안을 파악하고 갈등을 처리하는 과정에서 공정성이 필요하다는 것을 강조하는 것도 이러한 이유 때문이다.

갈등의 당사자들이 조정하는 과정에서 공정하다고 느끼지 못할 경우,

갈등을 감정으로 표현하며 현실적인 갈등사안과는 멀게 비난하고 비방하려는 날카로움이 높아진다. 이는 곧, 조정에 응하는 것이 어려워지며 갈등 조정의 결과를 받아들이려 하지 않기 때문에 조정은 성립되지 않을 경우가 크다. 이런 점에서 조정의 절차가 어렵다고 생각할 수 있기에, 조정전문가의 역할이 매우 중요하고 전문적인 접근이 필요한 것이다.

[학교폭력예방법 제18조에 의거하여 분쟁을 조정할 수 있다.

① 심의위원회는 학교 폭력과 관련하여 분쟁이 있는 경우에는 그 분쟁을 조정할 수 있다.

② 제1항에 따른 분쟁의 조정기간은 1개월을 넘지 못한다.

③ 학교 폭력과 관련한 분쟁조정에는 다음 각 호의 사항을 포함한다.

1. 피해 학생과 가해 학생간 또는 그 보호자 간의 손해배상에 관련된 합의조정

2. 그 밖에 심의위원회가 필요하다고 인정하는 사항

④ 심의위원회는 분쟁조정을 위하여 필요하다고 인정하는 때에는 관계기관의 협조를 얻어 학교 폭력과 관련한 사항을 조사할 수 있다.

⑤ 심의위원회가 분쟁조정을 하고자 할 때에는 이를 피해 학생·가해 학생 및 그 보호자에게 통보하여야 한다.

⑥ 시·도교육청 관할 구역 안의 소속 교육지원청이 다른 학생 간에 분쟁이 있는 경우에는 교육감이 직접 분쟁을 조정한다. 이 경우 제2항부터 제5항까지의 규정을 준용한다.

⑦ 관할 구역을 달리하는 시·도교육청 소속 학교의 학생 간에 분쟁이 있는 경우에는 피해 학생을 감독하는 교육감이 가해 학생을 감독

하는 교육감과의 협의를 거쳐 직접 분쟁을 조정한다. 이 경우 제2
항부터 제5항까지의 규정을 준용한다.

화해조정 신청자는 피해관련 학생 및 보호자, 가해관련 학생 및 보호
자가 심의위원회 또는 교육감에게 신청을 할 수 있다.

분쟁조정의 신청을 받으면 5일 이내 분쟁조정을 시작해야 된다. 단 피
해관련 학생의 동의를 요한다.

분쟁조정의 기일이 정해지게 되면, 화해조정전문가가 해당 학교로 정
하여진 날짜와 시간에 방문하여 조정을 하게 된다.

예비조정과 본조정을 통하여 합의점이 도출되면 합의서를 작성한 후
의 사후관리로까지 이어질 수 있다.

화해조정은 예비조정을 통하여 갈등 당사자의 원인·동기를 파악하여
접근하는 방향을 잡고 조정전문가는 임하여야 한다. 본조정 시에 파악
된 원인·동기에 따라 갈등 당사자들이 서로에게 대화로 해결할 수 있도
록 조정전문가는 이끌어야 되는데, 이때에 조정전문가가 직접적인 해결
을 하려는 조언이나 중립적이지 못한 행동을 하거나 갈등 당사자에게 이
끌려 가면 안 된다. 조정전문가는 전문가로서의 품위를 유지하여야 하며
조정전문가, 갈등 당사자 모두가 비밀유지가 있음을 알려야 한다.

02. 조정의 전략과 전문가의 필요한 능력

조정의 전략과 화해갈등 조정전문가가 가져야 할 능력이 있다. 물론 조정에 관한 지식도 필요하지만 갈등 해결을 위한 효과적인 방법과 자세가 더욱 필요하다.

먼저 조정을 잘 이끌어 내기 위한 전략을 살펴보면 갈등당사자들의 신념이 무엇인지 이에 맞는 타당성을 찾고, 자기 이익을 추구하는 것이 높아질수록 갈등은 높아지기 때문에 어느 선에서 양보가 가능한지를 파악하여 조정에 임해야 한다.

그리고 조정에 임하기 전에 예비조정을 통하여 규칙을 세우고 무엇이 문제인지를 파악한 것을 가지고 조정을 해야 하지만, 만약에 갈등의 당사자들끼리의 규칙(규범)을 어기는 것이 갈등의 원인이라면 조정에서 규칙의 갈등을 지킬 수 있도록 초점을 맞춰야 한다.

갈등의 원인이 관계갈등이라면 갈등의 당사자들끼리 상대를 부정적으로 바라보지 않도록 따로따로 예비조정을 반드시 하여 적대적인 관계가 되지 않도록 조정전문가는 살펴야 하며, 갈등의 원인인 관계의 이전에 좋은 관계가 있었던 것을 상기하도록 해야 한다.

이러한 관계갈등은 이해관계, 신념, 권리 등에서 발생할 수 있다. 하지만 갈등당사자들에게서 관심사가 다르다면 원인이 갈등당사자들의 (존중)태도에서 갈등이 생길 수도 있다는 것을 유념해야 한다.

조정에 임할 때에 조정전문가는 갈등당사자의 어느 편도 들지 않아야 하는 것도 전략에 속한다. 중립을 여러 번 강조하고 있는 부분이다. 또한 갈등의 상황을 대화로 이야기를 할 때에는 조정전문가는 소극적으로 임하며 오히려 갈등당사자들이 적극적으로 하도록 이끌어야 한다. 화해조정에 임할 때에 거듭 당부하지만 갈등당사자들에게는 감정을 배제해야 한다. 갈등조정과 상담은 구분할 필요가 있다는 점이 이러한 부분에서 이다.

조정 전략에서 또 다른 강조점은, 갈등당사자의 이해관계를 파악하여야 한다는 것이다. 이해관계자를 파악할 때에 갈등의 당사자의 갈등 사안이 과거에 치우치지 않도록 한다. 갈등의 당사자들보다 이해관계자로 인한 갈등 상황의 고조가 발생되는 경우가 있기 때문에 이해관계자를 파악하는 게 중요한 것이다.

갈등의 당사자들이 해결 방안을 많이 제시할 수 있도록 하는 것도 조정의 전략이다. 해결 방안을 제시하지 못하는 경우에는 조정전문가가 예를 들어서 협력하도록 도와야 한다.

조정의 전략으로 마지막으로 강조할 점은, 갈등의 당사자들에게 한쪽의 갈등 당사자가 대화를 하면 다른 한쪽의 갈등 당사자는 경청하도록 해야 하며, 조정전문가는 갈등 상황에 대한 적절하고 타당한 질문을 해야 한다.

갈등의 당사자들과 질문이나 대화를 하되, 공격당한다고 느끼는 질문이나 비판적인 메시지를 줄 수 있는 대화는 자제하며 조정전문가의

I-Message가 아니라 갈등당사자들의 I-Message가 될 수 있도록 유도해야 하며 경청하도록 해야 한다. 부정적이거나 중복적인 질문은 하지 말아야 한다. 이는 커뮤니케이션 기술로도 볼 수 있다.

이때 딱딱하지 않은 자율적이고 유연성 있는 조정 분위기가 되도록 하되 조정인은 갈등당사자에게 어떠한 영향을 주지 않도록 해야 하며 갈등해결을 위하여 조정 원칙을 지키도록 이끌어야 하는 것이 전략이다.

조정인이 조정전문가로 갖춰야 할 능력에는 조정전문가는 전문가다운 복장과 표정관리를 해야 하며, 갈등당사자들에게 선입견을 갖지 않도록 화해조정 현장에서 갈등 당사자들의 어떠한 상황에서도 조정을 이끌어가는 전문가로서의 자신감을 갖고 임해야 한다.

갈등 관리 기술부분에서도 설명을 하였다. 갈등사안을 온전하게 파악하고 갈등당사자들 서로의 욕구에서 원하는 점과 방향을 찾기 위하여 갈등당사자들과 질문을 하는 대화의 능력을 갖추고 있어야 하는 것이 조정전문가의 전략이자 필요한 능력의 핵심이다.

요약해서 설명하자면, 갈등의 원인과 주 내용이 무엇인지 파악하기 위해서는 갈등당사자들이 많은 대화를 할 수 있도록 해야 하며, 조정전문가는 조정전문가의 유능함을 표현하는 대화보다는 갈등당사자의 갈등원인인 오해를 풀도록 하고 갈등당사자 서로를 이해하기 위해서는 갈등당사자들의 많은 대화를 이끌어내야 하고, 조정전문가의 신뢰를 위한 라포(Rapport)를 형성하기 위해서는 올바른 질문이 필요하다.

하지만 올바른 질문을 하였더라도 경청과 공감 기법이 스며들지 않으면 건강한 라포(Rapport)가 형성되기 어렵다는 점도 명심해야 한다. 올바르고 적극적인 경청은 갈등당사자에게 라포를 형성하기 위하여 필수적으로 필요하기 때문이다.

조정에서 질문이 중요한 이유는 조정인의 전문가답게, 질문을 통하여 갈등의 해결방안 제시하며 최종 해결방안과 합의문 작성에 이르기까지 갈등당사자와 상호작용을 해야 하기 때문이다. 조정전문가라면 갈등의 사안에서 원인을 파악하여 적절하고 현명한 질문을 통하여 갈등의 당사자들의 대화로 적극적인 개입이 되어야 원하는 욕구와 해소의 방법을 그 속에서 찾을 수 있기 때문에 아주 중요하며 조정전문가로의 신뢰감 형성에도 중요하다.

그러기 위해서는 갈등당사자의 대화가 중단되지 않도록 유도해야 하며 갈등 고조의 조짐이 보이면 중지하도록 해야 한다. 예를 들어서, 중지를 위하여 잠시 쉬는 시간을 갖도록 하는 것이 좋은데, 이때에는 조정전문가라도 주조정자보다는 보조자가 쉬는 시간에 갈등당사자들과 있는 것이 좋다고 본다.

또 조정전문가는 바로 눈앞에 일어나는 갈등 상황이나 당사자들의 두려움에 휘둘리지 말아야 된다. 오히려 바로 눈앞에 일어난 일을 뛰어넘어 바라보는 능력이 있어야 하며, 즉 숲을 보는 시각과 공감이 필요하다. 당사자들의 상황을 이해하고 공감하며 빠른 해결책을 찾기 위해서 노력해야 하나, 적극적으로 나서지는 말아야 된다. 갈등당사자들의 과거, 현재와 예견되는 미래까지도 당황하지 않고 갈등의 원인과 그 후의 상황까지도 그려보는 것이 필요하다. 또한 갈등 해결을 위하여 하나만을 선택하는 구조가 아니라 여러 각도에서 해결책이 제시될 수 있도록 다양한 질문을 해야 한다. 그렇다고 복잡한 구조를 제시하면 안 된다. 갈등당사자들이 변화에 대한 약속을 두려워하지 않도록 이끌어내는 능력이 필요하다. 갈등의 당사자는 갈등의 원인이 때로는 자존심과 깊은 연관이 있으니 갈등을 이겨내고 자존심을 지키는 것을 알려주는 나의 전달과 상호작용 공감하는 능력을 길러낼 수 있도록 한다.

조정전문가는 능력으로, 갈등당사자의 갈등의 구조화를 파악해야 하며 좁혀지도록 해야 한다. 현재의 문제 사항을 인지하기보다는 자신의 권리보호나 자신의 느끼는 감정에 따라 상황을 인식하여, 현재의 갈등 상황의 요점을 정리하지 못할 수 있기 때문에, 갈등의 당사자는 현재의 상황과 양보해야 되는 것을 인식하더라도 자신의 능력이나 자원으로는 갈등을 해결하는 방법을 모르거나 찾지 못하여 갈등이 계속될 수도 있다. 이러한 결과가 실제의 갈등사안보다 더 큰 갈등을 불러일으킬 경우가 많기 때문에 유의해야 한다.

03. 갈등 해결의 최종 유의인 합의문 작성

갈등 해결의 최종은 합의문을 작성하는 것으로 본조정은 끝이 난다. 그 후에 작성된 합의문대로 이해되고 있는지, 그 후의 소감 등을 알기 위하여 사후 조정을 실시하기도 한다.

작성된 합의문이 갈등사안의 해결에 적합한지의 평가를 하며 사후 평가를 위한 준비를 해야 한다. 이렇게 하기 위해서는 규정된 합의문은 아니지만, 명확하게 누가 언제 무엇을 어떻게 왜(합의문 이행 필요성)에 관한 내용을 명확하고 투명하게 반영되게 작성(5W1H: what, why, where, when, who, how)해야 한다.

누가: 갈등 대상자들
언제: 합의문 작성 날짜
어디서: 갈등 장소(합의문 작성 장소)
무엇을: 갈등의 내용
어떻게: 화해조정의 내용
왜: 합의문 이행 필요성(선택 사항)

위와 같은 내용을 바탕으로 하여, 합의된 문제의 내용을 기재하고 합의된 해결책과 계획도 기재하도록 한다. 조정전문가는 합의 내용이 제때에 이행되도록 한다. 이때 당사자들의 서명과 날짜를 기재한다.

　합의문은 조정자가 작성하는 것보다는 갈등 양 당사자가 작성하여야 하며 합의문이 작성되면 확인 후에 복사하여 양 당사자에게 나눠 줘야 한다.

　조정전문가는 진행자로써 갈등의 당사자가 조정하는데 도울 뿐 조정전문가가 적극적으로 나서거나 판결을 내려서서 안 된다.

화해조정 합의문(당사자용)			
학교명		일시	
학생당사자		장소	

1. 받고싶거나 하고싶은 사과

2. 재발방지 위해 할수 있는 일

3. 원하는 관계설정

합의문 양식 예

이렇게 자세하게 작성하는 것이 좋겠지만, 초등학교 저학년이나 기타 상황에 맞춰서 복잡하지 않고 간단하게 다음과 같이 합의문을 작성할 수 있다.

합의문의 사례를 들어 보면,

갈등 내용 및 당사자들	학교 내에서 발생한 A학생과 B학생 간의 뒷담화로 인한 갈등
화해된 내용	A학생과 B학생은 서로의 관계와 신뢰를 회복하고, 안전한 학교 생활을 위하여 서로를 이해하고 존중하기로 하며 뒷담화를 금지하고 오해가 생기게 되면 상대방에게 먼저 이야기를 합니다.
갈등 예방 및 관리 계획	학교 내에서 학생 간의 갈등 예방 프로그램에 참여하도록 합니다.
각 이해당사자의 책임과 역할	학교 담임교사는 A학생과 B학생의 관계가 회복되었는지를 모니터링하며 필요한 지원을 제공하도록 합니다.
효력 및 종료 조건	합의된 내용의 효력은 학기 말까지 지속되며, 합의된 내용은 유지합니다.
서명	날짜 :　　서명 :　　A학생 날짜 :　　서명 :　　B학생 날짜 :　　서명 : 화해갈등전문가 날짜 :　　서명 :　　담당교사
사후 모임 약속 등 서로 확인 후 종결함	

화해조정 시 중단할 필요가 있을 때

조정을 하는 중에 화해갈등조정 진행을 중지해야 될 필요가 있는데, 다음과 같은 경우가 있으면 중지해야 한다.

성 사안, 정치적·종교적 사안은 원칙적으로 하지 않는다.

① 갈등 당사자가 행위무능력자, 의사무능력자 등
② 갈등 사안에는 관심이 없고 계속적으로 다른 갈등을 만들고 촉발
   하려는 경우
③ 갈등 상대방의 이야기는 무시하며 무조건 자신의 주장만을 이해시
   키려고 하는 경우
④ 조정의 정해진 규칙을 지키지 않고 조정을 방해하는 경우
▷ 갈등조정에서 진행을 중지하여야 된다.
조정의뢰인의 경우에는 조정전문가와 관련된 사항으로, 조정전문가가

갈등 당사자의 어느 편을 드는 경우에는 절대로 중지하도록 해야 한다.

조정의 전략과 조정전문가의 필요한 능력 부분에서 질문에 관하여 논하였지만, 화해분쟁조정 전문가를 양성하는 과정에서 가장 많이 나오는 질문이 있다. 바로 조정전문가로서 "조정에서 어떠한 질문을 해야 할까요?"이다.

이와 관련된 답으론 여러 가지가 있을 수 있겠지만, 주요한 질문과 관련하여 힌트(hint)를 주자면, 조정전문가로서 갈등 해결을 위해 해야 할 질문들은 크게 다음과 같이 볼 수 있다.

당사자들이 상대방의 대화를 하는 시간을 제한을 두고자 했다면, 시간제한을 얼마로 둘 것인가?

갈등당사자의 어떤 상황이었고 어떤 부분에서 피해를 받았다고 생각하는가?

갈등당사자에게서 느끼는 감정은 무엇인가?

갈등당사자의 (합의) 요구를 어떻게 생각하는가?

갈등당사자의 어떤 행동에서 감정이 증폭되었는가?

(갈등의 고조된 원인 파악 필요 시)

갈등당사자의 과거에는 어떤 일이 있었는가?

(조정 전 당시의 사안만으로는 갈등 원인 파악이 미흡했을 때)

갈등당사자들과 이해관계자가 있는 사람은 누구인가?

조정에 임하고 있을 때, 갈등당사자 간의 조정이 이루어지지 않는 조짐이 비친다면 서로의 관점 바꾸기나 역지사지의 방법을 이용해 본다.

하지만, 조정당사자에게 자신의 행위에 관한 정당한 이유를 말할 수 있는 기회를 주되 책임에서 벗어나는 면죄부 같은 분위기가 되지 않도록 유의해야 한다.

PART 5

심리상담의 이론적 배경

지그문트 프로이트(Sigmund Freud) 정신분석이론 - 프로이트는 인간의 성격을 빙산에 비유하였는데, 원초아, 자아, 초아자로 구분하였다. 프로이트는 사람이 자신의 의도와는 다르게 실수를 하고 있는 부분에 대하여 무의식에 무엇인가 있다고 주장했던 것과 같이, 어린 시절에 부모의 갈등으로 인하여 폭력이나 언어폭력을 듣고 자라게 되면 자연스럽게 무의식 속에 잠재되어 있다가 어떤 상황에서 나타나게 되는 것으로, 우리가 의식하는 논리적인 자아는 빙산의 일각이라는 이론이다.

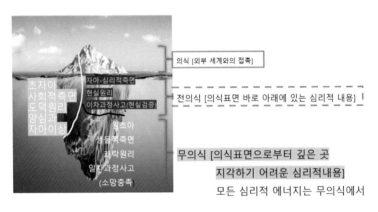

초자아(Superego), 자아(ego), 원초아(id)

그렇다면 아래와 같이 좀 더 깊이 들여다볼 필요가 있다.

01.   아동기의 발달

아동기 신체 발달의 아동기는 7~12세로 신체 발달은 영·유아기에 비하여 속도가 완만하며, 이미 습득된 운동 기술이나 근육의 움직임이 정교하게 되는 시기이다. 아동의 신체적 특징은 유아기 지방이 빠져 날씬해 보이고 유치가 빠지고 영구치가 나오면서 얼굴 모습이 변한다.

아동의 뇌는 12세경에 이르면 성인의 약 95%의 정도로 성장하게 되고 복잡하고 신속한 동작이 필요한 공에 작품이나 악기를 연주할 수 있게 된다. 또한 유아기 때보다 자기의 신체를 더욱 잘 통제하며 더 오랫동안 앉아 있을 수 있으며 학교생활에는 체육 시간을 제외하고는 책상에 앉아 생활하게 되고 고학년이 될수록 숙제나 학습하며 보내는 시간이 증가하며 주의 집중력 또한 향상되는 시기이다.

아동기 자아개념인 이 시기의 아동은 자기 자신에 대한 개념을 형성하게 됨에 따라 자신에 대해 긍정적이거나 부정적인 가치를 부여하게 된다.

이러한 스스로가 하는 평가를 자존감이라고 한다. 자아개념을 구성하는 전반적인 자존감은 학업적, 사회적, 신체적 자존감으로 구성한다. 학업적 자존감은 읽기와 쓰기, 셈하기 등 학습을 통하여 형성되며 사회적 자존감은 또래와의 관계, 부모와의 관계 등에서 형성하고 신체적 자존감은 신체적 능력과 외모에 의해 형성된다.

자아개념이 생긴다는 것은 성인이 되어서 사회 기능을 할 때 두드러지게 나타나는 중요한 부분으로서 신체적 특징이나 개인적 기술, 가치관, 사회적 역할, 신분 등 전반적인 것을 포함한 '나'는 누구이며, 무엇인가를 깨닫는 것을 의미한다. 이 시기에 경험한 갈등이나, 갈등을 해결해 나가는 선생님이나 부모, 친구들의 모습은 강하게 뇌리에 남을 것이고 이 과정으로부터 느낀 정서적 체험은 자아개념에 지대한 영향을 미칠 것이다.

아동기 인지발달은 아동의 특별한 상황이나 사례를 넘어서는 일반화의 능력이 부족하다. 자신이 보고 느낀 것을 그대로 믿고 생각해 버리는 경향이 자주 일어나기 때문에 어떤 현상을 경험하고서 그것을 타인에게 설명할 때 왜곡이 많을 수 있다.

그러므로 부모와 교사는 아동이 겪었다는 친구 관계에서의 사건들을 전해 들을 때 해석이 아닐까에 대해 예의 주시해야 한다. 주로 자기의 지각에 의존하므로 객관적 관점에서 보기는 어려울 수 있으며 이 시기를 지나 성장하면서 조금 더 시간과 공간의 개념이 형성되기 시작한다. 이 시기의 아동은 유아기 때 형성된 자기중심적으로 사고에서 벗어나 탈중심화가 되어가는 시기이며 아직은 자기의 주장을 고집하고 그대로 믿어 버리는 경향을 보일 수 있다.

학교에 소속되어 교사의 학습지도와 가치관에 따라 영향을 받게 되며, 또래 관계를 통하여 호기심과 탐구 능력이 발달하는 시기이다. 자아중심적인 사고에서 벗어나 타율, 자율적으로 생각할 수 있게 되며, 도덕성이 구체화 되어간다.

아동기의 사회성은 아동이 한 인격체로 성장하려면 사회적 환경 속에서 자라야 한다. 아동의 사회성 발달은 가족과의 관계에서 발달하는데, 특히 부모와의 관계가 무엇보다 중요하다.

아동에게 미치는 부모의 사회적 태도와 양육 방식은 장차 성인이 되어서도 영향을 미치며 이때 형성된 사회적 관계 맺기의 기술은 오래도록 지속될 수 있다. 학령기가 되면 부모와 자녀 간의 상호관계에 변화가 일어나는데, 이때 부모의 통제는 줄어들어야 하고 아동 스스로 자기의 일을 처리해나갈 수 있도록 지지하고 응원해 주어야 한다.

여기서 부모는 아동이 생활하는 또래 집단의 긍정적인 측면과 부정적인 측면의 대안을 가지고 있어야 하며 한 발자국 떨어져서 거리를 두고 지켜보아야 한다. 또한 아동의 시기는 남과 여에 대한 개인의 표현이 생기는 시기로서 억지로 남녀 아이들을 혼합시키려 하거나 구분 지으려고 하지 말고 자연스럽게 남녀의 규범이나 규율이 생길 수 있도록 배려하고 존중해 주어야 한다. 또한 아동 스스로가 주어진 책임을 받아들여서 공동체 안에서 어려운 일들을 맡겨서 책임감을 기를 수 있도록 기회를 제공해 주어야 한다.

학교 갈등이 생겼을 때 아동의 사회성 발달을 위해 의존과 책임감을 적절히 경험하도록 제공해 줄 수 있는 훈련이 필요하다. 칭찬과 통제를 통한 함께 나누는 방법, 배려하는 마음, 질서를 지키는 모습 등 또래와의 관계에서 수용되고 배제되는 것들을 통해 자아 발달을 형성해 나간다.

에릭슨(Erikson, 1902~1994)은 심리 사회적 발달단계에서 무엇보다 근면과 열등을 겪는 시기라고 주장하였는데, 이 시기에는 좀 더 근면한 모습을 통해 지지받고 인정받으면 또래에 비해 자신이 좀 더 우월감을 느낄 수 있다고 하였다. 이러한 정서는 갈등을 해결해 나가는 모습에서 주체적인 자세를 취할 수 있다.

아동기의 정서기능이란 울타리 안의 내적인 자아 중심적인 성격에서 학교, 이웃, 또래 친구 등을 경험하며 외부로 향하게 된다. 자신을 다른 사람과 비교하거나 자신이 속한 사회 집단에 따라 '나'를 정의해 나가는 시기이기도 하다. 그러므로 아동이 그룹이나 단체 안에서 건강한 성인으로서 사회적 기능을 하는 기초를 형성할 수 있도록 안정적인 교육적 형태가 제공되어야 한다.

아동의 정서는 변화가 잦은 편이고 특정한 정서 상태를 유지하는 지속 시간이 짧은 편으로 조그만 일에도 기뻐하다가 바로 화를 내거나 바로 이어서 울기도 한다. 하지만, 점차 성장할수록 감정을 기억하는 시간도 길어지게 되고 자제력도 생기게 되며, 감정적 분출의 횟수가 줄어들게 된다. 아동의 정서는 어른들의 정서가 그대로 투사되어 스펀지처럼 빨아들이기 때문에 교사와 부모의 정서를 잘 관리하고 조정해 줄 필요가 있다.

학교생활을 처음 시작하는 아동은 불안하므로 안정을 취하려는 욕구와 새로운 환경에서 적응해 보려는 시도의 욕망 사이에서 요동치게 된다. 이때 부모와 교사는 자녀가 두렵지 않도록 안정감을 심어주는 것이 그 어느 때보다도 중요하다. 이 새로운 환경에서 아동이 두려움이 크게 작용하게 되면 후에 소극적인 모습이 되거나 오히려 성격이 급해질 수 있고 자기중심적인 아이가 될 수 있다.

이 시기에는 부모 자신도 자녀만큼 낯선 환경에 대한 불안이 높고 성취욕구 또한 함께 작용하여 부모 스스로도 정서적으로 예민해질 수 있는 시기이다. 이때 아동에게 부모 사이의 갈등을 자주 보게 하거나 낯선 환경으로의 이사와 같이 불안을 더욱 심어주게 되면 학교생활에서도 갈등을 유발할 수 있는 소재를 제공해 주는 것이 된다. 바른 훈육의 부재나 보모의 안정 제공의 부재, 잦은 비난 등에 노출이 되면 아동은 안정감을 느낄 수 없으므로 정서적으로 더욱 예민하게 되거나 공격적인 모습을 보일 수 있다.

아동은 학교생활을 통해 교사와 또래로부터 다양한 평가를 받게 된다. 이러한 평가에 대한 불안이 학교 갈등으로 이어질 수 있으므로 불안에 대한 경험은 줄여줄수록 도움이 된다. 좀 더 다양한 사람들과 상호작용을 하게 되면서 좌절감이나 낙심, 무기력감, 소외감 등을 느껴 스스로를 낮게 평가할 가능성을 가진다.

이 시기의 자녀를 부모와 교사는 적극적으로 도와주어야 하는데 좀 더 긍정적인 자아 형성을 하고 갈등이 생겨도 잘 해결해 나갈 수 있도록 용기를 북돋워 주고 격려를 아끼지 않아야 한다. 학교에서 갈등이 생기면 아동은 부모나 교사에게 적대감을 가질 수 있으며, 반대로 강한 의지를 보일 수 있다. 이것은 자연스러운 현상으로 좀 더 건강한 독립심을 갖도록 보살펴야 한다. 부모와 교사는 아동에게 인생의 선배 된 자세로서 자기의 말을 많이 하여 훈육하기보다는 충분히 들어주어야 하고 좀 더 나은 방향으로 안내를 해 줄 수 있는 조력자의 자세를 가져야 한다.

아동기의 도덕성이란 개인이 다른 사람과의 관계에서 지켜야 할 사회 집단의 규칙을 인식할 수 있는 능력이다. 도덕성의 발달은 자신이 속한 사회의 문화 규범에 따라 행동하도록 배우고 이를 자신의 것으로 받아들이는 과정을 통해 이루어진다.

아동이 한 인격체가 되려면 또래의 집단생활을 통해 사회 환경 속에서 성장하며 배워야 한다. 도덕적 인격체로 성장하려면 규칙과 원칙 간의 차이를 이해하고 그 여러 가지 경계를 잘 지키며 지침에 맞게 살아가야 한다.

아동기는 다른 사람을 기쁘게 하거나 도와줌으로써 그들에게 인정받는 것을 올바른 행동이라고 인식하는 단계이다. 이 단계의 아동은 덜 중심적이고 더 넓은 관계성을 위한 능력을 발달시키는 시기로서 아동에게 도덕적 문제를 가르칠 때는 그들에게 단순히 도덕적 개념들을 가르치는 데만 의존하지는 말아야 한다. 이유는 아동이 삶의 상황을 분석하는 것과 도덕적 개념들을 적용한다는 것을 기대할 수 없기 때문이다.

10세 전의 아동은 규칙에 대한 강한 존중을 보이다가 이 시기가 지나면서 위반 내용에 따라 결정되는 처벌에 순응하게 되고 처벌은 교훈을 가르치기 위해 사용될 수 있다는 것을 이해하기 시작한다.

청소년기의 발달

청소년기의 신체적 변화는 청소년기의 아동기에서 성인기로 옮겨가는 과도기 단계로서 어린이도 아니고 어른도 아닌 애매한 중간 입장에 위치하는 시기이다. 신체적으로는 이미 성인으로 성장한 모습이지만 경제적으로나 정서적으로는 여전히 부모에게 의존하는 형태로서 사회적인 책임과 의무 또한 요구되는 시기라고 할 수 있다.

따라서 이 시기의 청소년은 자신의 위치와 역할을 어떻게 규정해야 할 것인지에 대해 고민하지 않을 수 없다. 청소년기는 어린아이와 같은 타인에게 의존만 하던 시기에서 벗어나 비로소 자기 인생의 중요한 결정을 내려야만 하는 첫 과제와 직면하게 된다. 바로 진로 진학의 문제, 전공 선택의 문제, 직업의 문제, 이성 교제의 문제, 교우 관계 문제 등 스스로 많은 것을 선택하고 결정해야 하는 큰 부담을 안고 있는 상황에 놓여 있다. 자기의 미래를 스스로 잘 설정하기 위해서는 자기가 가지고 있는 여러 가지 가능성을 점검해 보아야 하고 자신에 대해 진지하게 고민해 보아야 한다.

그러한 중대한 결정이 혼자만의 능력이나 판단으로는 옳은 결정을 할 수 없는 문제이므로 주위의 믿을 수 있는 멘토 등이 절실히 필요한 때이다.

청소년기에는 신장과 체중이 급격히 성장하는데 청년 신장의 98%가

16~17세에 이루어진다(Tanner, 1974). 근육은 남아에게 있어서 체중의 증가를 가속시키며, 피하지방은 여아의 체중 증가를 가속시킨다. 특히, 내분비선에 의해 분비되는 호르몬의 변화는 청소년의 신체적·심리적 발달에 큰 영향을 미칠 정도로 강력하다. 특히 성장호르몬 및 성호르몬의 분비가 활발해지는 시기로서 여자는 난소에서 '에스트로겐(estrogen)'이라는 호르몬을 분비하여 여성의 성적 특징을 성장시키며, 남자는 고환에서 테스토스테론이라는 호르몬이 분비되어 남성의 성적 특징을 성장시킨다.

이러한 사춘기에 발생하는 여러 신체의 변화들은 청소년들로 하여금 매우 곤혹스럽게 만들 수 있으며 이것은 정신적 동요의 원인이 되기도 한다.

청소년기의 성역할은 청소년들의 신체 발달에 있어서 중요하게 살펴보아야 할 변화는 바로 성(gender)과 관련된 영역이다. 이 시기에 성에 대한 인식은 청소년들의 정체감 발달과 사회적 관계 형성에 있어서 가장 중요한 위치를 정할 뿐 아니라 문화적 의미의 성역할(genderrole)에 대한 인식과 관념의 기초가 된다.

성역할은 여성과 남성이 어떻게 생각해야 하고 행동해야 하며 느껴야 하는지를 포괄하는 일련의 기대이다. 신체적 성장과 더불어 남녀 청소년들은 사회로부터 강도 높은 성 관련 기대를 부여받는데 이를 '성 집중화 가설'이라고 한다. 이는 청소년기의 성역할 고정관념의 증가를 의미한다.

청소년기에 성역할 집중화가 일어나는 이유는 생물학적, 사회적, 인지적 요인의 변화 때문이다. 성역할 고정관념은 남성과 여성 모두에게 씌워지는 성역할과 관련한 내용으로서 서로에게 스트레스로 작용할 수 있다. 남성성에 대한 고정관념은 남성이 여성보다 주도적이고 강해야 하며, 여성을 보호해야 하고 감정을 절제하며 여성보다 씩씩한 모습을 기대하는 것 등을 말하며, 이러한 고정관념은 그들에게 강한 부담으로 작용할 수 있다. 반대로 여성은 순종적이며 가정 내에서 가사를 돌보며 주위 사람을 정서적으로 잘 돌봐주며 동정심을 요구받는다.

심리검사 중 다면적 인성 검사인 'MMPI-2'의 임상척도를 살펴보면 그 중에서 5번 척도는 남성성(Masculinity)과 여성성(Feminity)을 구분하는 지표이다. 남성이 이 척도가 낮으면 전통적인 남성상, 즉 신체적 힘이나 정력을 과시하고 공격적이며 생각보다는 행동이 앞서는 성향으로 볼 수 있고 점수가 높으면 취미나 호기심이 많으며 이해심, 수동적, 의존적인 성향으로 바라본다. 말하자면 일 중심의 성향이라기보다는 관계 중심의 남자라고 이해할 수 있다.

반면, 여성이 5번 척도가 낮은 경우는 전통적인 여성적 역할을 하는 사람으로 수줍음과 수동적인, 유순한, 자기주장을 잘 못하는, 양보를 잘 하는 성향으로 볼 수 있으며, 점수가 높을 경우는 이와 반대의 성향으로 경쟁적이며, 자기주장이 세고 수용하기보다는 공격적으로 보일 수 있다. 이러한 검사를 통해 알게 된 사실은 통계적으로는 성역할에 대한 고정관념이 확고한 집단은 높은 사회경제적 집단에서보다 낮은 사회경제적 집단에서 강하게 나타났음을 발견하였다.

또한 경제력의 높낮이도 중요하긴 하지만 부모가 갖고 있는 가치관이나 역할이 영향을 많이 미친다. 때로는 아버지나 어머니의 부재, 형제의 역할, 문화적 기대, 또래 관계 및 교사의 영향, 텔레비전의 영향 등으로 성역할에 대한 고정관념이 고착되기 쉽다.

근래의 현대사회에서는 이러한 전통적인 성역할에 대한 구분은 더 이상 적합하지 않다. 너무 성역할을 편협하게 구분하는 것은 인간의 잠재력을 충분히 발휘하는 데에 장애가 될 수 있고 어떤 직업을 갖게 되느냐에 따라 도움을 받을 수도 있고 방해가 될 수도 있을 뿐이다. 대부분의 남성들과 여성들은 전적으로 남성적이지도 않고 여성적이지도 않으며 상대성의 성역할을 포함하고 있다.

이러한 성역할을 양성성이라고 표현하는데 이것은 개인의 성역할 정체성 속에 남성적 역할과 여성적 역할을 조합해서 지니고 서로 공존하는 것을 말한다. 이러한 양성성은 전통적인 성역할에 의해 지배되는 사회보다 훨씬 더 기능적이고 융통성이게 만든다.

청소년기 인지발달의 청소년기는 피아제(Jean Piaget, 1896~1980)에 의하면 형식적 조작기로 보통 12세경부터 15세에 시작하여 성인기까지 계속된다고 하였다. 이 시기는 사물뿐 아니라 관념적인 것에 대해서도 사고하는 구조를 지니게 되는데, 구체적인 경험과 독립되어 추상적 개념에 대해 추론할 수 있는 시기로서, 가설을 세우고 체계적으로 검증하며 추상적 개념을 사용하여 여러 가지 사태를 이해할 수 있는 시기이다.

자기중심성(Adolescent Egocentrism)이 생겨, 자기의 생각과 관념 속에 사로잡혀 불가능이란 없으며 무한한 가능성만 존재할 뿐이라고 믿는 경향이 있다. 이에 관념의 세계와 타인의 관념 세계를 구분하지 못하고 상상적 관중을 만들어 내어 자신은 주인공이 되어 무대 위에 서 있는 것처럼 행동하여 '시선 끌기' 행동을 하기도 한다.

이러한 일들이 학교에서는 빈번하게 일어날 수 있으며 교사와 학생 사이의 갈등, 또래끼리의 갈등으로 번질 수 있다. 또한 자기를 비판하는 반면 자기도취에 빠져 유치하고 변덕스러운 모습을 보이는 등 혼란스러운 모습을 자주 보인다.

인지에 대한 자신의 평가는 다음과 같다.

▶ 멋진 나: 다른 사람들보다 외모나 지적 능력 등에서 우월하며, 대인관계에서 주도권을 쥐는 자기 자기의 모습에 대해 상상한다. 마치 무대 위에서 많은 사람들 앞에 우뚝 서 있는 인기 있는 나를 상상하는 것이다

▶ 용감한 나: 극적인 상황에서 영웅적인 행동을 하는 자기의 모습을 상상한다. 마치 영화에서 나오는 슈퍼맨과 같은 모습으로 자기를 인지하고 타인의 생명을 구해주는 용감한 모습의 나를 상상한다.

▶ 사라진 나: 자신이 사라지거나 죽고 난 후 주변 사람들이 어떤 반응을 보일지에 대해 상상한다. 마치 비운의 주인공이 된 것처럼 내가 죽으면 내 장례식은 어떻게 될지, 나의 장례식에는 과연 누가 올 것이며, 나를 떠나보내는 그들의 마음은 어떤 상태일까를 생각해 본다

자기 발달은 개인적 우화(Personal Fable)의 시기로서 자신의 감정과 사

고는 너무 특별하여 타인들이 인식하지 못한다고 생각하고 자신만의 독특성을 강조한 행동을 하게 된다.

▶ 전능한 존재: 자기 능력에 비해 과장된 기대를 한다. 나는 내가 원하면 무엇이든지 될 수 있고 기다리면 때가 곧 올 것이라고 믿는다. 하지만 반면에 자신을 지나치게 과소평가하는 반동형성의 모습도 함께 보인다.

▶ 독특한 존재: 타인과 자신 간의 차이점에 대한 과장된 믿음을 보인다. '나는 너희들과는 어딘가 달라.'라고 자기를 독특한 사람으로 믿거나 반대로 무가치한 사람으로 평가하기도 한다.

▶ 불사신적인 존재: 어떤 위험한 경우에서도 자신은 무사할 거라고 믿는 경향으로 나는 결코 큰 질병이나, 사고와 같은 일은 절대 일어나지 않을 것이라고 믿는 것이다. 이러한 믿음은 청소년으로 하여금 헬멧도 쓰지 않고 전동킥보드를 탄다거나 하는 행위로 나타날 수 있다. 하지만 반대로 불사신적 존재가 아닌 피해망상과 같은 증상으로 아주 소극적인 모습을 보일 수도 있다. 청소년들은 그야말로 종잡을 수 없는 극단적인 모습을 많이 내보이는 시기이다.

청소년기의 자아 정체감이란 자아 정체감이란 자기에 대한 확고하고 통합된 느낌으로 내가 어디를 향해 가고 있고 어느 사회에서 일을 해야 적합한 사람이며 나는 무엇을 가치 있다고 생각하고 무엇을 추구하며 잘살 수 있는지를 깨닫는 것이다.

청소년기의 가장 큰 과업은 바로 자아 정체감이다. 자아 정체감은 직업이나 종교, 정치 가치관, 성 정체감과 성역할 등 많은 부분을 포함하며

15~18세경 대부분 정체감 위기에서 벗어난다고 에릭슨(Erickson)은 말하고 있다.

청소년기는 신체적, 심리적, 성적인 면에서 급격한 변화가 일어나는 시기로서 사춘기를 시발점으로 내적인 충동과 성적인 성숙의 정도가 심해진다. 아동기까지 비교적 균형을 이루었던 원초아(id), 자아(ego), 초자아(superego)는 신체적, 성적인 성숙으로 말미암아 불균형을 초래하게 된다.

성적인 충동이 일어나게 되고 심리적으로 역동함으로 인해 원초아의 활동은 강해지고, 이러한 내적인 욕구를 현실에 맞게 중재하는 자아의 통합능력을 요구하게 되므로 청소년들은 자아 정체감 형성에 관심이 더욱 높아진다. 청소년기는 자아 정체감의 가장 근본적인 문제인 '나는 누구인가?' '나는 무엇을 할 수 있는가?' '나는 지금 어디로 가고 있는가?'에 대한 질문이다. 이 질문을 통해 자아 정체감을 형성해 나가며 이러한 질문은 청소년기에 시작되는 것도 아니고 청소년기에 마무리되는 것도 아닌 일생을 통해 진행되는 문제이다.

건강한 자아개념이 발달하기 위해 영향을 미치는 요인은 첫째 부모이며 둘째는 타인과 관계 형성을 통해 경험한 내용들일 것이다. 청소년들은 타인으로부터 보여지는 자기 이미지로서 자기에 대한 평가로 '자기 정의'를 내린다. 주변에서 '너는 절대로 잘되지 못할 거야.' '넌 한심한 녀석이야.' 등의 부정적 평가를 받게 되면 이것을 자기에게 각인해 버리는 경향이 있다.

그러므로 어린 시절 자라온 환경이 무엇보다 중요한 것이다. 부모의 따뜻함과 관심, 배려는 자아 정체감을 형성하는 데 결정적인 역할을 한다. 예를 들어 권위주의적 양육 방식, 극도로 제한적이거나 허용적인 양육 태도, 부모의 불화는 건강한 자아 정체성 형성에 부정적으로 작용하며 반항하는 청소년으로 만들 수 있다. 부모의 통제가 정도를 지나치면 청소년의 자아 정체성 형성을 저해할 수 있으며 청소년의 반항, 일탈, 그리고 갈등을 만들 수 있다.

건강한 정체성은 건강한 자아 정체감을 가진 부모가 만든다. 부모는 엄격하지만 때로는 일관성 있는 태도를 보여야 하며, 높은 기준을 요구하지만, 특별한 상황에서는 어느 정도의 이탈을 허용할 정도로 융통성을 지니고 있어야 한다. 즉 따뜻함과 엄격한 훈육이 잘 조화되어 있고 온정적이고 수용적인 자세를 말하는 것이다. 청소년들은 늘 부모와 교사의 응원이 필요하며 자신을 지지해 주고 믿어줄 때 건강하게 성장할 수 있다.

청소년기의 도덕성은 청소년이 부모의 영향 및 주위 환경의 영향을 받아 자기만의 독특한 성향을 나타내는데, 이 시기에는 또래 아이들이 일반적으로 입는 옷이나 주로 듣는 음악, 쓰는 언어, 통신 용어 등을 공유하는 것을 무엇보다 중요하게 생각한다.

또래와 다르게 행동하는 것이 굉장히 무섭게 느껴지고 혹 배척을 당할 것 같은 두려움을 느끼기도 한다. 하지만 반동형성으로 또래와 전혀 다르게 행동하고 함께 있기 싫어하며 자기만의 세계에 빠지기도 한다.

지위나 권력 등 힘(Power)에 대해 민감해지는 시기이기도 하며, 자신의 진로나 직업, 결혼 등에 영향을 미치기도 한다. 청소년이 사회의 일원이 되기 위한 과정으로 도덕성은 중요한 부분이며 청소년기의 가치관 형성과 더불어 중요한 문제이다. 아동기를 벗어난 청소년은 인지적으로 형식적 사고가 발달하면서 모방과 강화를 통해 자신의 도덕적 양심과 초자아(superego)를 형성해 나간다. 이에 콜버그는 도덕적 판단이 도덕적 행동을 결정짓는다고 말했다.

청소년기의 정신건강이 중요한 이유는, 청소년기에는 우울증이나 불안장애와 같은 정신건강 문제를 호소하는 경우가 빈번하게 발생하는 시기이다. 아이에서 성인으로 성장하는 과도기에 접어들면서 이들이 겪어야 하는 수많은 일들은 그들에게 많은 스트레스로 작용할 수 있다. 앞서 청소년의 뇌의 기능을 통하여 설명하였듯이 좋은 환경에 있다고 해도 환경과 상관없이 피해 갈 수 없는 이미 불안정한 시기를 거치는 청소년들은 복잡하고도 다양한 문제로 여러 가지 갈등이 불거질 수 있다.

한때는 '은둔형 외톨이'로 불리는 사회적 고립 상태의 청년과 청소년들이 많이 언급된 적이 있다. 이들은 주로 집 안, 특히 자기 방에서 시간을 보내거나 친구나 가족과의 관계를 피하려고 한다. 타인과 상호작용하는 것을 부담스러워하고 두려워 아예 밖으로 나가지 않으려는 모습을 보인다. 이들은 학교를 간다거나 친구들의 모임에도 참여하지 않고 오로지 자기만의 공간에서 사회와는 담을 쌓고 살아가는 '마음이 아픈 사람'들이다. 이들은 종종 인터넷이나 게임에 지나치게 몰두하거나 현실 세계와는 연결을 끊고 숨어버리려는 모습을 보여 가족들이나 선생님들의 애를

태운다.

그들이 이렇게 집 안에서만 있게 되는 것은 가정의 불안정한 경험과 학교에서의 갈등을 대처하지 못해서 생긴 일일 수 있으며 이 과정을 통해 자기를 부정하거나 비하하는 등의 모습을 보인다. 마치 사회생활을 하게 되면 나를 무가치하게 보거나 거절을 당할 것 같은 느낌을 받기 때문에 아예 원천 봉쇄해 버리는 것이다.

은둔형 외톨이 청소년들은 우울증을 경험하는 경우가 많다. 이들은 삶에 대한 희망을 꿈꾸지 않으므로 무기력한 마음과 흥미 없는 태도로 지금의 상황을 벗어날 수 없을 거라는 공허함에 시달린다. 취미, 학업, 사회적 활동 등 삶에 필요한 모든 상황에 대한 거부감을 나타내며 자신의 감정 또한 돌보지 않는 상태가 된다.

우리는 청소년기가 얼마나 중요한지를 잘 알고 있다. 학교 갈등이 생겼을 때 얼마나 조심스럽게 바라보고 여러 가지 상황을 고려해야 하며, 세밀하게 관찰하여 조심스러운 접근을 해야 하는지를 말이다.

2-1. 신경발달장애의 6종류

학교 폭력 사안이 발생할 때 가장 안타까운 부분은 가해 학생이 장애 학생인 경우이다. 학교 폭력 가해관련 조치에서 피해 학생이 장애학생인 경우에는 조치가 증가될 수 있는 규정이 있지만 장애학생인 경우에는 경감사유가 명확하게 되어 있지 않다. 물론, 학교 폭력대책심의위에서 여러 상황과 사실 관계를 확인하여 조치결정을 내리지만, 아쉬움에서 신경발달장애 중에서 ADHD관련하여 잠깐 언급하려 한다.

신경발달장애의 종류에는 6가지 하위 장애로 분류하고 있다.

6가지에는 지적발달장애, 의사소통장애, 자폐스펙트럼장애, 주의력결핍과잉행동장애, 특정 학습장애, 운동장애로 분류하는데, 특징을 간략하게 살펴보면, 지적발달장애의 특징은 IQ 70 미만으로 학업을 비롯한 사회적 부분, 일상적인 부분들 대부분의 적응 활동에서 부진함을 보이며, 의사소통장애는 말이나 언어 사용에 결함이 있는 경우로 언어장애, 발화음장애, 유창성장애, 말더듬, 사회적 의사소통장애로 구분된다.

자폐스펙트럼장애는 과거에는 자폐증으로 불렸으며 소아기붕괴성장애, DSM-IV의 자폐증, 아스퍼거장애, 기타 전반적 발달장애로 넓게 보고 장애로 사회적 의사소통이 부족하고 제한되고 반복적인 행동을 보이고 있다. 주의력결핍과잉행동장애는 주의 집중하는 것에 어렵고 산만하고 충동적이며 과잉행동을 보이는 장애이며, 특정 학습장애는 지능적으로는 정상이지만 지능의 수준에 비하여 읽고, 쓰고, 산술하는 계산과 같은 영역에서 학습 부진을 보인다. 운동장애는 연령·지능 수준에 비하여 운동 능력이 현저하게 미숙하여 적응하지 못하고 부적응적인 움직임을 반복한다. 주로 틱장애(뚜렛장애, 지속성, 일시성 틱장애 등), 발달적 협응장애, 상동증적 운동장애가 있다.

이중에서 학교 폭력에서 사안이 발생되는 부분의 오해의 소지가 있는 주의력결핍과잉행동장애인 ADHD에 관하여 조금 더 알아보려는 것이다.

주의력결핍과잉행동장애는 'Attention Deficit Hyperactivity Disorder'의 약자를 따서 우리가 ADHD라 부르고 있다.

이 ADHD의 특징은 충동적 과잉행동·부주의 행동을 나타내며, 성별로 보면 부주의가 두드러지는 경우는 여아들이 조금 더 많고 과잉행동이나 충동성은 남아들이 많다. 결론적으로는 남아가 여아에 비하여 4~9배 높다고 보고 있다.

또래 사이에서 갈등을 일으키는 경우가 많은 ADHD는 ADHD라고 하여서 주의력 결핍을 무조건적으로 보이는 것은 아니다. 자신이 좋아하는 것들, 예를 들어서 게임 등의 재미있거나 즉각적인 보상이나 자주 옆에서 피드백을 통하거나 신기하고 재미있는 활동을 할 때에는 낯선 사람과 있어도 집중을 잘 할 수 있기 때문에 옆에서 ADHD인지를 모르는 경우가 많고, 자신이 좋아하는 일이나 활동은 집중을 지속적으로 하지만, 단순하고 쉬운 과제에서는 주의력 결핍이 드러나지 않기 때문에 또래 간에서 오해가 깊어지기도 한다.

지나친 흥분으로 상대의 말을 듣지 못하고 지나친 좌절이나 분노에 사로잡혀서 아무 일이 아닌 사소한 일에도 짜증을 쉽게 낸다. 만성적인 정서조절의 어려움으로 무력감으로 불안이 높아져서 정서가 무너지기도 하며, 양자택일로 일관하는 흑백논리가 높고 타인의 입장을 이해하기가 어려워 인지적 융통성이 부족하기도 하다.

또한 또래에서 볼 때에, 남의 약점을 가지고 놀리고 귀찮게 하며 심한 장난을 하기도 하며 말이 너무 빠르고 대화의 주제가 집중이 없고 충동적인 말이나 행동으로 또래인 상대방의 기분 상하게 하며 이는 결국, 또래들에게서 부정적인 피드백을 받게 되어서 친구가 별것 아닌 행동에 대하여 피해의식으로 심한 폭력적인 성향을 나타내기 때문에 학교 폭력 사안이 자주 발생하기도 한다. 짜증, 흥분, 저항으로 인하여 부모와의 관계에서도 어려움을 호소하고 있다.

충동성 특징은 전두엽 기능 중 조절체계 기능 손상으로 전두엽 기능에 관한 연구가 높아지고 있다. 과잉행동은 공부 시간이나 식사 시간에 갑자기 일어나서 시끄럽게 하거나 말을 많이 하는 경우가 많다.

ADHD는 IQ상의 문제보다는 집중이 되지 않고 산만하다 보니 기억의 저장이 되지 못하여 학습장애로 인하여 학업성취가 낮게 되는 것이다. 자신을 이해하지 못한다는 생각에 적개심이 쌓여서 또래 관계의 악화와 부모와의 관계가 나빠지고, 이런 특징들이 인하여 또래 관계와의 악화로 학교 폭력으로 이어지는 경우이다.

갈등을 해소하기 위해서는 자녀가 ADHD의 특징을 보이면, 부모는 사춘기의 반항으로 보고 넘어가는 경우가 있는데, ADHD로 의심이 되는 경우에는 초기 진단을 통하여 ADHD를 파악하여 자녀의 피해의식과 낮은 자존감에서 벗어나게 하는 것이 갈등 예방은 물론이며, 우울증의 예방과 성장 발달에 큰 도움이 된다는 것을 명심하길 바란다.

그렇다면 ADHD의 원인은 무엇인가? 아동의 기질과 환경이 상호작용을 하는데, 아동학대, 방임적 행동, 위탁양육을 경험한 아동들에게서 많이 나타난다. 그 외, 도파민과 같은 신경전달물질의 비정상적 활동과 뇌의 전두엽 영역의 비정상, 출생 시 미세한 뇌 손상 등을 원인으로 보고 있다.

뇌 부문에 관하여 깊게 기술을 해달라는 요청이 많기 때문에 학교 폭력과 관련하여 다음 단원에서 뇌와 관련하여 깊게 기술하려 한다.

PART 6

학교 폭력과 심리(뇌)와 갈등(의 연관성)

01.   아동·청소년의 뇌 발달의 영향

인간 발달 중 뇌 기능 발달도 신체의 발달과 마찬가지로 결정적인 영향을 미치는 '적절한 시기'가 있다. 인간이 평생을 살아가면서 경험하는 모든 외적, 내적 경험과 사건들은 뇌 발달에 지대한 영향을 미치며, 특히 학창 시절에 경험하는 여러 가지 정서와 생각 또 특정 사건에 대한 기억들은 뇌 발달에 있어서 더없이 주요한 영향을 미치므로 모든 과정을 예의 주시할 필요가 있다. 특히 뇌는 시냅스의 가지치기(pruning)로 서로 협업하면서도 전혀 다른 기능을 하며 서로의 기능을 돕게 된다. 시냅스의 신경망은 학생들이 경험하고 학습하는 모든 것에 영향을 받으며 성숙하므로 잘 발현될 수 있도록 도와주어야 한다.

뇌가 발달하는 시기는 저마다 다르며 나이에 따라서 어떻게 작용할 수 있는지 알아두어야 한다. 우리의 미래를 책임질 아동·청소년들의 뇌가 적정 시기에 잘 발달하지 못하고 상처를 받거나 결핍이 생기지 않도록 도움을 주어야 한다. 어쩌면 학교 갈등 상황을 지혜롭게 잘 해결해 가지 않는다면 추후 더 많은 사회 갈등 상황으로 번질 수 있으니 학교 내에서의 갈등을 슬기롭고 원만하게 잘 해결해 주어야만 한다.

학교 갈등을 대하는 우리 어른들의 모습은 그들에게는 갈등 해결의 모델이 될 수 있다. 우리가 어떻게 신중하게 처리하며 지혜롭게 문제를 대하는가는 그들에게 아주 중요한 본보기가 된다.

뇌의 발달에 관하여 서로 기능이 다르며 발달 시기가 다르다는 것을 부연해 줄 수 있는 좋은 예로서는 19세기 초 프랑스의 12살 소년(빅터)의 사례를 들 수 있다. 빅터는 정신 지체가 아니었음에도 불구하고 언어 습득이 발달하는 시기에 언어적 환경에 노출되지 않았던 이유로 추후 이타드 박사에 의해 충분한 언어 훈련을 받았는데도 불구하고 결국 언어를 습득하지 못했던 사례가 있었다.

에릭 레너버그(Eric Lenneberg, 1967)에 의하면 언어발달의 결정적 시기는 2세부터 사춘기 사이라고 하는데, 위의 사례에서 증명하듯이 언어발달의 결정적 시기에 제대로 된 언어 훈련을 받지 못하면 그 시기가 지나서 좋은 교육이 있었다고 하더라도 제대로 습득하기 어려울 수 있다는 것이다. 그렇기에 뇌의 발달은 뇌의 부분마다 적절하게 발달할 수 있는 시기가 있으며, 그 시기에 맞는 환경과 교육이 얼마나 중요한가에 대해 염두에 둘 필요가 있다.

학교에서 갈등 상황에 놓인 학생들을 도와줄 때 우리는 우선 지금 당장 급한 문제의 상황에만 집중하기보다는 그들이 앞으로 인생을 살아갈 때 뇌의 부적절한 발달로 인하여 힘든 일들을 경험하게 되지 않도록 도와야 한다. 우리는 그들의 과거와 현재, 미래를 모두 고려하여 신중하게 도와주어야 할 책임이 있다. 그렇게 하면 문제 해결을 뛰어넘어서 보다 건설적인 좋은 대안이 나올 것이다. 먼저 그들의 과거, 즉 자라온 가정환경의 형태와 발달의 결정적 시기의 경험이 어떠했는가를 주의 깊게 살펴볼 필요가 있다.

기존의 심리학 관점에서는 초기 경험이 인간의 전반적 삶에 미치는 영향에 대해 중요하게 생각하고 의미 있게 다루고 있다. 초기 경험에 대해서는 프로이드(Freud, 1856~1939))는 자녀와 부모의 관계와 부모가 제공하는 환경을 중요시하였으며, 보울비(Bowlby, 1907~1990)는 그중에서도 부모와의 애착 형성에 대해 더 관심을 크게 두었다. 이들의 주장은 사람이 태어나 자라면서 겪은 모든 경험에서 결핍이 생길 수 있으며 이 결핍은 그대로 남아 성인이 되어서도 삶의 전반적인 부분에 영향을 미친다는 것을 말한다.

발달은 점진적이고 연속적인 과정이다. 따라서 생애 초기에 매우 불우한 환경을 경험했다고 해도 이후 자신의 결핍을 승화하고 보완해 나간다면 보다 건강한 성인의 삶을 살아갈 수 있을 것이다. 그러므로 학교 폭력이라는 갈등 상황을 만났을 때 너무나 불합리한 일 처리를 경험하게 되거나 도저히 인정할 수 없는 잘못된 결과와 맞닥뜨리게 된다면 한 사람의 개인에게는 추후 씻을 수 없는 상처로 남게 될 것이며 뇌 발달에도 치명적인 나쁜 영향을 끼치게 될 것이다.

02.   조절하는 뇌와 기억하는 뇌

인간은 이미 엄마 배 속에서부터 가지고 태어나는 기질적 특징이 있다. 이 기질적 특징은 자신이 유전적으로 받고 태어난 뇌의 기능적 측면의 능력이나 수행의 정도의 다름이기도 하며 우리도 알 수 없는 여러 작용을 통해서 결정지을 것이다. 아래의 이미지(그림 1)는 뇌의 기능에 따른 분류로 전두엽과 두정엽, 측두엽, 후두엽으로 크게 나누고 있다. 뇌의 기능은 서로 다른 기능을 하지만 서로는 밀접한 관계를 맺고 협업하여 인간을 건강한 사회인이 될 수 있도록 돕는 존재이다.

학교생활을 하는 아동·청소년들에게 있어서 뇌의 기능과 발달은 더없이 중요하며 그중에서도 '변연계'와 '전두엽'의 기능에 대해 좀 더 세부적으로 살펴보고자 한다.

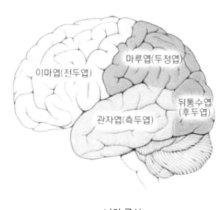

뇌의 구성

(출처: 네이버 지식백과)

전두엽(Frontal Lobe)이 담당하는 기능은 워낙 그 부위가 크고 담당하는 영역이 다양하다. 우리는 아직도 뇌의 기능에 대해 모르는 영역이 훨씬 많을 것이다. 전두엽은 아동기와 청소년기를 거쳐 성인이 되면서 완성되는데 보통은 성인 남성이 28세 전후, 여성은 24세 전후로 보고 있다.

전두엽이 주관하는 기능에 대해 중요한 몇 가지만 간추려 본다면 첫째, 언어 기능, 운동 기능, 성격의 기능, 일의 순서와 논리성의 기능 등이다. 사람에게 있어서 언어를 구사하는 기능은 매우 중요한 부분이다. 인간은 주로 언어로써 대인 관계를 형성하고 갈등을 만들거나 갈등을 해소해 나간다. 상대에게 나의 의견을 전하고 상대의 언어를 듣고 그 뜻을 이해하고 해석하기 위해 전두엽은 상당히 중요한 부분이며 측두엽과의 상호작용은 원활해야 한다.

인간이 사회화를 잘할 수 있도록 여러 가지 복합적인 성격과 인성을 담당하는 전두엽은 자신의 욕망이나 생각을 조절하고 절제하는 등 대인 관계를 형성하는 일에 아주 중요한 역할을 한다. 그러므로 학교 갈등이 생겼을 때, 상황을 파악하고 조절하고 해결하는 데에 있어서는 중요한 뇌의 기능이라고 할 수 있다. 전두엽은 어떤 일을 처리하고 수행하는 일에서 체계적인 기능을 수행하도록 돕는다. 중요하고 의미 있는 일이 어떤 것인지 순서를 정하게 하고 순차적으로 기능해 나갈 수 있도록 논리적인 사고를 수행하는 기관이다. 만약, 전두엽의 손상이 있거나 기능이 저하되면 논리적인 기능이 안 되기 때문에 학습 수행에 어려움을 느낄 수 있다.

아동·청소년들은 사회적 관계 기술을 습득하기에 아주 중요한 시기이다. 친구들과의 관계에서 다양한 경험을 통해 신뢰와 안정감을 갖게 되며, 조직화하고 문제를 해결하고 충동을 조절하며 주의 집중을 하는 등 고등 인지 기능을 기르게 된다. 이러한 작용을 잘할 수 있도록 기능하는 뇌가 바로 전두엽의 역할로서 학창 시절에 급격히 발달한다. 이 시기는 '실행 기능(executive function)'이라 불리는 고차원적인 인지 기능이 발달하며 자기의 행동을 조절할 수 있는 능력이 향상되어 학습 과제에 집중하거나 주어진 시간 내에 과제를 수행해 낼 수 있게 된다.

그래서 전두엽은 학업성취와 직결되는 뇌라고 볼 수 있다. 자기의 행동을 조절하고 관리하는 것은 또래 관계를 잘 형성하고 유지하는 데 무엇보다 중요한 일일 것이다. 거의 많은 부분의 갈등은 행위에서 나오고 그것을 상대방이 어떻게 해석하고 반응하느냐에 관한 문제일 것이기 때문이다.

만약, 전두엽이 발달하는 중요한 시기에 학교 갈등을 통해 부정적 사건을 경험하게 된다면 대인관계에서 충동을 잘 조절하지 못하게 된다거나 친구들과의 사이에서 감정을 원만하게 조절하지 못하는 행동적인 문제를 일으킬 수 있다. 예를 들어 친구가 어떤 말을 하고 있는데 갑자기 중간에 말을 끊고 자기 얘기를 한다든지, 수업 중 자주 자리를 뜨거나 하는 등의 산만한 행동을 할 수 있다. 또한 친구들과의 놀이에서 감정을 조절하지 못하거나 절제하지 못해서 폭력적 행동을 보이게 되거나 과잉 행동을 하는 등의 증상을 보일 수 있다.

편도체(Amygdala)는 변연계(Limbic System)의 일부로 감정적인 경험을 처리하고 그에 맞는 생리적 반응을 유도하는 기능을 한다. 편도체를 좀 더 예의 주시해야 할 부분은 바로 아동·청소년들이 사춘기를 겪으면서 더욱 활발하게 요동치는 기관이기 때문이다. 감정 처리와 관련한 역할을 더욱 주의 깊게 살펴봐야 하는데 특히 두려움이나 불안, 우울, 분노와 같은 강렬한 감정을 반응하고 조절하는 기능을 한다.

인간은 저마다 자신이 주로 자주 느끼는 핵심 정서를 가지고 있다. 이것은 한 사람의 감정과 행동 그리고 사고를 이루고 있는 가장 중심이 되는 정서로 평생을 걸쳐서 자신을 지배하는 주관적인 감정을 말한다. 이핵심 정서는 태어나면서 기본적인 욕구 형태로 시작되어 무의식 층에서 가장 밑바닥에 뿌리를 두고 있으며 사람의 행동이나 생각에 작용하는 힘의 원천이 된다.

그러므로 유아기 때 갖고 태어난 기본적인 욕구가 적절하게 충족이 되면 자신의 핵심 정서에 의하여 긍정적인 결과를 얻게 된다. 정서라는 것은 나쁜 정서와 좋은 정서로 굳이 구분하여 판단할 수는 없다. 예를 들어 두려움이라는 정서는 일반적으로 부정 정서라고 인식하고 있지만, 사실상 이 두려움이라는 정서를 통하여 위험물로부터 방어하게 되기 때문에 그것이 오히려 자신을 보호하는 긍정적 결과를 가져오게 된다.

1930년대에 과학자들은 뇌의 일부분인 편도체가 두려움을 느끼는 정서적인 부분을 담당한다는 것을 알게 되었고, 이 실험을 위하여 원숭이들을 대상으로 동물실험을 하게 되었다. 이 실험은 다년간 시행되었는데, 편도체가 제거된 원숭이들은 뱀이 나타나도 그 대상에게서 전혀 두려움을 느끼지 않았고 뱀이 자신들에게 위협적인 존재임을 평가하지 못하여 공격성을 보이지 않았다.

그러므로 두려움 등의 부정적인 정서는 사람이 삶을 살아감에 있어서 필요한 정서이며 이 정서를 통해 건강한 결과물을 내놓기도 한다. 정서와 관련된 기억, 즉 정서적 학습과도 관련이 있으며 이것은 편도체가 절제된 원숭이들의 이상행동을 클뤼버-부시 증후군(Klüver-Bucy syndrome)이라고 한다.

편도체의 발달은 6~12세의 아동기의 부정 정서 및 긍정 정서에 대해 다양한 감정을 느끼고 처리하는 능력이 발달한다. 여러 가지 정서에 대해 느끼고 조절하기 시작하는 시기로서 부모나 교사의 정서적인 지지와 격려가 필요한 시기이다. 아동기에는 편도체에 의한 감정 처리를 하고 있지만 아직은 전두엽이 담당하는 고차원적인 인지 기능에 대해서는 미숙하기 때문에 감정적 반응을 조절하고 관리하는 것은 부족할 수 있다.

두려운 상황이나 불편한 상황에서 감정적인 느낌은 그대로 받지만 이것을 이성적으로 억제하거나 조절, 통제할 수 있는 능력은 아직 미숙한 때이므로 성인과 같이 강요하면 어려움을 느낄 수 있다. 12~19세의 청소년기의 편도체의 발달은 그야말로 폭발적이라고 할 수 있다. 감정의 반응이 그 어느 시기를 막론하고 가장 민감하고 극대화되는 경향을 보이는 때이다. 이 시기에 청소년들은 학교생활에 적응하랴, 학업에 몰두하랴, 대인 관계를 통한 자기 정체성을 고민하랴 그 어느 때보다도 불안정한 시기를 지나게 된다.

감정 처리 기능은 편도체가 시각, 청각 등 감각 정보를 신속하게 처리하고 외부의 위험을 감지하여 자기를 보호하기 위한 적절한 반응을 하며 외부의 위험에서 비롯된 두려움과 공포, 불안과 같은 감정을 조절하고 관리하는 역할을 한다. 예를 들어 아이가 큰 소리가 나거나 물건이 갑작스럽게 떨어졌을 때 위험을 감지하고 즉각적인 두려움을 표출하며 도망가게 되는 현상이라고 할 수 있다.

또한 두려움을 느끼면 심박수는 증가하게 되며 신체가 위험으로부터 보호받도록 돕기 위하여 에너지 생산량을 늘리기 위해 스트레스 호르몬 중의 하나인 코르티솔(Cortisol)을 분비하게 된다. 스트레스를 받아 모든 근육은 긴장을 하게 되고 모든 감각기관은 예민해질 때, 코르티솔 호르몬은 우리 몸의 에너지원인 포도당이 즉각적으로 뇌로 전달될 수 있도록 돕는 역할을 한다.

감정적 기억 형성은 편도체가 감정적으로 중요한 사건을 기억하는 데 중요한 역할을 한다. 특히 공포나 두려움의 기억은 후속 행동에도 영향을 미친다. 예를 들어 아동이 학교에서 따돌림을 당했을 때, 편도체는 그 경험을 강렬하게 기억하게 되고 성인이 되어 살면서도 비슷한 상황이나 인물을 만나게 되면 예전의 기억을 떠올려 다시금 불안해하며 두려움의 고통을 느낄 수 있게 된다. 이러한 과정은 아동청소년이 상황을 회피하게 만들게 되거나 공격적 행위로 나타날 수 있다.

사회적 신호 해석을 보면 편도체는 사회적 신호, 즉 비언어적인 부분인 사람의 표정이나 목소리의 색깔과 몸짓의 언어를 이해하고 해석하는 역할을 한다. 특히 비언어적 행동을 분석하여 타인에게 적절히 반응하거나 회피하게 된다. 예를 들어 아동이나 청소년이 부모나 친구가 화가 났을 때 그들의 말투나 표정을 보고서 위협적인 신호로 감지하여 불안이나 공포를 느끼게 되며 자신을 빨리 도망시키게 되는 것이다. 이처럼 편도체는 타인의 감정이나 생각을 빠르게 해석하여 자신을 보호하려는 역할을 한다.

해마(Hippocampus)의 기능은 공간을 인지하고 기억에 관한 중요한 기관으로서 단기기억보다는 장기 기억에 밀접한 연관을 갖는다. 그러므로 학습하는 아동·청소년기에 있어서 기억을 담당하는 해마의 기능과 능력의 정도는 많은 영향을 미치게 된다. 좌측의 해마는 최근의 삶을 통해 형성된 단기기억을 처리하고 우측의 해마는 최근보다는 과거에 경험한 모든 일들을 차곡차곡 저장하는 기억의 창고 역할을 한다.

아동·청소년기에 경험한 많은 기억들은 해마의 좌측과 우측의 저장소에 다양한 감정으로 저장되며 새로운 학습을 위해 놀라운 능력을 발휘할 수 있게 된다. 이때 해마가 손상되면 새로운 학습이나 정보를 기억해 내는 일에 어려움을 겪을 수 있는데, 이것은 저장하지 않고 그대로 삭제해 버리는 현상으로 성인이 되어서도 이러한 문제로 힘들어질 수 있다.

기억이 만들어지는 과정은 여러 기관, 즉 눈이나 귀, 촉감 등을 통해 들어오는 정보들을 하나의 기억으로 다시 조합하는 과정이다. 여러 감각 기능을 통해 들어온 정보들은 해마를 통해 단기간 저장을 하거나, 대뇌 피질로 보내져 장기 기억으로 저장이 되고 또 삭제되기를 반복한다. 이러한 해마의 기능은 주로 밤에 일어나기 때문에 학습하는 청소년들은 밤에 충분한 수면을 권장한다. 하지만 학교생활을 하면서 갈등을 경험하게 될 것이고 상황이 빨리 호전되고 종결되지 않을 때 그들이 제일 먼저 호소하는 것은 바로 불면 증상이다.

잠을 이루지 못하고 걱정하고 고민하는 날들이 많아질수록 그들의 뇌는 점점 불안정하고 아파질 것이다. 이 시기에 경험하는 그들의 고통은 성인이 되어서도 꾸준히 나타나는 경우가 많으므로 아동·청소년들의 학교생활에 온 국민이 관심을 가져야 한다. 그들이 편안한 학교생활을 하고 편히 자고 일어날 수 있길 바란다. 해마 발달에 있어서 결핍이 생긴 경우는 장기적으로 저장하는 기능에 문제가 생겨 기억을 왜곡시키거나 삭제하는 등의 불안정한 현상으로 성인이 되어서도 고스란히 나타날 수 있다.

해마의 삭제 기능은 어쩌면 힘든 기억으로부터 잠깐이라도 벗어나서 편안한 마음 상태로 만들어주려는 뇌의 헌신적인 긍정적 노력이라고 본다. 힘든 상황과 기억이 자주 떠오르게 되면, 그 기억으로부터 느꼈던 힘든 감정들까지 고구마 줄기처럼 따라오게 될 것이고 그러면 정상적인 삶을 살아내지 못할 수 있게 된다. 어쩌면, 아픈 기억을 왜곡하거나 아예 기억을 삭제해 버린 경우는 고마운 일일 수 있다.

다만 불편한 정서나 생각들을 기억 저장소로 원활하게 넘기지 않고 자주 삭제해 버리는 일이 잦아진다면 건강한 삶을 살아갈 수 없게 될 수 있다. 아픈 상황을 맞닥뜨릴 수 없어서 삭제하게 되고 삭제한 것 때문에 대인 관계에서 갈등이 빚어질 것이고 새로 생긴 갈등으로 인해서 또 힘듦을 경험하게 되고 또 삭제해 버리는 악순환의 고리가 계속될 것이다. 이러한 증상은 낮은 성취감을 형성하게 되어 삶을 대하는 태도가 점점 더 위축될 수 있다.

해마는 기억에 관한 기능뿐 아니라, 방향이나 공간을 지각하는 공간 인지 능력을 담당한다. 이러한 기능이 스트레스와 더불어 부정적 상황에 놓이게 되면 전체적인 공간을 인지하지 못하게 되거나 복잡한 공간을 탐색하는 데 어려움을 호소할 수 있다.

03. 타고난 뇌와 반응하는 뇌 - 기질과 성격

인간의 뇌 발달을 두고 유전에 의한 것인지 환경에 의한 것인지에 대한 논쟁은 지금까지 끊임이 이어져 오고 있다. 현재의 관점에서 볼 때에는 두 '플린 효과(Flynn Effect)'를 근거로 하여 기존의 유전결정론과 환경결정론을 절충하고 있다.

플린 효과란 시간의 흐름에 따른 지능지수, 즉 IQ(Intelligence Quotient, 지능지수)가 증가하는 현상을 말한다. 뉴질랜드의 심리학자 제임스 플린(1984) 교수는 미국의 군대 지원자의 IQ 검사 결과를 종합한 결과 전체 평균점이 10년마다 3점씩 올라간다는 사실을 밝혔다. 이처럼 시대가 발전하는 데 있어서 점점 지능이 발달하는 이론이 플린 효과이다. 이러한 검사는 50년대부터 80년대에 이르기까지 유럽과 미국, 호주, 일본 등 14개국으로 확대하여 실시하였으며 그 결과에서도 동일하게 관찰되었으며 이러한 현상은 그 후 심리학자뿐 아니라 진화생물학자, 사회학자 등 다양한 분야에서 논쟁거리가 되었다.

　이러한 논쟁에 대한 답변으로서 현대 심리학에서는 일차적 관점에서 보기보다는 먼저 유전으로 타고난 기질이 있다는 것을 인정하고 이차적으로 그 기질이 어떤 환경에서 어떻게 상호작용하였는가에 초점을 맞추는 추세이다. 유전적 요인만을 강조하면 환경에 의해 성장할 수 있을 가능성에 대해 한계를 규정할 수 있을 것이며, 환경적 요인만을 강조하면 유전적인 강점의 잠재력이 실현될 수 있는 여러 가지 범위와 정도의 발달을 제한할 가능성이 있을 수 있다. 가끔 학교에서 부모 강의를 할 때면 '내가 잘못 키웠구나. 다 내 잘못이었구나'를 연발하며 자책하는 부모들의 모습을 종종 목격할 때가 있다. 물론 부모가 자녀에게 1차 자극이 되는 가정환경을 제공하는 것은 사실이기 때문에 그러한 반응은 앞으로의 개선과 발전을 위해 나쁘지는 않다고 본다.

　자녀가 자라면서 겪고 보았을 부모와의 상호작용 모습, 형제간의 관계, 애착 형성, 언어 자극 등과 같은 환경 형성은 자녀가 성장하고 발달하는 데 있어서 지대한 영향을 미치는 것은 분명한 사실이기 때문이다. 분석심리학자인 융(Cari Gustav Jung, 1875~1961)은 이러한 부모들의 자책과 비관에 대해 조금은 숨통을 트이게 할 주장을 하였다. 바로 사람은 태어나면서부터 독특한 기질을 이미 가지고 태어난다는 것이다. 이러한 주장은 같은 환경에서 자란다고 하여도 각자의 기질마다 서로 다르게 반응할 것이라는 설명이다.

자녀에게 부모가 모두 동일한 환경을 제공하고 교육한다고 해도 그들의 기질에 따라 전혀 다른 결과를 보일 것이다. 어쩌면 교육이라는 것은 이미 형성되어 있는 독특한 기질을 빨리 인정해 주고 존중해서 어떤 욕구가 결핍될 수 있는지 잘 살펴서 개인마다 다르게 교육 환경을 맞춰줘야 한다는 결론이다. 이러한 이론을 프로이트가 마음의 의미를 '빙산'에 비유했다면 융은 이미 형성되어 있는 부분이 있다는 것을 발견하고 그 것을 '섬(island)'이라고 비유한 바 있는데, 이것은 자라온 환경이나 상황도 중요하겠지만 개인이 갖고 태어난 독특한 성향이 있음을 강조한 것이다. 여기에서 우리는 기질(Temperament)과 성격(Personality)이 엄연히 다르다는 것을 인식하고 구분할 필요가 있다.

오래전부터 여러 학자들은 사람의 행동적 특징인 '성격'을 연구하기 위하여 수많은 노력을 해 왔다. 이것은 타인의 성격을 미리 파악하고 알고 있어야 상대를 대할 때 조금이라도 덜 불안하게 되며 안정감을 느낄 수 있기 때문일 것이다. 이러한 이유로 학자들은 긴 세월 동안 사람의 여러 가지 특징들을 모아왔고 이렇게 모여진 많은 자료들은 유전학이나, 생물학과 같은 인접 과학에 영향을 주어 좀 더 세분화된 개인의 특징을 밝혀내기에 이르렀다.

그런데 이 성격적 특징은 기질과 성격으로 구분해서 다르게 인식해야 한다는 것을 알아냈다. 기질은 이미 태어나면서 유전적으로 결정된 부분이라고 한다면 자라온 환경에 의해서 보완, 수정된 부분, 즉 방어기제가 작용한 행동 특성을 '성격'이라고 말한다. 어쩌면 기질은 내가 아는 '나'이고 성격은 타인이 보는 '나'의 모습이라고 표현할 수도 있을 것이다.

우리가 흔히 알고 있는 성격이라는 것은 '친절하다', '게으르다', '변덕스럽다', '수줍음이 많다' 등으로 표현하는데 이러한 성격은 타인과 살아가면서 형성된 행동 특성이며, 시간의 변화나 상황의 다양성과는 상관없이 안정적인 특성을 보인다.

그러므로 기질은 타고난 것으로 바꿀 수 없는 부분이라면 성격은 얼마든지 행동의 수정을 통해 올바르고 긍정적으로 변화할 수 있고 또 그래야만 한다고 본다. 기질과 성격의 이해를 높이기 위해서는 아래 그림을 참고하면 좀 더 이해가 쉬울 것이다.

기질과 성격

누군가가 어떤 기질의 특성을 가지고 태어났다고 했을 때 첫 번째는 가정환경, 학교환경, 사회환경에서 많은 것을 경험하게 되고 그 경험을 통해 이해하고 해석하며 평가를 내리게 될 것이다. 이때 내린 평가는 지극히 자신의 기질에서 얻은 자신만의 결정이기 때문에 순수한 사실 영역이라기보다는 왜곡된 부분이 상당할 것이다. 이러한 왜곡된 평가를 오랜 기간 차곡차곡 모아 깊숙한 곳에 기억을 해두었다가 현재 상황에서 옛 기억을 끄집어내어 상대에게 그때의 감정으로 반응하게 된다. 이와 같은 반응의 형태를 보고 사람들은 상대의 성격이라고 규정짓고 바라보게 된다.

정리하자면, 성격은 타인에게 보이는 나의 독특한 행동 패턴이며 그 행동 속에는 방어기제(defense mechanism)가 포함되어 있다. 방어기제는 자신을 타인으로부터 보호하기 위하여 무의식적으로 나타나는 행위로서 타인은 물론 나 자신을 속이며 심리적인 상처를 받지 않으려는 회피적 보호막(방패)이라고 할 수 있다. 성격을 이해하기 위해서는 방어기제에 대해 정확히 알고 있을 필요가 있다. 방어기제로 인하여 대인 관계가 틀어지고 오해가 쌓임에도 불구하고 나 자신은 전혀 인지하지 못하고 무의식적으로 반응하기 때문에 오히려 상대방을 탓하고 왜곡하며 갈등을 크게 만들 수 있다.

방어기제라는 말은 1894년 프로이트의 논문인 '방어의 신경정신학'에서 처음으로 사용되었는데, 이것이 자아와 외부 환경 사이에서 겪게 되는 갈등 상황에 적응하도록 도움을 줄 수 있다는 면에서 효과적이라고 할 수 있으며 심리적 안정감을 갖게 하고 죄책감이나 불안감 등에서 자신을 보호하는 데 사용된다. 그러므로 자아와 외부 환경 사이에서 겪게 되는 갈등 상황에 적절하게 적응하도록 도움을 줄 수 있다는 것에서는 긍정적으로 볼 수 있겠다.

하지만 지속적으로 사용하거나 또는 과하게 사용하게 되면 현실을 회피하게 되고 왜곡하게 하는 등 병리적인 것이 될 수 있기 때문에 주의하여야 한다. 방어기제의 종류는 크게 자기애적 방어기제와 신경증적 방어기제, 성숙한 방어기제로 나눠볼 수 있다.

04.   타고난 뇌와 반응하는 뇌 - 자기애적 방어기제

부정(Denial)은 자기애적 방어기제의 대표적인 것으로 명백한 사실을 외면하여 불안감으로부터 해소하고자 하는 무의식 방어로서 가장 원초적인 방어기제의 하나이다. 의식화가 되면 도저히 감당할 수 없는 힘든 생각이나 욕구, 현실적 사실 자체를 무의식적으로 부정하여 현실에 일어난 위협적인 사건을 받아들이지 않고 거절하는 것을 말한다.

예를 들어 늘 1등을 하던 아이가 자신이 시험에서 실수를 하였음에도 불구하고 채점이 잘못된 것으로 믿는다거나 애인에게 실연당했음에도 불구하고 우리가 헤어진 것은, 애인이 멀리 유학을 갔기 때문이라고 믿고 잠시 헤어져 있는 것이라고 확신하는 모습을 보인다.

투사(Projection)는 자기 스스로 혹은, 사회적으로 용납되지 않는 욕망이나 충동을 무의식적으로 타인이나 환경의 탓으로 돌리려는 행동기제이다. 타인에게 책임 전가를 하여 자신의 불안이나 죄의식으로부터 자유로워지려고 하는 심리이다. 속담을 예로 들면, '뭐 묻은 개가 뭐 묻은 개 나무란다.' 등이 있고 자신이 친구를 질투하고 있으면서 그 친구가 나를 질투해서 매번 나를 힘들게 한다."고 믿는 등의 모습을 보인다.

05. 타고난 뇌와 반응하는 뇌 – 신경증적 방어기제

반동형성(Reaction formation)은 부정이나 투사와 같은 방어기제가 지나칠 때, 자신이 느끼고 바라는 것과는 완전히 반대되는 행동으로 바꾸어 감정을 표현하고 행동하는 방어기제이다. 위협적이거나 용납할 수 없을 때 아예 반대의 충동을 표현하는 것이다.

즉, 경쟁자에 대해서 지나친 배려와 칭찬의 과잉 행동을 하거나 강한 성적충동을 감추려고 성에 대해 지나친 혐오감을 보이는 경우가 있다.

1단계는 받아들일 수 없는 무의식 충동을 억압하고 2단계에 억압된 내용과 반대되는 행동을 한다. 예를 들어 '미운 아이 떡 하나 더 준다.'라는 말이 있듯이 애정을 빼앗긴 형이 동생을 어루만지며 예뻐하는 행위 등을 말한다.

억압(Repression)이라는 방어기제는 의식하기에는 너무나 충격적이고 고통스러운 경험을 아예 무의식 속으로 억눌러버리는 행동기제로서 사회적으로 혹은 윤리적으로 용납될 수 없다고 생각되는 사실들에 대해 의식으로부터 아예 분리해서 마치 없었던 일처럼 무의식 속에 가둬버리는 것이다. 예를 들어 어린 시절의 어떤 특정한 사건(학대, 왕따 등)을 겪었을 때 간직하기 어려운 기억들을 부분 기억상실증처럼 억눌러버리는 것을 말한다.

치환(Displacement)은 자기 자신의 충동이나 욕구를 자신보다 센 대상이 아닌, 약한 대상에게 이동시켜서 발산하는 행동기제이다. 원래의 대상에게 에너지를 풀면 자신이 도리어 위협을 받을 수 있을 거라는 두려운 심리에서 나오는 행위이다. 예를 들어 '종로에서 뺨 맞고 한강에서 화풀이한다.'라는 속담처럼 힘 있는 사람에게서 상처를 받아놓고 약하거나 엉뚱한 사람에게 화풀이하는 경우를 말한다.

주지화(intellectualization)는 불편한 감정을 조절하거나 최소화하기 위해 지나치게 추상적이고 이상적으로 사고하거나 일반화하여 감정적 갈등이나 스트레스를 처리하려고 하는 행동기제를 말한다. 예를 들어 "나는 원래 너희랑은 차원이 달라"라고 말하며 자신의 불편한 감정을 억누르고 그럴싸한 장황한 논리를 주장하는 경우이다.

취소(Undoing)는 자신이 타인에게 피해를 주었다고 느낄 때 그 행동을 중지하고 다시 원래대로 회복하려는 일종의 속죄하려는 행위라고 볼 수 있다. 예를 들어 약자인 학생에게 폭력을 행사하고 뒤로 간식을 사다 준다거나 하는 일관적이지 못한 모습 등을 보인다.

합리화(Rationalization)는 자기의 심리적 불안을 그대로 인정하기 어려워 합리적, 논리적으로 설명하는 등 어떤 이유를 붙여서라도 자기 행동을 정당화하기 위해 방어하는 행위로서 때로는 현실을 왜곡하기도 하고 자존심을 보호하려는 일종의 회피적 행위이다. 상처받는 자아를 달래기 위해 시간을 끌어가며 원인을 분석하고 그럴싸한 이유를 만들어 내어 자신을 보호한다. 예를 들어, 공부를 못 하는 자녀를 둔 부모가 "우리

애는 나 닮아서 머리는 너무 좋은데 환경이 안 받쳐줘서 지금 성적이 안 나오고 있다."라고 포장하는 모습을 보이는 것이다.

06.　　타고난 뇌와 반응하는 뇌 – 성숙한 방어기제

승화(Sublimation)는 성숙한 방어기제의 대표적인 것으로 의식적이든 무의식적이든 사회적으로 용납되지 않는 충동이나 욕구를 사회에서 인정되는 가치 있는 형태로 변형시켜 내면적 불만이나 갈등으로부터 만족감을 얻는 행동기제이다. 예로 들자면 자신이 평소에 공격적이거나 잔인한 충동을 느끼는 성향이 있다는 것을 알았을 때 이것이 사회적으로 문제가 될 것이라고 인지하고 이러한 성향이 오히려 도움이 될 수 있는 권투선수나 외과의사 등의 직업을 선택하여 건강하게 발산하는 경우이다. 또한 자신이 성욕이 높은 경우 이것을 알아차리고 이러한 욕구를 예술이나, 영화, 그림으로 표현하는 것을 예로 들 수 있다.

성과 중심의 뇌와 관계 중심의 뇌

학교 갈등을 해결하기 위해 원인을 파악할 때 주장하는 내용들을 들어보면 어떠한 중심이나 가치관을 가지고 서로 전혀 다른 입장에서 주장하고 있다는 것을 알 수 있다. 그들의 대화에는 그들이 주장하고 우선순위로 내세우는 영역이 전혀 타협이 되지 않을 만큼 분명하다.

이러한 입장이 갈등을 일으키는 원인이 되기도 하는데, 우선순위의 예를 들자면 어떤 사람들은 사람의 감정을 먼저 생각하면서 상처받지 않도록 관계를 잘 맺는 것을 우선순위로 내세우는 사람이 있다면, 사람의 감정이나 관계보다는 성과물이나 처리 속도에 초점을 맞추고 진행하려는 사람들이 있다. 이처럼 상반된 주장의 가치 기준은 어느 한쪽이 틀렸다기보다는 서로 다른 것으로서 뇌의 기능에 의한 반응일 뿐이라고 이해하고 인정해버리면 좀 더 갈등이 줄어들 것이다.

좌뇌와 우뇌의 기능에 관하여, 뇌의 기능에 관한 연구는 19세기 말에 더욱 심층적으로 연구되었다. 이 연구의 가장 핵심적인 발견은 좌·우반구의 기능과 역할이 분명하게 나눠져 있다는 것이며 이 둘은 서로 다르게 작용하고 반응한다는 발견이다.

좌뇌와 우뇌는 서로 상대적이기도 하지만 상보적인 역할을 수행하며 작용하는데 이 둘의 패턴에는 서로 다른 분명한 자기주장이 있다. 1960년대에 들어서 난치성 간질 환자에게 뇌량(corpus callosum)을 잘라서 좌우뇌를 분리하는 시술이 행해지기 시작하였고 그 결과 이들은 간질로부터는 해방되었으나 특이한 증상을 보이는 것에 대해 새로운 연구가 시작되었다.

이 시기에 노벨 의학상 수상자인 로저 스페리(Roger Sperry)는 제자 마이클 가자니가(Michael Gazzaniga)와 함께 좌우뇌를 분리한 환자를 연구하면서 좌우뇌가 서로 동일한 자극에도 다른 식으로 처리한다는 것을 증명하게 되었다. 예를 들면, 오른쪽 시야에만 물체를 보여주면 쉽게 이름을 댈 수 있지만 왼쪽 시야에만 보여주면 그것이 무엇에 쓰는 물건인지 잘 알면서도 이름은 대지 못하였다. 하지만 좌뇌와 우뇌는 서로 상대적이기도 하지만, 상보적인 역할을 수행한다.

좌뇌	우뇌
일 중심(성과 중심)	사람 중심(관계 중심)
정서에 대한 반응이 적음	정서에 대한 반응이 풍부하며 민감함
몸짓언어를 잘 이해하지 못함	몸짓언어를 잘 사용하며 감정으로 반응
은유나 유추를 거의 사용하지 않음	은유나 유추를 자주 사용함
대화에 있어서 결론 중심	과정 중심이라 설명이 많다
이름을 잘 기억함	이름보다 얼굴이나 이미지를 기억함
언어적, 체계적	상징적, 임의적
문제를 순서에 따른 이론적으로 해결	육감으로 해결
객관적 일 중심	주관적 감정 중심
위계적 구조를 좋아함	협동, 단체적 구조를 좋아함

[좌뇌와 우뇌의 기질적 특징]

인지하고 행동하는 패턴의 모습은 다르지만, 하나의 목표를 가지고 달성하기 위해 상보적 관계를 맺고 있기 때문에 좌뇌와 우뇌의 기능이 서로 원만한 협력관계를 가지고 균형을 맞추는 것이 필요하다. 예를 들어 친구와 미팅 약속을 하고 장소를 정할 때, 약속 장소와 지역의 이름, 주변의 빌딩 이름, 거리 등을 사전에 정보 처리는 좌뇌, 약속 장소의 주변 느낌, 색깔, 풍경 등을 **인지하고 접근하는 것은 우뇌이다. 하지만 두뇌의 기능은 한 가지 목적을 가지고 상보적으로 관계하며 달성해 나간다.** 좌·우뇌의 기능에 관한 비교는 아래의 (표 1)에 정리하였다.

갈등의 원인이 되는 다른 우선순위는 서로 다르게 반응하는 뇌의 기능은 아동·청소년들이 학교생활을 하면서 겪는 대인관계에서 갈등 상황으로 고스란히 나타날 수 있다. 자신의 기질적 특징만이 옳다고 생각하고 상대방을 틀렸다고 생각하며 살아간다면 얼마나 많은 갈등과 충돌 속에서 아픔을 경험하게 될까. 정서가 민감하고 관계 중심의 학생들은 그렇지 않은 친구들에게 차가움을 느낄 수 있고 상처를 받았다고 할 수 있으며, 성과 중심의 학생들은 상대가 너무나 복잡한 생각을 하고 감정 기복이 많다고 불편해한다거나 잘 삐진다고 생각할 수 있다.

이처럼 뇌의 서로 다른 기능 중에 좀 관계 형성에 영향을 미치는 것은 바로 전혀 다른 '대화 방식'을 선호한다는 것이다.

관계 중심의 뇌가 먼저 반응하는 학생들은 타인의 행동에 대해 자신의 여러 가지 감정적 필터로 바라보는 경우가 잦기 때문에 상대방도 나의 행동에 대한 오해와 해석이 있을 수 있다는 판단하에 설명이 많고 장황한 편이다. 이에 반하여 성과 중심의 뇌가 먼저 반응하는 학생들은 결론 중심으로 말하길 좋아하며 판단이 빠르고 단순하게 표현하는 것을 좋아하므로 직설적이거나 결론만 말하는 것이 익숙한 사람들이다. 그렇기 때문에 상대가 말하고 있는 상황에서도 스스럼없이 상대의 말을 끊는다거나 상대의 감정을 파악하는데 노력을 기울이지 않는 듯한 모습처럼 보여 상대를 서운하게 만들 수 있다. 그들은 자기가 의도하지는 않았지만 상대의 감정을 다치게 할 수도 있고 자칫 무시한다고 느껴지게 만들 수 있으니 주의해야 한다.

학생들은 소규모의 가정이라는 울타리에서 벗어나 어린이집, 유치원, 학교라는 점점 커지는 집단을 경험하면서 자신의 다듬어지지 않은 날것의 기질대로 살아가게 된다. 아직은 균형이 맞지 않는 상태의 한쪽으로 치우쳐 있는 자신의 기질대로 집단에 적응하면서 상처도 받고 상처도 주면서 성장해 갈 것이다. 어떤 아이는 외향, 어떤 아이는 내향적 기질을 가지고 사고와 감정과 서로 다른 감각기관을 통해 반응하고 충돌하며 다르게 경험하고 느끼며 살아가게 된다. 아직은 성장하지 않은 폭넓지 않은 생각과 감정으로 인하여 학창 시절에 생길 갈등 상황은 앞으로도 빈번할 것임은 틀림없다. 어쩌면 상황을 예측하고 대처할 수 있다면 그보다 좋은 해결책은 없을 것이다.

PART 7

통합적 접근

01.   갈등의 징후를 파악하여 진단하기

갈등의 대처란 갈등의 당사자가 갈등을 통제하고 지배하여 행동력을 다시 찾게 하는 것으로 본다면, 반대의 경우로 갈등의 당사자가 통제력을 잃으면 갈등은 시작되고 고조화된다고 본다.

따라서 갈등에 대처하기 위해서는 징후를 파악하고 진단하는 것이 우선되어야 하는 것이다.

갈등의 징후는 사람을 지배하려고 하려는 욕구에서 시작되는 것으로 초점을 맞춰 들여다보아야 된다. 갈등을 지배할 수 있어야 갈등이 해소된다고 간단하고 단순하게 생각하면 안 되는 이유가, 갈등을 지배하여 통제하기란 생각만큼 쉽지가 않기 때문에 이러한 착오나 오류의 발생도 자주 일어나기 때문이다.

그렇기 때문에 갈등의 징후는 욕구의 시작으로 보고 있으며 갈등의 원인과도 관련이 있다고 보아, 갈등의 징후가 갈등인지 아닌지를 먼저 파악하기 위해서는 의사소통의 여부, 즉, 상대와의 의사소통이 원활하지 않거나 의견 충돌 시, 감정적인 반응, 관계에서 거리를 두는 행동 등이 나타나는지를 따져 봐야 된다.

또 하나는, 갈등과는 상관없는 욕구의 불만으로 인한 위험한 상황이 아닌지, 위험한 상황인지를 구분을 해야 갈등의 해결 방향을 진단하여 해결할 수 있기 때문이다.

조정의 현장에서 갈등의 징후를 파악하는 것을 어려워하는 경우가 많은데, 이는 질문으로 파악해야 한다.

이러한 상황을 파악하기 위해서 필요한 것이 질문이다.

질문에는 기본적으로
① 무엇 때문에 갈등이 발생하였는지
② 갈등의 진행은 어떻게 되었는지
③ 갈등의 당사자와 이해관계자는 누구인지
④ 갈등의 당사자의 행동은 어떠한지
⑤ 갈등은 무엇을 원하고 있어서 왜? 생겨났는지
⑥ 그래서 초래된 결과는 무엇인지 등등

이러한 질문들을 통하여 갈등의 문제를 진단하고 해결 방향을 파악할 수 있다. 기본적인 질문을 제외하고는 닫힌 질문보다는 열린 질문으로 접근해야 갈등의 당사자도 열린 대답을 한다.

그렇다면 이러한 갈등의 문제를 진단하고 해결을 하려는 노력에는 어떤 것이 있을까 하는 궁금증이 생길 것이다
노력이라고 한다면, 갈등의 문제와 해결을 위하여 기술을 익혀야 한다. 이는 기술이 필요하다란 뜻으로 보고, 갈등의 기술이란 해결책을 찾는 데 도움을 주는 기술이라고 말한다. 갈등의 기술에 필요한 노력은 다음과 같다.

1. 문제의 핵심이 무엇인가를 확정한다.
- 적극적으로 경청하고 공감하여 갈등 당사자의 입장을 통하여 갈등의 문제를 파악하고 핵심(원인)을 좁힌다.

2. 관계 속 이해관계자를 분석한다.
- 갈등의 당사자 사이에서 당사자들 말고도 또 다른 제3자가 있는지를 파악하고 분석해야 한다. 갈등의 당사 자외에 또 다른 갈등 상황이나 갈등의 유발을 차단하기 위한 객관적이고 예방하고자 하는 의도에서이다.

3. 이해관계자들이 리드(얻고자)하고자 하는 것이 어떤 것인지를 확인한다.
- 제3자에 따라 갈등의 당사자가 주도권을 빼앗겨 갈등의 해결이 되지 못하고 갈등 당사자의 의도와는 달리 갈등이 깊어지고 있는 것은 아닌지 확인한다.

4. 서로의 입장과 해결책과 대안을 정리한다.
- 갈등의 상황에서 비판적인 사고와 문제해결을 위한 능력이 필요하다. 여기에는 중립적이고 투명성도 필요하다. 갈등의 양 당사자들 서로의 입장이 파악되었다면 이들의 요구하는 해결책과 이에 따른 대안을 놓고 타협하여 정리한다.

5. 갈등 상황에서 활동할 수 있는 이해관계자, 의사소통(communication)되는 이해관계자를 찾아야 한다.

- 갈등 해결을 할 수 있는 해결책의 조건이, 때론 제3자가 중요한 핵심 (point)일 수 있으므로 갈등의 당사자의 욕구에 충족되는 것을 찾아야 한다. 이해관계자가 있다면 끌어들일 수도 있어야 된다. 이해관계자가 원인이라면 갈등의 원인이 해소되지 않는 상황에서 갈등은 감소는 될지 모르지만 해소는 되지 않은 채로 유지하게 된다.

6. 모든 갈등의 고민의 주된 목표(target)을 찾아야 한다.
- 목표는 문제 해결 능력을 강화하는 것으로 갈등의 원인 중에서 중심인 갈등의 원인(target)을 찾아야 된다.

7. 조정에 불필요한 환경이 되지 않도록 한다.
- 갈등의 당사자(신청인)과 또 다른 갈등당사자(피신청인)의 현재의 갈등 사이에 또 다른 갈등 상황이 생기지 않도록 방해되는 요인이 생기지 않도록 해야 하며 방해되는 요인이 있다면 제거하는 것이 좋다.

8. 조정전문가는 말 그대로 전문가이다. 전문가처럼 행동해야 한다.
- 조정전문가는 갈등의 당사자들의 어떤 상황과 대화에서도 휩쓸리지 않고 감정을 배제하며 중립적으로 임해야 하며, 직관적으로 전문가처럼 행동을 해야 한다.

9. 갈등 조정의 순서대로 진행하며 진행(lead)을 뺏기지 않도록 한다.
- 조정전문가는 조정에서는 진행자이며 주도권을 갖고 있다.

10. 조정에서 서로에게 비난을 하고 잘못을 따지지 않는다.

만약, 화해조정 시에 과열된 분위기가 된다면, 양 당사자들의 좋았던 관계를 나열하도록 하는 것을 권한다.

- 조정전문가는 감정을 보이지 않고 갈등 당사자의 지나친 과열 분위기를 식히기 위하여 갈등의 당사자들에게 좋았던 일들을 회상시키도록 유도하는 것도 좋다고 본다.

이렇듯이, 상대와의 관계를 유지하고 발전시키기 위해서는 소통과 대인관계를 하는 관리 기술이 필요하다.

이러한 노력과 더불어서 강조하고 싶은 것은 갈등의 방해에는 소통의 방해와 연관이 있다. 소통이 안 되는 불소통이 갈등이 된다. 하지만 갈등의 원인이 무조건 불소통은 아님에 유의해야 한다.

결국, 갈등의 징후를 파악하고 해결하기 위한 노력은 지속적인 대화와 관찰, 서로에 대한 존중과 협력이 필요하다고 하겠다. 그리고 이를 위하여 조정전문가의 역할이 중요하다.

02. 갈등의 동기를 파악하기

갈등 해결을 위한 나침판이 있다. 갈등을 갖게 되는 동기는 왜? 무엇 때문일까를 파악하는 것은 해결을 위한 방향을 잡은 나침판이라고 본다. 욕구 파악, 스트레스 원인 등.

미국의 심리학자 토리 히긴스(Tory Higgins)[24]의 말을 빌리자면, 인간이 갈등을 맞닥뜨리면 2가지 동기 중 하나를 중심으로 갈등을 해결하려고 한다고 한다. 즉, 변화적 이동에 기초한 동기는 그 상황에서 잘잘못을 따지기보다는 제3의 상황이나 국면으로 전환해서 그 갈등으로부터 벗어나려는 의도와 조사적 평가를 중심으로 세부적으로 어느 쪽이 더 잘하고 부족 한가 또는 더 정당하고 합리적인가를 구체적으로 비교하고 따져보면서 갈등을 세밀하게 들여다보고 정면 돌파해서 갈등을 벗어나는 2가지 갈등 해결에 대하여 주장을 하였다. 즉, 사람들이 갈등 상황에서 감정적 반응 또는 인지적 과정을 어떻게 이해하는지에 따라서 갈등을 해석하고 대처하는지 방향이 다르게 설정된다.

이렇듯, 갈등은 이상과 현실의 차이에서 갈망하는 인지와 사고의 합리적 사고 마비로 본능적인 감정이 앞서기 때문에, 본능적인 감정에서 오는 공포와 불안, 분노, 욕구불만이 동기일 수 있다. 기본적으로 내재된 불안에서 벗어나기 위하여 타인에 대해 감정적으로 대치하게 되면서 표

---

[24] 토리 히긴스(1946~) 캐나다 심리학자, 컬럼비아대학 연구인용,

출된다.

그래서 갈등의 동기는 가치와 신념의 차이, 의사소통의 부재, 인간관계 문제, 자아실현의 충돌, 이익을 얻기 위한 경쟁, 목표의 차이, 가치관의 차이, 개인적인 차이 등이 있다고 하겠다. 또한 갈등은 트라우마와도 관계가 있다.

트라우마(Trauma)란 개인의 일반적인 삶의 경험에서 충격적이고 불안정한 범주를 넘어서는 신체적인 안녕과 생명의 위협을 받는 사건으로 정신적 상처, 육체적 손상을 입은 상태를 말하며 일상적인 삶을 방해하며 대부분 외상 후 스트레스 장애를 가리키며 상처라는 뜻의 그리스어에서 유래하였다.

트라우마의 종류에는 전쟁, 테러공격, 자연재해, 재난, 사고, 강도, 고문, 유괴, 인질, 성폭력, 신체적 폭력, 인종차별, 생명의 위협을 받은 심각한 질병, 참혹한 사건이나 죽음의 목격, 어린 시절의 학대 등의 사건들이 있고, 개인마다 다르게 경험하는 만큼 심각성과 끼치는 영향도 다를 수 있다.

정신분석학의 선구자인 지그문트 프로이트[25](Sigmund Freud)는 투라우마 경험이 너무 압도적이고 고통스러워 정상적인 방식으로 개인의 정

---

25) 지그문트 (1856~1939) 사람들이 어린 시절에 겪은 심리적 고통스러운 경험은 의식적으로 기억되지 않지만 무의식 속에 억압되어 내면에 영향을 미치는 억압과 트라우마를 연결하였음

신에 통합될 수 없고 무의식 속으로 밀려난다고 하였고 부정적인 신념과 사고 패턴으로 외상 후 스트레스 장애(PTSD) 등에 기여한다고 하였다. 이는, 부모의 갈등이 노출된 아이들에게 부정적으로 영향을 미쳐 가져올 수도 있기에 트라우마와 갈등이 연관성이 높다고 본다.

SAMHSA(Substance Abuse and Mental Health Services Administration)는 중독 및 정신 건강 서비스 행정부의 약자로 정신적, 신체적, 사회적, 정서적 혹은 영적 안녕에 장기적으로 부정적 영향을 미치는 신체적 또 감정적으로 유해하거나 생명에 위협이 되는 사건을 경험한 것에 대한 치료와 지원을 제공하며 중독 예방 및 치료, 재난 대응 등으로 미국 내에서 정신 건강 서비스 및 중독 치료 서비스를 개선하는 중요한 역할을 하고 있다고 한다.

갈등과 관련이 있는 트라우마는 인간생활의 상호 의존성과 복잡성으로 인하여 언제 어디서나 발생할 수 있는 보편적인 현상이 갈등이며 개인, 집단, 지역 국가 등 다양한 수준의 행위 주제들 간에 발생하기 때문에 갈등과 트라우마의 특징을 딱 꼬집어서 정의하기는 어렵지만, 트라우마와 갈등 사이에서의 갈등은 트라우마의 결과로 발생될 수도 있고 갈등이 트라우마를 유도할 수도 있기 때문에 갈등과 트라우마는 연관되어 있음을 또 확실히 알 수 있다.

트라우마와 갈등은 현대의 조직과 인간관계에서 불가피하게 발생하는 것이기 때문에 상호 간에 건전한 경쟁관계, 조직과 인간관계의 의사교류 활성화 등을 유발하는 성질이 같다고 보고 있으며, 이는 정서적인 고통은 갈등의 원인이 될 수 있는데, 이때 경험한 분노, 불안, 혼란 등은 대인 관계에서도 충돌을 일으킬 수 있으며 개인의 트라우마를 악화시킬 수 있다.

스트레스에 취약한 트라우마나 갈등은 폭력적인 심리적 반응이 나타나기도 하는데, 갈등은 상황적 요소에 따라 다양한 경로로 진행하는데, 심리적으로 상대에게 위험한 공격행동을 하여 보복하고자 분노로 표출하거나 상대에 두려움을 느끼고 보호 행동을 하는 심리적 반응이 나타난다.

심리적 갈등이 자아, 초자아, 이드라는 영역에서 상호 작용하게 되는데 서로 충돌하여 심리적으로 긴장과 갈등으로 이어지고 있다.

해결되지 않는 갈등이 심리적으로 불안과 공포를 일으켜서 무의식 속에 트라우마로 나타나기도 한다. 자기방어기제로 극복하여 발전하기도 하지만 갈등을 극복하지 못하고 일상생활에 지장을 주어 불안한 정서와 생활을 가져옴으로써 망상, 환각을 경험하기도 하기 때문에 갈등 해소가 절실하게 필요하다고 하겠다.

따라서 트라우마를 인식하고 치료하며 관리하는 것이 갈등 해결에 도움이 되기도 한다. 학교 폭력과 관련하여, 이 부분을 이야기하는 것은 학교 폭력에서 폭력이 트라우마가 되어 우울증, 자살이라는 극단적인 선택을 하게 되는 경우로 악순환이 되기 때문이다. 현재의 학교 폭력 가해자가 과거의 학교폭력의 피해자인 경우가 종종 나타내고 있는 것도 이러한 이유 때문으로 본다.

그렇기 때문에 갈등의 원인을 제거하여 갈등을 예방하는 것이 학교 폭력 예방의 최우선이라고 하는 것이며, 학교 폭력 피해자의 보호 조치도 중요하지만 갈등을 해소하고 갈등을 관리하여 학교 폭력을 예방하게 된다면 갈등으로부터의 트라우마를 극복하게 되어 심리적인 안전까지 영향을 미치게 된다고 본다. 갈등은 언제 어디서나 발생할 수 있고 사람이 살아가면서 사람과 사람과의 관계, 즉 인간관계에서나 개인적으로도 갈등은 발생, 유지, 증가와 악순환하는 존재이기 때문이다.

학교 폭력 갈등 사례를 하나 예로 들자면, 평소에 친하게 지냈던 친구 A와 B 사이에서 사소한 오해로 인한 갈등의 고도화는 B의 작은 행동 하나를 예민하게 받아들여서 자신을 따돌리거나 고립시킨다고 믿고 A는 B를 험담하거나 비방을 하게 되는 사례가 종종 있다. 이렇게 되면, B는 A를 학교 폭력으로 신고하게 되는데 이러한 사안은 학교폭력대책심의위원회에서 다루는 것보다는 갈등조정·화해조정을 통하여 원만한 해결을 하는 것을 적극 권하고 싶다.

학교 폭력으로 신고가 되어 가해관련자에서 가해자로 확정이 되어져 처분을 받았다고 해서 B와 A의 사이가 회복되거나 A가 원하는 갈등의 원인이 해결되지 않기 때문이다.

이러한 경우에는 A는 A의 갈등의 원인을 B에게 I-Message를 B는 B의 갈등의 원인을 A에게 I-Message 전달하는 서로의 마음을 터놓고 이야기를 할 수 있도록 하여 갈등의 원인이나 오해를 풀 수 있도록 하는 것이 옳다고 본다. 이는, 조정 전문가를 통하여 화해분쟁조정을 하게 되는데, 갈등의 원인·동기를 파악하고 원인·동기를 분석하여 갈등을 해결하기 위한 갈등 관리를 하며 갈등은 사라지고 서로의 관계가 회복을 하게 되는 것이다.

이렇게 함으로써 관계는 회복되고 피해관련 학생은 진정한 사과를 받을 수 있는 기회를 갖게 되며 가해관련 학생은 피해관련 학생에게 진정성 있는 사과는 물론이며, 피해방지의 약속을 직접적으로 할 수 있으며 무엇이 문제인지를 알고 갈등의 상황에서 폭력이 아니라 갈등의 해결을 위하여 어떤 방법이 있으며 어떻게 하여야 되는지를 알 수 있게 해 준다.

이러한 결과가 학교 폭력을 예방하는 길이며 교육적인 선도와 재발이 방지되는 것으로 진정으로 안전한 학교생활을 할 수 있도록 이끄는 길이라 하겠다.

따라서 갈등의 원인·동기의 파악이 중요한 이유는 학교생활에서 폭력의 원인으로 보는 갈등의 동기가 성적의 경쟁, 의사소통의 부재, 가치관의 충돌, 나와 다름의 이해 부족, 약자에 대한 편견, 문화적인 영향, 정서적인 문제 등의 여러 원인들을 종합적으로 고려하여 갈등 상황을 분석하여 관리하는 것이 중요하기 때문이다.

03. 갈등 상황에서의 변화 알아차리기

갈등 상황이 발생하면 갈등의 변화도 알아차려야 된다. 갈등의 변화가 폭력의 증가 감소와도 관련이 있기 때문이다. 즉, 이러한 갈등 상황에서의 변화는 여러 형태로 나타날 수 있는데, 갈등의 변화로 갈등의 유지, 감소, 증가를 말할 수 있다. 갈등의 강도가 높아지면 갈등의 증가이며, 갈등의 강도가 낮아지면 갈등의 감소가 되는데, 갈등은 감소했다가도 어떠한 상황으로 인하여 갈등이 증가되기 때문이다.

또한 갈등의 성격인 유형도 변화하기도 하며, 갈등을 인지하지 못하였다 하여도 갈등 상황에서 유형이 나타나기도 한다. 갈등 유형을 명확하게 인지하고 접근해 나가야 해결 방향이 정해질 수 있다.

갈등 유형의 파악은 조정전문가뿐만 아니라, 갈등의 당사자의 태도도 변화를 가져 올 수도 있기 때문에, 이러한 변화를 갈등의 당사자도 알아차리고 이에 따른 갈등의 해결의 방법(유형)을 달리할 수 있다.

접근	두려움, 걱정, 고통, 부담감, 거부감
회 피	객관적, 거리감, 무감각
대 응	공격적임을 즐기거나 무시, 군림
협 력	갈등 양 당사자에게 유리한 합의
경 쟁	지속 가능성이 없는 갈등

* 협력적인 갈등과 경쟁적인 갈등은 긍정적 갈등과 부정적 갈등이 될 수 있다

변화를 인식하는 것은 갈등 관리의 목적과 연결이 된다면, 변화를 인식하여 이에 맞는 대응을 하는 것이 갈등 해결의 핵심이며 갈등 관리의 목적이기도 하기 때문에, 갈등 상황의 변화의 관계는 학교생활에서의 학교 폭력 발생에 영향을 줄 수 있다. 갈등은 변화의 시작이다. 따라서 갈등을 이겨내려면 변화가 필요하다. 변화는 갈등의 유형을 바꾸며 갈등의 유형이 바뀌진다는 것은 갈등의 관리가 되고 해결을 앞당기는 긍정적인 것이다. 그래서 변화를 두려워하지 않아야 되며, 갈등 상황에서 변화는 자연스러운 것이다.

갈등을 느끼고 생각한다는 것은 변화의 시작으로 진화된 행동으로 인식하게 해야 한다. 갈등이 우리 곁에 따라다니지만 인식하지 못하는 경우가 많다. 이는 변화하고 싶지 않고 회피하려는 경우에도 갈등을 인식하려 하지 않기도 한다. 하지만 갈등은 부정적으로만 바라보지 않고 긍정적인 갈등으로 받아들인다면 갈등 상황에서 변화를 알아차리고 조율해야 한다. 이 부분에서 전문가의 도움을 받는 화해조정이 필요하다.

화해조정으로 관계(균형) 회복

학교생활을 하면서 갈등이 증가되는 경우에는 학생들끼리(또래)의 집단 갈등으로 번질 가능성이 높아지게 된다. 또 학생의 부모와 또 다른 학생의 부모 간의 갈등이 학교에서 증가될 경우에는 학교 폭력 사건으로 발생할 수 있다는 점을 명심하여 갈등의 감소를 위해서는 변화해야 한다.

폭력을 경험하거나 목격한 학생은 또 다른 폭력에 노출이 되거나 폭력 가해 관련자가 될 가능성이 높다고 본다. 또한 학업적 스트레스의 증가나 학생(또래)들 관계에서의 욕구 불만 등의 원인으로 변화가 생기면 학교 폭력의 발생에도 영향을 줄 수 있다. 그렇기 때문에 갈등 상황의 변화는 학교 폭력 발생과 관련이 있으며 이러한 변화를 빨리 알아차릴수록 학교 폭력 예방은 높아질 수 있다.

04. 갈등에 대처하기 위한 실무적 접근

갈등의 실무적 접근이란 갈등을 해결하고 관리하는 데 사용하는 기술과 방법을 말한다.

갈등에 대처하기 위한 실무적 접근의 개념은 첫째로, 갈등의 악순환을 최소화하기 위해서는 갈등을 분석한다. 갈등의 원인을 파악하고 이해하는 것을 말하며, 두 번째로 갈등을 예방 또는 감소시키는 활동을 해야 한다. 이해관계자를 참여시키는 것도 한 방법이다. 이해관계자가 참여한다면 함께 협력하는 데 효과적일 수 있기 때문이다.

세 번째로, 갈등의 확대를 방지하기 위하여 직접적 자신의 메시지를 통하여 갈등을 해결하도록 해야 한다.

네 번째로, 갈등으로 발생된 문제는 조정을 통하여 타협이 되는 갈등이 해결될 수 있도록 합리적인 방법을 찾아야 한다. 이때 조정전문가는 중립적이며 공정한 입장으로 조정을 해야 된다. 아주 중요하여 여러 번 강조한다.

다섯째로, 갈등 관리를 제도화하도록 하여야 또 다른 충돌이나 갈등의 재발이 일어나지 않는다.

무엇보다도 갈등의 실무적 접근은 갈등 동기의 복잡성과 상황에 따라서 다르기 때문에 알맞게 전략적으로 접근해야 한다.

실무적 접근의 갈등 실무가 왜 필요하며 바라보는 시각은 사전적 갈등 예방으로 보고 있으며, 공공 생활의 안전을 위하여 필요하며, 행정상으로 정책적으로 필요하다. 그렇기 때문에 갈등해결을 해야 하며 갈등 실무(관리)가 필요하고 본다.

따라서 갈등 실무에서 가장 중요하게 보고 있는 것은 각자 바라는 것과 타당한 기대이지만 이 부분에서 모욕이나 위협 분노 등은 사용하지 않도록 하며, 문제로부터 감정을 분리하여, 융통성 있게 갈등을 해결할 방법을 찾는 것이 아주 중요한 요소이며 쟁점이라고 본다.

학교에서의 갈등에 대한 실무적 접근이란 결과적으로 학생들의 안전과 학교 폭력을 예방하고 대응하는 것으로 갈등 상황에서의 학교 폭력의 명확한 대응과 심각성을 인식하도록 교육과 홍보를 하며 부적절한 의사소통을 배제하며 서로에 대한 존중과 나의 메시지(i-Message)를 올바르게 전달하는 방법을 배우고 표현하도록 해야 한다. 나의 메시지를 잘 전달하기 위해서는 감정을 표현하는 능력과 공감하는 능력이 높아져야 된다. 감정이 단순하게 슬프고, 기쁘고, 행복하고, 화가 나는 것에 그치는 것이 아니라 감정에는 여러 가지가 있고 감정이 전달하는 것은 폭넓다는 인식을 심어주고 반복적으로 감정을 말로 표현할 줄 알아야 또래와의 관계에서도 자연스럽게 나의 메시지(i-Message)를 전달할 수 있다. 이것은 갈등 상황을 만났을 때에 자연스럽게 나의 감정을 전달하여 갈등의 악순환이 아니라 갈등의 해결을 위한 도구이며 상대방을 이해시키는 소통의 역할을 하기 때문이다.

초등학교에서 고학년으로 올라갈수록 중학교에서 고등학교로 갈수록 또래들과의 건전한 소통이 되지 못하는 이유 중 하나가 감정표현을 잘 못하기 때문이라고 보며, 감정표현을 하는 공부가 되지 않는다. 또래들과의 사이에서 감정표현을 자연스럽게 잘할 수 있도록 하려면, 감정카드의 활용이나 다양한 감정에 대하여 연습을 하도록 따로 시간을 두는 것이 좋은 방법이라고 생각한다. 학교생활에서도 이러한 감정표현을 하는 시간을 주거나 활용하는 것을 권장한다.

유치원이나 초등학교 저학년용으로 집에서도 쉽게 감정카드를 다음과 같이 만들어서 활용해 보면 좋을 것 같아서 공유된 자료를 올려 본다.

(출처: @쮜니맘 제공)

 갈등 실무와 관련하여 서클프로그램에 대하여 권장하고 싶다. 서클프로그램에 대한 자세한 설명은 갈등관리 프로그램 부분에서 이야기하겠다.

05.   실무적 접근 시 주의해야 할 점

 실무적 접근으로 갈등에 대처하기 위한, 인지적 갈등관리 및 적극적 동화가 필요한데, 이는 개인, 조직이 갈등의 원인을 이해하며 갈등에 대한 태도나 의식을 변화시켜서 갈등을 적극적으로 바라보며 해결하는 데 도움이 된다.

적극적 동화는 갈등 상황에서 당사자가 상대의 요구나 의견을 말 그대로 적극적으로 받아들이고 인정하는 것을 말한다. 이는 서로의 신뢰와 협력을 증진시키며 갈등을 해결하는 데 도움이 된다고 할 수 있다.

유동적 갈등관리는 말 그대로 움직이는, 갈등 상황에 맞게 유연하게 대응하는 것을 말하며, 복잡성과 다양성을 고려하는 것으로 상황을 면밀하게 분석하고 다양한 기술로 상황에 맞는 방법을 선택하여 신속하게 해결하는 것으로

갈등 상황에서 문제를 해결하는 능력을 향상시키는 것으로 갈등관리라고 보고 있다. 갈등은 대립하려는 대처가 아니라 해결하기 위한 것으로 바라보고, 해결을 하기 위한 목적으로 갈등 상황에서 갈등을 인식하고 원인을 파악하며 본질, 즉 본 상황에 집중하여 감정적으로 민감한 부분은 직접적으로 건드리거나 비난하지 말고 존중하며 이해로 접근해야 한다.

해결하기 위한 대화가 필요하다. 갈등 상황을 잘 알고 있는 사람은 갈등의 당사자이다. 때문에, 갈등 상황을 인식하고 알려면 갈등의 당사자가 되도록 많은 이야기를 할 수 있도록 해야 되는 것이다. 조정에서도 대화가 필요하다. 조정전문가가 조정에 임할 때에, 존중을 기본으로 하여 배려가 필수적이라는 것은 몇 번이고 반복해도 무리가 아닌 이유가 갈등의 당사자가 존중을 받지 못하였거나 배려가 없다고 생각이 들면 안전하지 못하다고 느끼게 되어서 대화를 하지 않고 갈등 상황은 증가가 되며 또 다른 갈등이 생기게 되기 때문이다. 이러한 갈등의 악화와 원활

한 갈등 해결을 위해서 갈등의 실무적 접근 시 주의점은 오만하거나 불손, 불평등, 관료주의적 접근, 불평비난은 절대적으로 경계해야 한다.

갈등이라는 상황을 인식하여 갈등의 원인이 무엇이며 갈등이 고조되기 전에 대응하며, 감정이 과도하게 고조 또는 통제력을 잃지 않도록 하며, 상대의 말을 경청하며 자신의 의견을 전달할 때에 명확하고 오해가 생기지 않도록 적극적으로 소통하려는 것이 필수라고 생각해야 한다.

적극적인 소통을 하라는 것이 그렇다고 어느 한쪽으로 치우치는 자세나 의견을 가지라는 것은 아닌, 자제해야 하는 점이라고 각인시켜야 된다. 화해조정이 상담으로 치우치거나 훈계적인 것으로 되어서는 안 된다. 화해조정인 상담인지 훈계하는 자리인지 구분이 되어야 갈등의 당사자가 조정전문가를 신뢰하여 마음을 열고 조정에 임하기 때문에 주의해야 한다.

집단갈등의 주의점! 협력하면 갈등의 문제는
해소되지만 신뢰를 잃고 불화가 생기면 갈등으로
인하여 집단에 분열됨.

조직갈등의 주의점! 조직원들의 한 목표로 향하고
있을 때 방법이 다르면 생기는 갈등 과업갈등!

관계갈등의 주의점! 한 쪽에서 피해를 받거나
자조심이 상했다고 생각하면 공격으로 변한다. 이러한
감정적 반응이 되지 않도록 서로를 신뢰하도록!

가치갈등의 주의점! 서로 다른 원리나 규칙, 원칙
사이에서 발생하는 갈등으로 균형되고 투명도록 함

그렇기 때문에, 중립적인 입장에서 상대를 존중하고 배려하는 자세로 임해야 갈등 해결 을 위한 첫 번째 단계라 할 수 있다.

조직 갈등, 공공 갈등, 부부 갈등뿐만 아니라 학교 갈등에서도 마찬가지다. 학교 갈등에서도 즉각적인 반응보다는 객관적으로 바라보고 통제력을 잃지 않도록 하는 능력과 효과적인 의사소통을 할 수 있는 역량을 키울 수 있게 해야 된다. 물론, 갈등으로 인한 피해를 입기만 하라는 뜻이 아니라, 피해를 입었다고 하여 감정에 이끌려 대응하였다가는 갈등이 증폭되어 학교 폭력의 발생으로 인한 피해관련자는 또 다른 가해관련자가 될 수 있으며, 사안이 얽힐 수 있기 때문이며, 갈등은 또 다른 갈등을 유도할 수 있기 때문이다.

👍 갈등 상황이 학교 폭력 사안으로 간 사례

평소에 친하게 지내던 A와 B, 이 둘의 친구 사이의 관계에서 어느 날, 갑자기 친구 A가 자신(B)의 험담을 하고 다녔다는 것을 알게 되었을 때, 감정적으로 그 친구 A에게 폭력을 행사하였거나 친구의 약점이 될 만한 일을 인터넷에 올린 경우에는 학교 폭력 사안은 일방 또는 쌍방사안으로 변질된다.

위의 상황에서 화가 나서 친구 A의 물건을 숨겨 놓았을 경우에도 갈등은 증폭되어서 폭력적인 상황으로 된다. 실제로 단순한 오해를 풀지 못하고 갈등으로 증폭하여 폭력적인 상황이 된 것으로, 학교 폭력으로 신고가 되어 처분이 내려진 경우이다. 이럴 경우에는 폭력적인 접근이 되지 않도록 험담을 하고 다녔다고 생각하는 친구 A에게 자신의 마음을 솔직한 대화로 표현을 했더라면 결과는 친구 B의 마음도 알 수 있을 것이고 대화로 인하여 서로의 생각이나 몰랐던 마음인 감정을 느끼고 오해를 풀고 결과도 달라졌을 것이고 관계도 회복되어졌을 것이다.

　　실제로 학교 폭력사안의 경우에는 이렇게 오해나 사소한 감정으로 인한 마음의 상처로 학교 폭력이 발생하여 학교 폭력사안으로 접수-처리되는 안타까운 경우가 많다. 학교 폭력사안으로 학교 폭력대책심의위에서 처리가 된다고 하여도 피해관련학생이 원하는 진정한 사과를 받을수 있을까? 오히려 관계나 더 나빠지고 가해관련학생의 미안한 마음은 원망의 마음으로 '두고 보자' 식 또는 '나의 의도는 그런 것이 아니고 너와 조금 더 가깝게 지내고 싶었어', '오해를 풀 방법을 몰라서 그런 것인데'라는 소통의 단절, 자기 합리화 등으로 전혀 다른 결과를 나타낼 수있다. 특히, 초등학교 저학년의 경우를 보면서 학교 폭력대책심의위에서 처리할 사안이 아닌 서로의 대화를 통하여 해결이 충분히 되는 사안도 보았고, 아이들의 갈등보다는 부모의 갈등으로 학교 폭력사안이 접수된 것 같은 경우도 많이 보았다.

　　그래서 화해(갈등)조정을 통하여 갈등의 당사자들이 진술한 대화를 통하여서로의 갈등 원인인 욕구 등을 파악하고 원하는 것을 서로에게 이야기하며 조정을 통하여 진심어린 사과와 재발방지의 약속을 하는 것이 피해관련학생과 가해관련학생의 교육적인 선도와 관계회복의 목적에 부합한다고 보는 것이다.

위 사례의 반대 경우의 예를 들어보고자 한다.

👍 갈등 상황의 학교 폭력 사안을 화해조정으로 한 사례

　유치원 때부터 친하게 지냈던 사이의 두 친구인 A와 B는 초등학교 3
학년때까지도 친한 친구로 지냈지만 어느 날, A친구는 자신을 따돌리는
것 같이, 자신과 말도 하지 않고 A친구는 다른 친구들과 놀고 있다가 자
신이 오자 놀고 있던 친구들과 함께 A친구는 다른 곳으로 가버려서 속
상했고, 서운함에 째려보기도 하고 미웠다고 한다. 그래서 따돌림에 학
교 폭력사안으로 신고를 하려고 하였다.

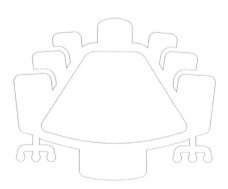

　하지만 오랜 친구 관계이었기 때문에 학교 폭력사안으로 접수는 하였

지만 화해를 신청하였고, 조정전문가를 통하여 조정상담실에서 화해조정을 하면서 서로의 마음속에 오해가 있었던 부분을 풀게 되었고 조정 시간이 지난 후에, 조정상담실에서 나갈 때에는 A와 B 두 친구가 서로의 손을 꼭 붙잡고 나가는 모습을 보면서 조정전문가의 마음도 훈훈해졌다고 한다. 물론, (화해)조정의 성립으로 학교 폭력사안은 취소하였다.

두 사례의 비교를 통하여 느끼게 된 점은, 바로 갈등의 상황에서 어떻게 다가가고 해결을 할 것인가가 관계의 회복이냐, 학교 폭력 사안으로 서로에게 좋지 않은 결과로 회복되어지지 않는지를 보여주고 있다고 볼수 있다.

PART 8

학교폭력대책심위원회와
전담조사관의 역할

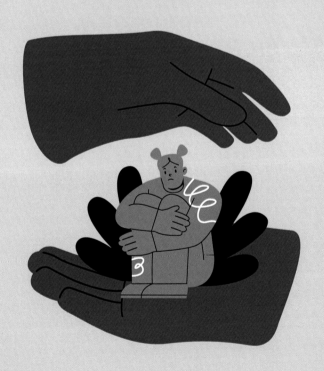

01.   학교폭력대책심의위원회

학교폭력대책심의위원회란 학교 폭력예방 및 대책에 관한 법률과 시행령에 의하여 규정되어 있는 심의위원회이다. 학교폭력대책심의위원회는 학교 폭력 문제를 공정하게 심의하고, 적절한 대책을 마련하기 위해 설립된 위원회로, 학교폭력대책심의위원회의 지위는 학교 폭력의 예방 및 대책에 관련된 사항을 심의하는 교육지원청 내의 심의위원회라 할 수 있다. 이 심의위원회에 관한 규정은 학교 폭력예방 및 대책에 관한 법률과 시행령에 의하면 다음과 같다.

제13조(심의위원회의 구성·운영) ① 심의위원회는 10명 이상 50명 이내의 위원으로 구성하되, 전체위원의 3분의 1 이상을 해당 교육지원청 관할 구역 내 학교(고등학교를 포함한다)에 소속된 학생의 학부모로 위촉하여야 한다.

② 심의위원회의 위원장은 다음 각 호의 어느 하나에 해당하는 경우에 회의를 소집하여야 한다.
1. 심의위원회 재적위원 4분의 1 이상이 요청하는 경우
2. 학교의 장이 요청하는 경우
3. 피해 학생 또는 그 보호자가 요청하는 경우
4. 학교 폭력이 발생한 사실을 신고 받거나 보고받은 경우
5. 가해 학생이 협박 또는 보복한 사실을 신고 받거나 보고받은 경우
6. 그 밖에 위원장이 필요하다고 인정하는 경우

학교 폭력 예방 및 대책에 관한 법률에 의한 심의위원회는 교사, 학부모, 외부 전문가 등 다양한 사람들이 위원이 되며, 위원회의 역할과 심의위원회의 권한은 해당 지역에서 발생한 학교 폭력에 대한 조사와 자료 제출 및 진술 요청권, 학교장에게 심의에 필요한 자료 또는 정보의 제출 요구권, 심의를 위하여 필요한 경우 해당 학교의 관련 교원에게 진술 요청 및 전문가 등의 참고인의 의견 진술 요청과 관할 경찰서장에게 관련 자료 요청할 수 있다.

심의 절차는 사건 접수, 조사, 심의 회의 개최, 처분 통보, 처분결정에 불복 시 이의 제기 등이며, 심의는 원칙적으로 대면으로 한다. 즉 피해 및 가해 학생 및 보호자가 심의위원회에 직접 출석하여 진술해야 한다. 하지만 피해 및 가해 학생 측의 요구가 있거나 도서지역의 경우 등 특별한 여건을 고려할 필요가 있는 경우에 전화, 화상, 서면 등의 심의 방식을 활용할 수 있다.

대면심의를 위하여 학생들이 심의위원회에 출석하는 경우에는 출석 인정된다. 또한 심의위원회는 심의 과정에서 소아청소년과 의사, 정신건강의학과 의사, 심리학자, 그 밖의 아동심리와 관련된 전문가를 출석하게 하거나 서면 등의 방법으로 의견을 청취할 수 있고, 피해 학생이 상담·치료 등을 받은 경우 해당 전문가 또는 전문의 등으로부터 의견을 청취할 수 있도록 하며, 심의위원회는 필요하다고 인정할 때에는 학교 폭력이 발생한 해당 학교 소속 교원이나 학교 폭력 예방 및 대책과 관련된 분야의 전문가 등을 출석하게 하거나 서면 등의 방법으로 의견을 들을 수 있다.

심의위원회는 피해 학생 또는 그 보호자의 의사를 확인하여 피해 학생 또는 그 보호자의 요청이 있는 경우에는 반드시 의견을 청취해야 한다.

심의 기간은 심의위원회로 학교의 요청이 있는 경우 21일 이내 개최 원칙이며 예외 7일 이내 연장이 가능하다.

그렇다면 학교폭력대책심의위원회의 개최를 신청하였거나 개최된다면 취소는 할 수 있을까?

정답은 가능하다. 심의위원회의 개최를 요청하였다 하더라도, 심의위원회가 개최 예정인 상황에서 피해 학생과 그 보호자가 개최 이전까지 취소 의사를 서면으로 분명하게 하면 개최요청을 취소한 것으로 본다.

학교폭력대책심의위원회는 어떤 규정에 의하여 어떤 일을 하는지를 살펴보았다면, 사건 접수, 조사, 심의 회의 개최, 처분 통보, 처분결정에 불복 시 이의 제기의 순서인 심의 절차 중에서 학교 폭력 사건의 접수부터 살펴보도록 하겠다.

학교 폭력 사안 접수는 학교 폭력이 발생하였을 때에 피해자, 관련자, 이를 발견한 교사 등이 학교에 알린다. 사안 접수는 직접보고, 전화보고, 서면보고, 온라인 등으로 할 수 있으며, 신고 접수 후에 피해 관련 학생의 즉각적인 분리조치 등의 보호 조치가 이루어진다.

피해 학생 긴급보호초지는 법률 제16조제1호에 의거 즉시 심의위원회에 보고해야 하며, 가해 학생 긴급 보호 조치는 법률 제17조제4항에 의거 즉시 심의위원회에 보고 및 추인 받아야 한다.

신고 된 학교 폭력 사안은 신속하고 공정하게 처리될 수 있도록 적절한 조치를 취하게 되는데, 수집된 자료와 조사의 결과로 학교폭력대책심의위원회에서 개최를 하게 된다.

학교폭력대책심의위원회 개최 요청

○○학교

수신   ○○교육지원청(○○○○과)
(경유)
제목   ○○교육지원청 학교폭력대책심의위원회 개최 요청

1. 관련
　가. 「00 학교폭력 사안처리 가이드북」(20XX.XX.XX.)
　나. ○○학교-○○(20XX.00.00.)호(※사안발생 보고 공문)
2. 위와 관련하여　○○ ○○교육지원청 학교폭력대책심의위원회 개최를 다음과 같이 요청합니다.

붙임　1. 전담기구 사안조사 보고서 1부.[서식 ⑥]
　　　2. 전담기구 심의결과 보고서 1부.[서식 ⑦]
　　　3. 관련학생 확인서 00부.[서식 ④]
　　　4. 보호자 의견서 00부.[서식 ⑤]
　　　5. 긴급조치 보고서(미조치시 생략 가능) 1부.[서식 ③]
　　　6. 관련학생 보호자 개인정보 1부.[서식 ⑳]
　　　7. 개인정보제공 동의서 00부.[서식 ⑫]
　　　8. 기타 심의(의결)에 필요한 서류 00부. 끝.

학교 폭력 사안 접수 후 절차에 따른 개최 요청 공문 예

즉, 학교 폭력 사안 접수 보고서는 학교폭력대책심의위원회의 첫 단계라고 할 수 있다.

학교폭력사안 접수 보고서

* 사안번호: (   )학교   2023-(   )호

학교명		교감	성명		담당자 (책임교사)	성명	
			휴대전화			휴대전화	
접수 일시	년 월 일 (오전/오후) 시 분						
신고자 (성명, 신분)	* 신고자가 익명을 희망할 경우 익명 처리				접수· 인지경로	* 피해자 직접신고 * 담임, 보호자 신고 * 주변 학생 신고	
가해자와 피해학생 분리 여부	분리 시행 여부				가해자와 분리학생 예외		
	시행		미시행		* 피해학생 반대의사 표명( ) * 교육활동 중이 아님( ) * 학교장이 긴급 선도조치를 시행하여 가해학생이 이미 분리됨( )		
	*분리기간 2일 (예시)						
신고·인지 내용	* 육하원칙에 의거 접수한 내용을 간략히 기재						
관련학생	성명	학교명	성별	학번	보호자 동보 여부	비고 (가해(관련)/ 피해(관련)/ 장애학생/ 다문화학생)	
기타 사항	(경찰신고, 고소, 소송 여부 등) * 아동 청소년 대상 성범죄 사안은 반드시 수사기관(112 또는 117) 신고(신고 일시 기재)						
타학교 관련 여부	관련학교명	* 신고 접수 시 타학교 관련성이 확인되지 않은 경우에는 공란으로 처리					
	동보여부	(동보 일시, 방법) (동보 받은 사람) (연락처)					

학교 폭력 사안 접수 보고서 양식

양식에 맞춰서 학교명, 접수 일시, 신고자 등을 적는다. 사건의 인지된 내용과 일시, 장소, 시간 등이 중요하며 학교 폭력사안 접수보고서의 기재 방식은 학교(담당) 측에서 하는 것으로 피·가해자 측에서는 자세히 알지 않아도 좋다.

학교 폭력 사안 접수 보고서 양식

*왼쪽은 보호자 보고서, 오른쪽은 학생 보고서이다.

2024년 3월부터 전담조사관 제도로 사안을 전담조사관이 조사하도록 되어 있다. 전담조사관 제도는 따로 떼어 설명을 하려고 한다.

신고 접수 일자	년 월 일		담당자 성명 & 연락처				
사안 유형	유형: 신체폭력/ 언어폭력/ 금품갈취/ 강요/ 따돌림/ 성폭력/ 사이버폭력/ 기타(중요도 순서로 기재)						
관련 학생	학교	학년 반/번호	성 명	성 별	(공동사안인 경우) 관련학교의 사안 번호	학생선수 여부 (V 표시, 가해(관련)학생에 한함)*	비고 (가해(관련)/ 피해(관련))
			/				

*국민체육진흥법 개정으로 「학생징계정보」 수집 이 시행('22.8.11.)됨에 따라 학교의 학생선수 담당 교사로부터 학생선수 확인 서류를 제출 받은 경우(부)
V 표시

사안 개요 (참석인내서 사안 개요)	※ 신고내용과 관련하여 전담가구에서 확인한 내용을 육하원칙에 의거 구체적으로 기재 (피해(관련)학생의 신고내용이 누락되지 않도록 주의)

사안 경위	※ 사안의 전후, 사안 접수, 전담가구 조사, 양측의 주장을 포함한 전체 사건 내용, 전담가구 심의 등을 사건의 흐름에 맞춰 구체적으로 기재

가해자와 피해학생의 분리 여부	분리 시행 여부		가해자와 피해학생 분리 예외
	시행	미시행	* 피해학생 반대의사 표명( )
			* 교육활동 중이 아님( )
	*분리기간: 2일 (0일시)		* 학교장이 긴급 선도조치를 시행하여 가해학생이 이미 분리됨( )

자체해결 요건 충족 여부	객관적 요건(4가지) 충족 여부(O/X)	피해학생 및 그 보호자 자체해결 동의 여부(O/X)

    학교폭력사안 보고서는 폭력 사건을 체계적으로 기록하는 과정으로 보고 문서이다. 여기에는 기본 정보로 사건 번호, 보고서 작성일, 사건 발생일 및 시간, 사건 발생 장소, 담당자 그리고 사건 개요인 사건 발생 경위, 피해 관련 학생/가해 관련 학생/목격자 등의 관련자 정보, 피해 내

용, 사건의 상황을 적는다.

조사 내용은 조사 일자, 방법, 교사, 상담사, 외부 전문가 등의 조사 참여자, 증거 자료 등을 기재하며, 분리조치, 학교장 자체해결 요건 충족 여부 등도 기재하게 된다.

보호자의 보고서는 조금 다른데, 주로 자녀의 상태나 자녀 관련 정보 및 보호자가 바라는 점 등을 기재하게 된다.

주의점이 있는데 사건 개요와 사건 경위는 5W1H(육하원칙)으로 작성하여 알아보기 쉽도록 하는 것이 좋다. 자녀의 상태 역시 신체적, 정신적으로 어떠한지 자세하게 적는 것이 좋겠다.

학교 폭력 사건이 접수되었다고 하여서 무조건 학교폭력대책심의위원회에서 다뤄지지는 않고(학교폭력대책심의위원회 심의 개최 요청을 요구하는 경우를 제외), 학교장 자체로 해결이 가능한 경우가 있다.

학교 폭력이 발생하여 사안이 접수되면 학교장이 자체적으로 해결하는 경우가 있을 수 있는데 다만 피해관련자의 동의가 있어야 된다.

경미한 피해(진단서 없음), 가해 학생 반성, 재발 가능성 낮음, 사건의 처음 발생에 한한다. 자세하게 정리를 하자면, 2주 이상의 신체적·정신적 치료를 요하는 진단서를 발급받지 않은 경우, 재산상 피해가 없는 경우 또는 재산상 피해가 즉각 복구되거나 복구 약속이 있는 경우, 학교 폭력이 지속적이지 않은 경우, 학교 폭력에 대한 신고, 진술, 자료제공 등에 대한 보복 행위(정보통신망을 이용한 행위를 포함)가 아닌 경우로, 학교 폭력 예방 및 대책에 관한 법률 제13조의2 제1항에 의하여 학교 폭력이 발생한 사실 및 가해 학생이 협박 또는 보복한 사실을 신고 받거나 보고받은 경우에도 불구하고 다음 모두에 해당하는 경미한 학교 폭력에 대해 피해 학생 및 그 보호자가 학교폭력대책심의위원회(이하 '심의위원회'라 함)의 개최를 원하지 않는 경우 학교의 장은 학교 폭력 사건을 자체적으로 해결할 수 있다.

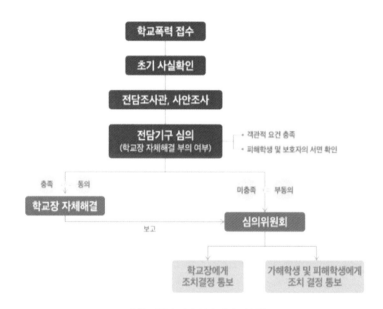

2024년 학교 폭력 사안 처리 가이드북 참조

하지만 학교장의 자체 해결을 하더라도 절차를 생략하여서는 안 된다.

학교장 자체해결은 피·가해 측 학생은 학교장 자체 해결 동의서를 작성하고 학교장 자체 해결이 되고 결과 보고서를 작성하게 되면 종결된다.

[학교장 자체 해결 동의서와 결과 보고서]

학교장 자체해결 결과 보고서				
피해 학생	소속학교	학년/반	학생성명	보호자성명
		/		
가해 학생	소속학교	학년/반	학생성명	보호자성명
		/		
사안 조사 내용	사안 내용을 사안조사 보고서를 참고하여 구체적으로 기록 (발생 일시, 사안 내용 등)			
학교장 자체해결 결과	학교 폭력 전담기구 심의결과 및 피해 학생과 가해 학생 사이에 합의된 결과를 기록 (예 : 양자 간에 화해, 가해 학생의 사과와 피해 학생의 용서, 관계회복 프로그램 적용 등의 내용)			

학교장 자체해결 결과를 보고함

2000.00.00

○○학교장

학교장 자체 해결 후의 결과 보고서 예

* 접수번호: ○○학교 22-○호

피해(추정)학생	소속학교	학년반	학생성명	보호자성명
가해(추정)학생	소속학교	학년반	학생성명	보호자성명
사안 유형	간단히 기입			

학교장 자체해결 가능 요건	충족	미충족
1. 2주 이상의 신체적·정신적 치료를 요하는 진단서를 발급받지 않은(제출하지 않은) 경우		
2. 재산상 피해가 없거나 즉각 복구된 경우(추후 재산상 피해를 복구해 줄 것을 확인한 경우)		
3. 학교폭력이 지속적이지 않은 경우		
4. 학교폭력에 대한 신고, 진술, 자료제공 등에 대한 보복행위가 아닌 경우		

본 사안 조사 내용을 확인하였으며, 이 사안에 대해서 학교폭력대책심의위원회를 개최하지 않고 학교장이 자체해결하는 것에 대해 동의합니다.

20 년 월 일

피해학생: (서명 또는 인)

피해학생 보호자: (서명 또는 인)

○○학교장 귀하

학교장 자체 해결 동의서

학교의 장의 자체해결 동의서

관련학생	소속학교	학년반	학생성명	보호자성명

사안 조사 내용	사안 내용을 사안조사서를 참고하여 구체적으로 기록 (발생 일시, 사안 내용 등)

상기의 사안 조사 내용을 확인하였으며, 본 사안에 대해서 학교의 장이 자체 해결하는 데 대해 동의합니다.

20 년 월 일

관련학생:　　　(인)

관련학생 보호자:　　　(인)

00학교장 귀중

하지만 학교장 자체해결이 되지 않고 학교폭력대책심의위원회에서 심의가 개최되면 참석 안내서가 전달되고 참석 안내문을 확인한 후 정해진 날짜에 참석해야 한다.

학교폭력대책심의위원회 참석 안내

본 위원회는 「학교 폭력예방 및 대책에 관한 법률」 제13조에 의거하여 제 XX 회 학교폭력대책심의위원회 회의를 아래와 같이 개최하고자 하오니 참석하여 주시기 바랍니다.

1. 일시 : 20XX년 X월 X일 (X)

2. 장소

3. 안건 :

4. 사안개요 (사안번호, 사안 발생 일시, 장소, 내용 등)
   ※ 학교 폭력 사안 심의가 있을 경우에만 사안개요 기재
   ※ 심의대상 사안이 수 개일 경우 모두 기재

피해 학생은 위 사안과 관련하여 학교폭력예방법 제13조제4항에 따라 심의위원회에 전문가의 의견 청취를 요청할 수 있습니다.
※ 전문가 의견 청취를 요청하실 경우 심의위원회 개최일 OO일전까지 교육지원청에 아동심리 전문가 의견 청취 요청 의사 확인서(붙임)를 제출하여 주시기 바랍니다.

20XX년 X월 X일

학교폭력대책심의위원회 위원장(직인 생략)

※ 참고사항
1. 문의사항이 있으면 XX교육지원청 학교폭력대책심의위원회 담당 부서(전화
:XXX-XXXX)로 연락하시기 바랍니다.
2. 출석하실 때는 이 통지서, 신분증 및 기타 참고자료를 지참하시기 바랍니다.
3. 관련학생 보호자께서는 회의 당일 출석이 어려운 경우 첨부한 서면진술의견서
를(별지 양식) 작성 하여 XX교육지원청으로 심의위원회의 전까지 회신하여
주시기 바랍니다.

[학교폭력대책심의위원회 참석 안내서]

※ 학교폭력대책심의위원회 참석 안내서를 받으면 방어권을 행사해야 하도록
준비해야 한다.

학교 폭력 사안 발생 시, 피·가해 측 관련자와 심의위원에게 심의위원
회의 일정을 알리는 안내문에는 다음과 같은 내용이 기재되어 있다.

학교폭력대책심의위원회 참석 안내문

제목: 학교폭력대책심의위원회 참석 안내

수신: [수신자 이름/관계자]

작성일: 2024년 6월 9일

발신인: [학교 이름] 학교폭력대책심의위원회

[발신인 이름, 직위]

안녕하십니까?

본교에서는 학교 폭력 사안이 발생하여, 이에 대한 공정하고 신속한 처리를 위해 본 위원회는 [학교 폭력예방 및 대책에 관한 법률] 제13조에 의거하여 제○○○회 학교폭력대책심의위원회 회의를 아래와 같이 개최하고자 하오니 참석하여 주시기 바랍니다.

1. 회의 일시: 20XX년 ○월 ○○일 (○) 오후 ○시

2. 회의 장소: [학교 이름] 본관 ○층 회의실

3. 심의 대상 안건: 20XX년 ○월 ○일 발생한 ○○○○○○○ 사안

4. 사안 개요:

   사건 경위 및 조사 결과 보고

   피해 학생 및 가해 학생 진술 청취

   사건 심의 및 조치 결정

   심의위원회는 비공개로 진행되며, 참석자는 회의 내용에 대한 비밀을 유지해 주시기 바랍니다.

   문의 사항이 있으면 ○○교육지원청 학교폭력대책심의위원회(연락처: 000-0000-0000)로 연락해 주시기 바랍니다.

위와 같은 내용이 적혀 있으니 참조하기를 바란다.

학교폭력대책심의위원회 개최 알림 공문

○○○○ ○○교육지원청

수신   보호자 성명(주소)
(경유)
제목   ○○교육지원청 (제20-○○차) 학교폭력대책심의위원회 개최 알림

1. 관련
   가. 「 ○○ 학교폭력 사안처리 가이드북」(20XX.X.XX.)
   나. ○○학교-○○(2024.00.00.)호(※ 개최요청 공문, 다수학교, 공동일 경우 모두 기재)
   다. ○○교육지원청-○○(2024.00.00.)호(※ 심의위 개최 내부결재 공문)
2. 위와 관련하여 ○○교육지원청 제24-00차 학교폭력대책심의위원회가 아래와 같이 개최되
   오니 참석하여 소명하시기 바랍니다.
   가. 일시: 2024년 월 일 시
   나. 장소: ○○교육지원청 학교폭력대책심의위원회실
   다. 안건: ○○학교-○○(20XX.XX.XX.)호 사안
3. 유의사항
   가. 관련학생 보호자께서 회의 당일 출석이 어려운 경우 첨부한 서면진술(의견)서를 작성
      하여 회의 전까지 제출
   나. 지정된 일시에 출석하지 않고, 서면진술서도 제출하지 않는 경우에는 진술할 의사가
      없는 것으로 인정·처리함
   다. 학생(보호자) 불출석(미진술)으로 인한 불이익은 본인 감수

붙임 1. 학교폭력대책심의위원회 참석 요청서 1부.[서식 ⑯]
      2. 서면 진술(의견)서 1부.[서식 ⑰] 끝.

학교폭력대책심의위원회 참석한 피·가해 측과 참석한 심의위원에게는
비밀누설 금지 의무가 있다.

※ 학교 폭력예방 및 대책에 관한 법률에는 비밀누설금지 의무와 비
밀의 범위가 있다. [제21조, 제33조]

학교 폭력에 관련된 업무를 수행하였거나 수행하였던 사람은 직무로 알게 된 비밀 또는 가해 학생·피해 학생 및 (학교 폭력신의무자)신고자·고발자와 관련된 자료를 누설하여서는 아니 된다.

이에는 교장, 교감, 담임선생님, 학교 폭력 전담기구의 위원, 학교폭력대책심의위원회 등이 포함된다.

※ 시행령 제33조(비밀의 범위) 학교 폭력예방 및 대책에 관한 법 제21조제1항에 따른 비밀의 범위는 다음 각 호와 같다.

1. 학교 폭력 피해 학생과 가해 학생 개인 및 가족의 성명, 주민등록번호 및 주소 등 개인 정보에 관한 사항
2. 학교 폭력 피해 학생과 가해 학생에 대한 심의·의결과 관련된 개인별 발언 내용
3. 그 밖에 외부로 누설될 경우 분쟁 당사자 간에 논란을 일으킬 우려가 있음이 명백한 사항

※ 비밀금지 위반 시: 제22조(벌칙) 제21조제1항을 위반한 자는 1년 이하의 징역 또는 1천만원 이하의 벌금에 처한다.

이와 관련된 판례를 살펴보도록 하겠다.

👍 비밀 누설 금지 및 영상 배포 금지

CCTV 영상에 포함되어 있는 타인의 얼굴, 차량번호 등은 정보공개법 제9조 제1항 제6호에 따른 비공개 대상 정보에 해당된다. 청구인 본인만이 촬영된 경우 본인에게 공개 가능하겠으나, 청구자 외 다른 사람은 식별이 불가능하도록 마스킹 처리를 하는 등 하여야 한다.

또한 다른 학생들의 사생활의 비밀 또는 자유를 침해할 우려가 크지 않고 청구인의 권리구제를 위해 필요시 마스킹 없이도 공개가 가능하다. (정보공개법 제9조 제1항 제6호) 단, 정보공개 수수료는 청구인이 부담한다.

👍 비밀 누설 금지에 관한 판례

학교장이 가해 학생의 학부모 등이 모인 자리에서 피해 학생과 관련하여 피해 학생의 아버지가 우울증과 분노조절장애가 있고, 피해 학생이 초등학교 때 자살을 시도한 적이 있고, 어릴 때 어머니가 일찍 돌아가시고 외할머니 집에서 자랐다 발언하였고, 학교 폭력근절특별위원회 부의장과 통화하면서 피해 학생에 관한 정서행동검사 및 과거 분노조절장애 진단사항과 병원 지료 사항을 전달하였다. 또한 언론사 기자에게 사건 사안 발생 후 일지와 피해 학생의 생활기록부 등을 전달해 준 행위에 관하여 위반하다고 판결하였다. (울산지방법원 2018.4.19. 선고 2018고단398)

👍 비밀의 범위에 관한 판례

피해 학생·가해 학생 또는 그 보호자가 회의록의 열람·복사 등 회의록 공개를 신청한 때에는 학생과 그 가족의 성명, 주민등록번호 및 주소, 위원의 성명 등 개인정보에 관한 사항을 제외하고 공개하도록 하고 있는데, 이는 개인의 알권리 보장과 심의위원회 운영의 투명성 확보를 위해 심의위원회 회의 비공개 원칙에 대한 예외를 규정한 것인바, 법령에서 특정한 목적을 위해 일정한 원칙에 관한 규정을 둔 후 이러한 원칙에 대한 예외규정을 둔 경우, 이러한 예외규정을 해석할 때에는 합리적인 이유 없이 문언의 의미를 확대하여 해석해서는 안 된다.(대법원 2020.10.15. 선고 2020다222382)

(제33조)비밀의 범위에는 학교 폭력 피해 학생과 가해 학생 개인 및 가족의 성명, 주민등록번호 및 주소 등 개인정보에 관한 사항과 학교 폭력 피해 학생과 가해 학생에 대한 심의·의결과 관련된 개인별 발언 내용 그리고 그 밖에 외부로 누설될 경우 분쟁당사자 간에 논란을 일으킬 우려가 있음이 명백한 사항으로 규정하고 있다.

※ 제21조(비밀누설금지 등) ① 이 법에 따라 학교 폭력의 예방 및 대책과 관련된 업무를 수행하거나 수행하였던 사람은 그 직무로 인하여 알게 된 비밀 또는 가해 학생·피해 학생 및 제20조에 따른 신고자·고발자와 관련된 자료를 누설하여서는 아니 된다. ② 제1항에 따른 비밀의 구체적인 범위는 대통령령으로 정한다.③ 제16조, 제16조의2, 제17조, 제17조의2, 제18조에 따른 심의위원회의 회의는 공개하지 아니한다. 다만, 피

해 학생·가해 학생 또는 그 보호자가 회의록의 열람·복사 등 회의록 공개를 신청한 때에는 학생과 그 가족의 성명, 주민등록번호 및 주소, 위원의 성명 등 개인정보에 관한 사항을 제외하고 공개하여야 한다.

참석 안내문을 받은 피·가해 측에서 학교폭력대책심의위원회에 참석하게 되면, 심의위원 중에서 자신과 좋지 않은 감정으로 인하여 조치 결정에 지장을 줄 수 있다고 판단되면 기피를 신청할 수 있다.

학교 폭력 예방 및 대책에 관한 법률 시행령에 의하면 다음과 같다.

제26조(심의위원회 위원의 제척·기피 및 회피) ① 심의위원회의 위원은 법 제16조, 제17조 및 제18조에 따라 피해 학생과 가해 학생에 대한 조치를 요청하는 경우와 분쟁을 조정하는 경우 다음 각 호의 어느 하나에 해당하면 해당 사건에서 제척된다.

1. 위원이나 그 배우자 또는 그 배우자였던 사람이 해당 사건의 피해 학생 또는 가해 학생의 보호자인 경우 또는 보호자였던 경우
2. 위원이 해당 사건의 피해 학생 또는 가해 학생과 친족이거나 친족이었던 경우
3. 그 밖에 위원이 해당 사건의 피해 학생 또는 가해 학생과 친분이 있거나 관련이 있다고 인정하는 경우

② 학교 폭력과 관련하여 심의위원회를 개최하는 경우 또는 분쟁이 발생한 경우 심의위원회의 위원에게 공정한 심의를 기대하기 어려운 사정이 있다고 인정할 만한 상당한 사유가 있을 때에는 분쟁당사자

는 심의위원회에 그 사실을 서면으로 소명하고 기피신청을 할 수 있다.

③ 심의위원회는 제2항에 따른 기피신청을 받으면 의결로써 해당 위원의 기피 여부를 결정해야 한다. 이 경우 기피신청 대상이 된 위원은 그 의결에 참여하지 못한다.

④ 심의위원회의 위원이 제1항 또는 제2항의 사유에 해당하는 경우에는 스스로 해당 사건을 회피할 수 있다.

결론적으로, 학교폭력대책심의위원회 심의위원 기피신청은 학교 폭력 예방에 관한 법률 시행령 26조②항에 따라 학교 폭력과 관련하여 심의위원회를 개최하는 경우 또는 분쟁이 발생한 경우 심의위원회의 위원에게 공정한 심의를 기대하기 어려운 사정이 있다고 인정할 만한 상당한 사유가 있을 때 분쟁 당사자는 심의위원회에 그 사실을 서면으로 소명하고 기피 신청을 할 수 있으며, 기피신청이 된 심의위원은 심의에 참여하지 못하게 되는데, 심의위원회에서는 학교 폭력 예방에 관한 법률 시행령 26조③항에 따라 의결로써 해당 위원의 기피 여부를 결정할 수 있다.

🐭②항에서 학생의 보호자와 단순하게 안면이 있다고 하여 기피신청이 되지 않는다. 하지만 A학생·보호자와 불편한 관계 또는 불리한 상황으로 이끌어 갈 것 같은, 즉 공정한 학교 폭력심의가 되지 못할 것 같은 때에는 A학생과 보호자는 기피신청을 할 수 있다. 기피신청을 하면 기피신청 대상자인 심의위원을 제외한 소의 심의위원들은 인과관계를 따져 기피신청을 최종 결정한다.

👍 규정에서 학교폭력자치위원회로 하여금 가해 학생 및 그 보호자에게 위원 구성을 사전에 고지하도록 정하고 있지는 않은 점, … 학폭자치위원회에 출석하여서는 위원이 누구인지 파악할 수 있었던 것으로 보이는 점, 원고와 원고의 부친이 참석 당일 위원들을 상대로 기피신청을 하지 않았고, … 실제로 위와 같은 제척 사유 또는 기피 사유가 있는 자가 심의·의결에 참여한 것으로 보이지 않는 점 등에 비추어보면, 이 사건 학교의 학폭자치위원회에서 원고에게 제척·기피 신청을 할 기회를 부여하지 아니한 절차적인 위법이 있다고 할 수 없다.(서울북부지방법원 2019가합27677 판결)

학교폭력대책심위원회에서 출석기일에 출석 또는 출석하지 못한 경우에 서면으로도 제출할 수 있는데, 그 후에 피해관련 보호 조치와 가해관련 조치 결정이 내려지게 된다.

1-1. 학교의 장의 피해 관련 보호 조치와 학교폭력대책심의위원회 피해 관련 보호 조치

학교폭력대책심의위원회의 피해 관련 보호 조치, 즉 피해 학생의 보호를 위하여 필요하다고 인정할 시에는 교육장에게 요청할 수 있는 제도로, 법령에 의하여 피해 학생의 보호 조치는 제1호, 제2호, 제3호, 제4

호, 제6호로 구분한다.

　보호 조치 제1호는 심리상담 및 조언으로 학교 폭력으로 받은 심리적 (정신적) 상처를 회복할 수 있도록 하여 상처를 완화시켜 회복할 수 있도록 학교 내의 전문상담교사, 학교 폭력과 관련된 기관의 전문가에게 심리상담 및 조언을 받는 것을 말하며, 보호 조치 제2호는 일시보호로 상담실, 피해 학생보호센터, 기타 폭력을 피하여 일시적으로 보호를 받을 수 있으며, 보호 조치 제3호는 치료 및 치료를 위한 요양으로 학교 폭력으로 인하여 생긴 신체적, 정신적 피해를 치료하기 위하여 의료기관 등에서 치료를 받거나 요양할 수 있는 것을 말한다.

　보호 조치 제4호는 학급교체로 가해 관련 학생이 학급교체 처분과 뜻은 같지만 보호 조치로 인한 피해 관련 학생의 학급교체 처분은 이행을 하여도 되고 이행을 하지 않아도 되는 선택권은 피해 학생과 그 보호자에게 있고, 가해 관련 학생이 가해 관련 조치로 받게 된 학급 교체는 가해 관련 학생이나 보호자에게 선택권이 없다는 점에서 다르다.

　보호 조치 제5호(전학권고)는 2012.03.21.에 삭제되었고 보호 조치 제6호로 그 밖에 피해 학생의 보호를 위하여 필요한 조치가 있다.

　또한 학교의 장은 학교 폭력 사안을 인지할 시에는 지체 없이 가해자와 피해 학생을 분리해야 한다. 피해 학생이 긴급 보호를 요청하는 경우에는 제1호, 제2호, 제3호, 제6호의 조치를 할 수 있다.

보호 조치를 긴급하게 내릴 경우에는 학교폭력대책심의위원회에 즉시 보고해야 한다. 단, 피해 학생의 반대의사, 가해자 또는 피해 학생이 학교안전사고 예방 및 보상에 관한 법률에 따른 제2조 제4조에 따른 교육활동(각 목의 어느 하나에 해당하는 활동을 말함)①학교의 교육과정 또는 학교의 장이 정하는 교육계획 및 교육방침에 따라 학교의 안팎에서 학교의 장의 관리·감독 하에 행하여지는 수업·특별활동·재량활동·과외활동·수련활동·수학여행 등 현장체험활동 또는 체육대회 등의 활동, ②등·하교 및 학교장이 인정하는 각종 행사 또는 대회 등에 참가하여 행하는 활동, ③ 그 밖에 대통령령으로 정하는 시간 중의 활동으로서 가목 및 나목과 관련된 활동 중이 아닌 경우, 학교 폭력예방 및 대책에 관한 법 제17조제5항(학교의 장은 피해 학생의 보호와 가해 학생의 선도·교육이 긴급하다고 인정할 경우 우선 제1항 제1호, 제3호, 제5호부터 제7호까지의 조치를 각각 또는 동시에 부과할 수 있다. 이 경우 심의위원회에 즉시 보고하여 추인을 받아야 됨), 제6항에 따른 조치로 이미 가해자와 피해 학생이 분리된 경우에는 제외한다. 이는 피해 학생을 위하여 한층 보호하고 있다고 보여진다.

2023.10.24일 최신 개정된 [학교 폭력 예방 및 대책에 관한 법률] 제16조에 의하여 조문을 살펴보면, 제16조(피해 학생의 보호) ① 심의위원회는 피해 학생의 보호를 위하여 필요하다고 인정하는 때에는 피해 학생에 대하여 다음 각 호의 어느 하나에 해당하는 조치(수 개의 조치를 동시에 부과하는 경우를 포함한다)를 할 것을 교육장(교육장이 없는 경우 제12조제1항에 따라 조례로 정한 기관의 장으로 한다. 이하 같다)에게 요청할 수 있다.

다만, 학교의 장은 학교 폭력사건을 인지한 경우 피해 학생의 반대의사 등 대통령령으로 정하는 특별한 사정이 없으면 지체 없이 가해자(교사를 포함한다)와 피해 학생을 분리하여야 하며, 피해 학생이 긴급보호를 요청하는 경우에는 제1호부터 제3호까지 및 제6호의 조치를 할 수 있다.

이 경우 학교의 장은 심의위원회에 즉시 보고하여야 한다.

1. 학내외 전문가에 의한 심리상담 및 조언
2. 일시 보호
3. 치료 및 치료를 위한 요양
4. 학급 교체
5. 삭제 〈2012. 3. 21.〉
6. 그 밖에 피해 학생의 보호를 위하여 필요한 조치

② 심의위원회는 제1항에 따른 조치를 요청하기 전에 피해 학생 및 그
보호자에게 의견진술의 기회를 부여하는 등 적정한 절차를 거쳐야
한다.

③ 제1항에 따른 요청이 있는 때에는 교육장은 피해 학생의 보호자 동
의를 받아 7일 이내에 해당 조치를 하여야 한다.

장애 학생에 대한 보호 조치로, 학교 폭력으로 피해를 입은 장애학생
을 보호하기 위하여 장애인 전문 상담가의 상담 또는 장애인전문 치료
기관의 요양 조치를 학교의 장에게 요청할 수 있으며 학교의 장은 해당
조치를 해야 한다. 또한 피해 학생이 장애학생일 경우에는 가해 학생에
게는 가중조치를 취할 수 있다.

👍 장애 학생 학교 폭력 관한 판례

답정학교의 학생A는 학생B와 학생C에게 수행평가 모둠에 자신을 끼어주면 과제를 혼자 해결하고, 제시간에 못하면 학생B와 학생C가 시키는 일을 하겠다고 했고, 학생A가 제시간에 숙제를 하지 못함에 학생B와 학생C는 벌칙으로 "여학생에게 장난 고백을 하라"고 요구하였다. 학생A는 장난 고백 대상을 다운증후군 장애가 있는 학생D 골라서 이들은 다른 학생E 등의 친구와 함께 학생D가 있는 교실로 가서 학생E가 "야, 얘가 너 좋아한대." 말을 하여 학생 20~30명이 몰려 구경을 하였다. 이때, 어떤 학생이 학생D를 안게 하려고 학생A를 계속 밀었고, 구경을 하던 학생이 친구들을 웃기려고 학생D의 뒷머리를 때렸으며 학생C는 학생D가 피하지 못하도록 교실 뒷문을 잡았다. 3분여 지속된 상황에서 도우미 학생이 학생D를 무리 밖으로 끌고 나온 뒤에야 끝났다.

학교 폭력으로 신고된 가해 학생들은 처분으로 제1호 서면사과, 제2호 접촉·협박 금지, 제4호 사회봉사와 특별교육 처분을 받자 학생들과 같은 수준으로 징계하는 것은 부당하다고 XX행정법원에 소송을 냈지만, 학교 폭력과 성희롱 원인을 제공한 학생B의 행위가 결코 가볍지 않다며 원고 패소 판결하였다.

[학교 폭력예방 및 대책에 관한 법률] 제16조의2(장애학생의 보호)
① 누구든지 장애 등을 이유로 장애학생에게 학교 폭력을 행사하여서는 아니 된다.

② 심의위원회는 피해 학생 또는 가해 학생이 장애학생인 경우 심의과 정에 「장애인 등에 대한 특수교육법」 제2조 제4호에 따른 특수교육 교원 등 특수교육 전문가 또는 장애인 전문가를 출석하게 하거나 서면 등의 방법으로 의견을 청취할 수 있다.

③ 심의위원회는 학교 폭력으로 피해를 입은 장애학생의 보호를 위하 여 장애인전문 상담가의 상담 또는 장애인전문 치료기관의 요양 조 치를 학교의 장에게 요청할 수 있다.

④ 제3항에 따른 요청이 있는 때에는 학교의 장은 해당 조치를 하여야 한다. 이 경우 제16조 제6항을 준용한다.

2023.10.24일 최신 개정된 [학교 폭력예방 및 대책에 관한 법률]에서 피해 학생(피해자) 지원에 관하여 주목할 점 두 가지에 대하여 짚고 넘어 가겠다.

첫 번째로는, 피해 학생을 지원하기 위하여 교육감 또는 교육장은 피 해 학생이 필요로 하는 법률, 상담, 보호 등을 위한 서비스 및 지원기관 을 연계하여 조력인을 지정할 수 있으며, 피해 학생 지원 조력인의 운영 을 위한 행정적, 재정적 지원을 해야 한다.

피해 학생 지원 조력인에 관한 사항은 [학교 폭력예방 및 대책에 관한 법률]제18조의2(피해 학생 지원 조력인의 지정·운영)①교육감 또는 교육장은 법 제16조의3에 따라 다음 각 호의 요건을 모두 갖춘 사람으로서 청소년 보호 및 정서 지원에 대한 지식과 경험이 풍부한 사람을 피해 학생이 필요로 하는 법률, 상담, 보호 등을 위한 서비스 및 지원기관을 연계하는 조력인(이하 '피해 학생 지원 조력인'이라 한다)으로 지정할 수 있다.

1. 다음 각 목의 어느 하나에 해당하는 사람일 것
가. 「사회복지사업법」 제11조에 따른 사회복지사
나. 교원으로 재직하고 있거나 재직했던 사람
다. 경찰공무원으로 재직하고 있거나 재직했던 사람
라. 그 밖에 청소년 보호 및 정서 지원 등에 대한 지식과 경험이 풍부하다고 교육감 또는 교육장이 인정하는 사람

두 번째로는, 사이버폭력의 피해자에 관한 지원으로 촬영물 등의 삭제 지원을 말한다. 촬영물 등 삭제 지원에 소요되는 비용은 사이버폭력의 가해 학생 또는 그 보호자가 부담하도록 되어 있다. 따라서 영상물 등의 유출에 대한 피해가 큰 만큼 가해자가 부담을 져야 되는 책임도 크다고 생각하여 사이버폭력의 심각성을 일깨워야 하겠다.

학교폭력대책심의위원회에서 가해 학생의 선도·교육을 위하여 가해 학생에 대한 조치가 결정되는데 그 조치는 **제1호에서 제9호까지** 있으며 내용은 다음과 같다.

제1호는 피해 학생에 대한 서면사과로 가해 학생이 피해 학생에게 사과편지 등을 써서 화해할 수 있도록 하고 있다.

제2호는 피해 학생 및 신고·고발 학생에 대한 접촉, 협박 및 보복행위의 금지로 가해 학생이 피해 학생 및 신고·고발 학생에게 접근하는 것을 막아 폭력이나 협박, 보복행위를 더 이상 할 수 없도록 하여 피해 학생의 심리적인 불안이나 제2차의 피해를 막고자 함이다.

제3호는 교내봉사로 단어 그대로, 학교인 교내 청소, 독서실의 도서 정리, 교사 업무보조 등 교내에서 일정시간 동안 봉사하도록 하고 있다.

제4호는 사회봉사로 지역의 교통안내나 청소, 요양기관 봉사, 지역 봉사, 교외에서 봉사를 일정시간 동안 하도록 하고 있다.

제5호는 학내외 전문가에 의한 특별 교육이수 또는 심리치료로, 교내의 전문상담교사나 교외의 학교 폭력 관련 전문가에게 특별 교육을 정하여진 시간 동안 이수하게 하거나 심리치료를 받도록 하고 있다. 단독으로 제3호나 제4호의 봉사 처분으로는 효율적이지 못하거나 다른 이유로 인하여 제5호가 나오는 경우도 있다.

제6호는 출석정지로 학교에 출석을 정지시키는 것으로, 피해 학생과 가해 학생의 사이에서 피해 학생을 보호하고 가해 학생이 반성할 수 있도록 가해 학생이 학교에 출석하지 못하게 하고 있다.

제7호는 학급교체는 출석정지보다는 한 단계 높은 조치로, 일시적인 것이 아니라 가해 학생을 피해 학생으로부터 격리시키는 것으로 피해 학생이 불안감을 느끼지 않도록 가해 학생을 동일 학교이기는 하지만 다른 학급으로 옮기도록 하는 것이다.

제8호는 전학으로, 표현 그대로 가해 학생을 피해 학생으로부터 완전한 폭력행위가 단절될 수 있도록 다른 학교에 강제로 전학을 가도록 하는 것이다.

제9호는 퇴학으로, 학교생활을 더 이상 하지 못하게 하는 학생의 신분을 상실시키는 것이다. 중학생 졸업까지는 의무교육이므로 초등학교나 중학교 가해 학생을 대상으로는 나오지 않는 처분이라고 보면 된다.

법률의 규정을 살펴보면, [학교 폭력예방 및 대책에 관한 법률]의 제17조에 있는데, 내용은 제17조(가해 학생에 대한 조치) ① 심의위원회는 피해 학생의 보호와 가해 학생의 선도·교육을 위하여 가해 학생에 대하여 다음 각 호의 어느 하나에 해당하는 조치(수 개의 조치를 동시에 부과하는 경우를 포함한다)를 할 것을 교육장에게 요청하여야 하며, 각 조치별 적용 기준은 대통령령으로 정한다. 다만, 퇴학 처분은 의무교육 과정에 있는 가해 학생에 대하여는 적용하지 아니한다.

1. 피해 학생에 대한 서면사과
2. 피해 학생 및 신고·고발 학생에 대한 접촉, 협박 및 보복행위(정보통신망을 이용한 행위를 포함한다)의 금지
3. 학교에서의 봉사
4. 사회봉사
5. 학내외 전문가, 교육감이 정한 기관에 의한 특별 교육 이수 또는 심리 치료

6. 출석정지

7. 학급교체

8. 전학

9. 퇴학 처분

② 제1항에 따라 심의위원회가 교육장에게 가해 학생에 대한 조치를 요청할 때 그 이유가 피해 학생이나 신고·고발 학생에 대한 협박 또는 보복행위(정보통신망을 이용한 행위를 포함한다)일 경우에는 같은 항 제6호부터 제9호까지의 조치를 동시에 부과하거나 조치 내용을 가중할 수 있다.

③ 제1항 제2호부터 제4호까지 및 제6호부터 제8호까지의 처분을 받은 가해 학생은 교육감이 정한 기관(대안교육기관을 포함한다)에서 특별교육을 이수하거나 심리치료를 받아야 하며, 그 기간은 심의위원회에서 정한다.

④ 학교의 장은 학교 폭력을 인지한 경우 지체 없이 제1항 제2호의 조치를 하여야 한다.

⑤ 학교의 장은 피해 학생의 보호와 가해 학생의 선도·교육이 긴급하다고 인정할 경우 우선 제1항 제1호, 제3호, 제5호부터 제7호까지의 조치를 각각 또는 동시에 부과할 수 있다. 이 경우 심의위원회에 즉시 보고하여 추인을 받아야 한다.

⑥ 학교의 장은 피해 학생 및 그 보호자가 요청할 경우 전담기구 심의를 거쳐 제1항 제6호 또는 제7호의 조치를 할 수 있다. 이 경우 심의위원회에 즉시 보고하여 추인을 받아야 한다.

⑦ 제5항 및 제6항에 따라 학교의 장이 부과하는 제1항 제6호 조치의 기간은 심의위원회 조치 결정 시까지로 정할 수 있다.

⑧ 심의위원회는 제1항 또는 제2항에 따른 조치를 요청하기 전에 가해 학생 및 보호자에게 의견진술의 기회를 부여하는 등 적정한 절차를 거쳐야 한다.

⑨ 제1항에 따른 요청이 있는 때에는 교육장은 14일 이내에 해당 조치를 하여야 한다.

⑩ 학교의 장이 제4항부터 제6항까지에 따른 조치를 한 때에는 가해 학생과 그 보호자에게 이를 통지하여야 하며, 가해 학생이 이를 거부하거나 회피하는 때에는 학교의 장은 「초·중등교육법」 제18조에 따라 징계하여야 한다.

⑪ 제1항 제2호의 처분을 받은 가해 학생의 보호자는 가해 학생이 해당 조치를 적절히 이행할 수 있도록 노력하여야 한다.

⑫ 가해 학생이 제1항 제3호부터 제5호까지의 규정에 따른 조치를 받은 경우 이와 관련된 결석은 학교의 장이 인정하는 때에는 이를 출

석일수에 포함하여 계산할 수 있다.

⑬ 심의위원회는 가해 학생이 특별교육을 이수할 경우 해당 학생의 보호자도 함께 교육을 받게 하여야 하며, 피해 학생이 장애학생일 경우 장애인식개선 교육내용을 포함하여야 한다.

⑭ 가해 학생이 다른 학교로 전학을 간 이후에는 전학 전의 피해 학생 소속 학교로 다시 전학 올 수 없도록 하여야 한다.

⑮ 제1항 제2호부터 제9호까지의 처분을 받은 학생이 해당 조치를 거부하거나 기피하는 경우 심의위원회는 제7항에도 불구하고 대통령령으로 정하는 바에 따라 추가로 다른 조치를 할 것을 교육장에게 요청할 수 있다.

⑯ 피해 학생 및 그 보호자는 제9항, 제10항 및 제15항에 따른 조치 또는 징계가 지연되거나 이행되지 아니할 경우 교육감에게 신고할 수 있으며, 신고하는 경우 교육감은 지체 없이 사실 여부를 확인하기 위하여 대통령령으로 정하는 바에 따라 교육장 또는 학교의 장을 조사하여야 한다.

⑰ 가해 학생에 대한 조치 및 제11조 제6항에 따른 재입학 등에 관하여 필요한 사항은 대통령령으로 정한다.

주목할 점은 ⑪과 ⑯의 추가된 규정이다. 새롭게 추가된 규정으로 인하여 가해 학생 및 그 보호자는 가해관련 조치에 관하여 이행해야 하며, 피해 학생 및 그 보호자가 가해조치를 회피하거나 게으름 피우는 행위에 대한 책임을 강하게 지도록 하고 있다는 점이다.

👍 학교폭력대책심의위원회의 재량권 관련

심의위원회는 피해 학생의 보호와 가해 학생의 선도·교육을 위하여 가해 학생에 대하여 피해 학생에 대한 서면사과, 피해 학생 및 신고·고발 학생에 대한 접촉, 협박 및 보복행위의 금지 등 9가지의 어느 하나에 해당하는 조치(수 개의 조치를 동시에 부과하는 경우를 포함한다)를 할 것을 교육장에게 요청하여야 하며, 각 조치별 적용 기준은 대통령령으로 정한다고 규정하고 있다. 학교폭력예방법 시행령 제19조는 '위 조치별 적용기준은 가해 학생이 행사한 학교 폭력의 심각성·지속성·고의성(제1호), 가해 학생의 반성 정도(제2호), 해당 조치로 인한 가해 학생의 선도 가능성(제3호), 가해 학생 및 보호자와 피해 학생 및 보호자 간의 화해의 정도(제4호), 피해 학생이 장애학생인지 여부(제5호)를 고려하여 결정하고, 그 세부적인 기준은 교육부장관이 정하여 고시한다'고 규정하고 있다. 이에 따라 교육부장관이 정한 '학교 폭력 가해 학생 조치별 적용 세부기준고시' 제2조제1항, [별표]는 학교폭력예방법 시행령 제19조의 적용 기준 중 학교 폭력의 심각성·지속성·고의성, 가해 학생의 반성 정도, 화해 정도에 관하여는 높고 낮음에 따라 0에서 4점까지로 점수를 매겨 그 합계 점수에 따라 가해 학생에 대한 조치를 정하되 가해 학생의 선도 가능성이나 피해 학생이 장애학생인지 여부에 따라 그 조치를 가중하거나 경감할 수 있도록 정하고 있다.

위와 같은 규정의 내용, 형식, 취지 등에 비추어 보면, 교육장이 학교폭력 가해 학생에 대하여 어떠한 조치를 할 것인지 여부는 교육장의 판단에 따른 재량행위에 속하고, 학교 폭력에 대한 조치가 사회통념상 현저하게 타당성을 잃어 재량권을 일탈·남용하였는지 여부는 학교 폭력의 내용과 성질, 조치를 통하여 달성하고자 하는 목적 등을 종합하여 판단하여야 한다. 피해 학생의 보호, 가해 학생의 선도·교육 및 피해 학생과 가해 학생 간의 분쟁조정을 통하여 학생의 인권을 보호하고 학생을 건전한 사회구성원으로 육성하려는 학교폭력예방법의 입법 목적과 학교폭력대책심의위원회를 별도로 마련한 취지를 고려할 때, 심의위원회가 교육목적 등을 고려하여 한 요청에 따라 취한 교육장의 전문적·재량적 조치는 가급적 존중되어야 한다.

가해 관련 조치 결정에 불복하는 경우에는, 즉 학교 폭력예방 및 대책에 관한 법률 제16조1항 및 제17조1항에 따라 내린 조치에 대하여 이의가 있는 피해 학생이나 가해 학생 또는 그 보호자는 처분이 있음을 알게 된 날로부터 90일 이내에 처분이 있었던 날로부터 180일 이내에 행정심판법 제27조에 따른 행정심판을 청구할 수 있다.

행정심판이란 행정청의 위법·부당한 처분이나 부작위로 권리 또는 이익을 침해받은 국민이 이를 회복하기 위하여 행정기관에 제기하는 권리구제 제도이다. 따라서 행정심판의 대상은 교육장 조치에 대하여 이의가

있는 피해·가해 학생 또는 보호자로 온라인·직접방문 등을 통하여 시도
교육청행정심판위원회에 접수하면 된다.

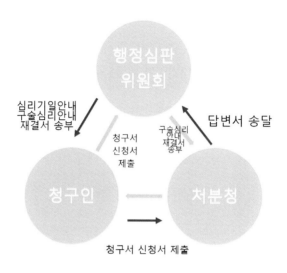

그 후에, 심리기일 안내 등을 확인하여 서류를 준비(준비서면)한다. 위
의 그림을 참조하길 바란다.

행정심판의 청구만으로 조치의 효력, 집행, 절차의 속행을 정지할 수
없으므로 집행정지를 원하는 경우 행정심판과 집행정지를 같이 청구하
여야 된다.

행정심판위원회는 접수를 받으면 답변서 송달 및 요청을 교육지원청에
하여 답변서를 10일 이내에 교육지원청이 행정심판위원회에 제출해야 되
며, 이를 받은 행정심판위원회는 피해·가해 학생과 교육지원청에 심리기

일을 통지하며 출석이 아닌 서면이나 구술심리를 통하여 (접수일로부터 60일 이내) 결정하게 된다.

행정심판에 의한 이의신청에 불만족할 시 다시 이의신청이 가능한데 처분이 있음을 안 날로부터 1년 이내에 이때에는 행정심판이 아닌 행정소송법 제20조에 따른 행정소송을 제기할 수 있다. 하지만 가해 학생 측이 계속적인 불복으로 인한 것은 학생들을 위하여 하지 않기를 바라는 마음이다.

학교 폭력 전담기구 심의결과 보고서

* 사안번호:

1. 일 시 :   년 월 일(요일) 시 분
2. 장 소 :
3. 참석자 　　　　○ ○ ○　　○ ○ ○　○ ○ ○　○ ○ ○ 　　　　○ ○ ○　　○ ○ ○　○ ○ ○　　○ ○ ○
4. 심의 주제 : 사안번호 20XX-XX호 (　　　　)에 대한 학교장 자체해결 여부 심의
5. 심의 내용 　※ 전담기구 사안 조사 내용 　• 　※ 필수 확인 사항 　• 법률 제13조의 2 제1항 제1호~제4호 판단하여 해당 여부 체크

학교장 자체해결 가능 요건	해당 여부 (O, X)
1. 2주 이상의 신체적·정신적 치료를 요하는 진단서를 발급받지 않은 경우	
2. 재산상 피해가 없거나 즉각 복구된 경우(추후 재산상 피해를 복구해 줄 것을 확인한 경우)	
3. 학교 폭력이 지속적이지 않은 경우	
4. 학교 폭력에 대한 신고, 진술, 자료제공 등에 대한 보복행위가 아닌 경우	

6. 결정 사항

　　가해 조치를 내리려면 심각성, 지속성, 고의성, 가해 학생의 반성 정도, 화해 정도에 부여되는 점수로 이에 해당하는 조치가 결정된다. 가해 조치의 세분 적용은 다음과 같다.

가해 학생 조치별 적용 세부 기준

				기본 판단 요소					부가적 판단요소	
				학교 폭력의 심각성	학교 폭력의 지속성	학교 폭력의 고의성	가해 학생의 반성 정도	화해 정도	해당 조치로 인한 가해 학생의 선도가능성	피해 학생이 장애학생인지 여부
판정 점수			4점	매우 높음	매우 높음	매우 높음	없음	없음		
			3점	높음	높음	높음	낮음	낮음		
			2점	보통	보통	보통	보통	보통		
			1점	낮음	낮음	낮음	높음	높음		
			0점	없음	없음	없음	매우 높음	매우 높음		
가해 학생에 대한 조치	교내 선도	1호	피해 학생에 대한 서면사과	1~3점					해당점수에 따른 조치에도 불구하고 가해 학생의 선도가능성 및 피해 학생의 보호를 고려하여 시행령제14조제5항에 따라 학교폭력대책심의위원회 출석위원 과반수의 찬성으로 가해 학생에 대한 조치를 가중 또는 경감할 수 있음	피해 학생이 장애학생인 경우 가해 학생에 대한 조치를 가중할 수 있음
		2호	피해 학생 및 신고·고발 학생에 대한 접촉, 협박 및 보복행위의 금지	피해 학생 및 신고·고발학생의 보호에 필요하다고 심의위원회가 의결할 경우						
		3호	학교에서의 봉사	4~6점						
	외부 기관 연계 선도	4호	사회봉사	7~9점						
		5호	학내외 전문가에 의한 특별 교육이수 또는 심리 치료	가해 학생 선도·교육에 필요하다고 심의위원회가 의결할 경우						
	교육 환경 변화	교내교내 6호	출석정지	10~12점						
		교내교내 7호	학급교체	13~15점						
		교외교외 8호	전학	16~20점						
		교외교외 9호	퇴학처분	16~20점						

출처: 교육부 제공

조치 이행 결과 보고서

연번	구분	소속 학교	학년반	성명	조치 이행 결과	비고
예시	피해 학생	○○ 학교	X-X	○○○	제16조제1항 제1호 학내외 전문가에 의한 심리상담 및 조언(○회 실시, 진행 중)	
예시	가해 학생	○○ 학교	X-X	○○○	제17조제1항 제1호 피해 학생에 대한 서면사과 (20XX. XX. XX. 완료) 제17조제1항 제3호 학교에서의 봉사 X시간 (20XX. XX. XX. 완료) 제17조제1항 제6호 출석정지 X일 (2020. XX. XX. 완료) 제17조제3항에 따른 특별교육이수 X시간 (2020. XX. XX. 완료) 제17조제9항에 따른 보호자 특별교육이수 X시간 (20XX. XX. XX. 완료)	
1						
2						

※ 가해 학생 선도조치 이행이 완료된 경우 보고

※ 제17조제1항 제2호(피해 학생 및 신고·고발 학생에 대한 접촉, 협박 및 보복행위의 금지) 조치의 기간을 정하지 않은 경우 해당 학교급의 졸업 시점까지 조치가 유효함. (따라서 예외적 경우를 제외하면 별도의 보고 필요 없음)

5가지의 요소로 인하여 점수가 결정되고 최종점수에 따라 조치 결정이 내려지면 조치 관련하여 통보 후에 위와 같은 조치 이행 결과 보고서로 마무리가 된다.

학교폭력대책심의위원회에서 가해관련학생에 대한 조치결정에 대한 판례를 살펴보면 다음과 같다.

👍 서면사과에 관한 판례

👍 서면사과 조치는 단순히 의사에 반한 사과 명령의 강제나 강요가 아니라, 학교 폭력 이후 피해 학생의 피해 회복과 정상적인 교우 관계 회복을 위한 특별한 교육적 조치로 볼 수 있다. 가해 학생은 서면사과를 통해 자신의 잘못된 행위에 대하여 책임을 지는 방법과 피해 학생의 피해를 회복하는 방법을 배우고, 이를 통해 건전한 사회 구성원으로 성장해 나갈 수 있다.(헌법재판소 2023.2.23. 2019헌바93 등)

> ※ **서면사과는**: 학교폭력대책심의위원회에서 가해관련학생에게 내리는 조치로 제1호에 해당한다.

서면사과가 자유의 의사를 침해한다는 주장이 있으나 학교 폭력 가해 관련 조치 중의 하나로 자유의 의사 침해와는 거리가 있다고 본다.

👍 출석정지에 관한 판례

👍 출석정지 기간의 상한을 두지 않은 것은 피해 학생에게 심각한 피해와 지속적인 영향을 미칠 수 있는 학교 폭력에 구체적·탄력적으로 대처하기 위한 것으로 가해 학생의 학습 자유를 침해하지 않는다. (2019.4.11. 2017헌바140,141병합)

※ 시행령 제21조(가해 학생에 대한 우선 출석정지 등) ① 법 제17조제4항에 따라 학교의 장이 출석정지 조치를 할 수 있는 경우는 다음 각 호와 같다.

1. 2명 이상의 학생이 고의적·지속적으로 폭력을 행사한 경우
2. 학교 폭력을 행사하여 전치 2주 이상의 상해를 입힌 경우
3. 학교 폭력에 대한 신고, 진술, 자료제공 등에 대한 보복을 목적으로 폭력을 행사한 경우
4. 학교의 장이 피해 학생을 가해 학생으로부터 긴급하게 보호할 필요가 있다고 판단하는 경우

② 학교의 장은 제1항에 따라 출석정지 조치를 하려는 경우에는 해당 학생 또는 보호자의 의견을 들어야 한다. 다만, 학교의 장이 해당 학생 또는 보호자의 의견을 들으려 하였으나 이에 따르지 아니한 경우에는 그러하지 아니하다.

👍 장애 학생 관련 학교 폭력 관한 판례 2

별별학교의 학생A는 다운증후군이 있는 학생으로 같은 반의 학생B와 학생C는 점심 시간 또는 쉬는 시간에 학생A에게 소리를 지르거나 인형으로 장난을 치고 딱밤을 때리기도 하였으며 말을 하지 못하도록 막거나 책상을 흔드는 등의 괴롭힌 행위를 하였다.

학교 폭력에 해당하여 출석정지, 특별교육, 접촉·협박 및 보복 행위 금지의 조치 처분을 받았다.

👍 장애 학생 관련 학교 폭력 관한 판례 3

OO학교에서 학생A는 지적장애를 가지고 있는 학생B를 향하여 다른 학생C 와 학생D가 1개월 동안에 교실에서 손가락으로 총 모양을 만들어 찌르고 위협하고 숫자를 세며 뛰어오라고 시키는 행위, 팔굽혀 펴기 및 손 들고 서 있기 등의 벌칙적인 행위를 하도록 하였다.

학교 폭력에 해당하며 접촉·협박 및 보복행위 금지, 서면사과, 특별교육의 조치를 내렸다.

학교폭력대책심의위원회에 참석을 하여 보면, 학생들은 아무렇지 않다고 하지만 피해 관련 부모 측과 가해 관련 부모측의 갈등으로 인하여 대책심의위원회에까지 올라오는 경우가 있다. 대화로 해결될 수 있어 보이는 경미한 사안으로 인하여 초등학교 저학년 아이들이 학교폭력대책심의위원회에 참석하는 모습을 보면서 안타까운 마음이 들었다. 법률적인 조치가 아니라 진정어린 사과와 갈등의 해소로 인하여 재발방지가 될 수 있었으면 하는 바람이다.

02. 학교폭력전담조사관

교육부에서는 24년 2월 20일 국무회의에서 「학교 폭력예방 및 대책에 관한 법률 시행령(이하 '학교폭력예방법 시행령')」 일부개정령안이 심의·의결 되었다고 하였다. 자유롭고 공정하게 교육받을 권리를 침해하는 학교 폭력에 엄정히 대처하고 피해 학생을 보다 두텁게 보호하여, 안전하고 정의로운 학교를 만들기 위한 '학교 폭력 근절 종합대책(2023.4.12.)'을 발표하면서 교원의 과중한 학교 폭력 업무 부담을 경감하고, 사안처리 절차의 공정성과 전문성을 강화하기 위하여 교육감이 '조사·상담 관련 전문가(학교 폭력전담조사관)'를 활용해 사안조사를 실시할 수 있도록 하였다.

학교 폭력조사관의 도입은 교원들이 사안조사를 담당해 오면서 학부모 협박, 악성 민원 등으로 많은 어려움을 겪고, 이로 인하여 교원의 본질적인 업무인 수업과 생활지도에 집중할 수 없다는 계속적인 비판과 공정하고 체계적인 학교 폭력 사안을 조사하기 위한 조치이다.

24년 3월부터 학교 폭력 사안 조사는 교사가 아닌 학교 폭력전담조사관이 담당하도록 하게 된 것이다.

피해 학생 지원 조력인으로 학교 폭력전담조사관의 자격요건은 피해 학생에 대한 충분한 이해를 갖춘 사람이며 피해 학생이 필요로 하는 서비스가 무엇인지를 바로 파악하여 사안 조사 시에 제공될 수 있도록 한 것이다.

이는 궁극적으로 피해자를 두텁게 보호하고 교원의 과중한 학교 폭력 사안의 업무 부담을 경감하며, 또한 학교 구성원 모두가 안심하고 안전한 학교로 본연의 역할에 충실히 임할 수 있도록 하기 위해서였다.

17개 시·도 교육청별 학교 폭력전담조사관 위촉 현황을 보면 앞으로도 모집으로 충족해야 할 것으로 보인다.

순	시도	교육지원청 수	위촉(예정)인원(명)
1	서울	11	188
2	부산	5	105
3	대구	5	91
4	인천	5	80
5	광주	2	50
6	대전	2	25
7	울산	2	47
8	세종	1	24
9	경기	25	506
10	강원	17	120
11	충북	10	73
12	충남	14	87
13	전북	14	95
14	전남	22	119
15	경북	22	155
16	경남	18	172
17	제주	2	18

(2024. 2. 20. 기준 교육부 제공)

전담조사관의 지원 자격은 책임감과 기본적인 소양을 기본으로 하며, 교육적 가치의 중립과 공정성과 전문성을 위하여 다음의 경력이 2년 이상인 사람으로, 교원으로 재직하였던 사람으로 학교 폭력 또는 생활지도 업무 경력, 경찰로 재직하였던 사람으로 학교 폭력·선도 업무, 조사·수사 업무 경력, 청소년 선도, 보호 및 상담 단체에서 청소년 선도 보호 및 상담 활동이 있는 사람과 학교 폭력 예방 및 청소년 보호에 대한 지식과 경험이 풍부하다고 교육장이 인정하는 사람이 되며 전담조사관의 임기는 1년으로 한다.

전담조사관의 역할은 학교 폭력 사안조사가 중점인데 교육지원청으로부터 사안 접수 보고서 등을 전달 받은 후 피해·가해 학생 및 보호자와 면담을 통하여 사안을 조사하며, 목격자가 있으면 목격자 면담과 필요 시 전문가 의견 청취와 증거자료 수집을 한다. 이에 따른 사안개요, 피해·가해 사실 확인, 학교장 자체해결 요건 파악, 사안조사보고서 작성 및 조사 결과를 작성하여 관련 자료를 제출한다.

사안조사 시 학교 폭력 사안과 관련하여 학생 소속 학교가 다른 경우에는 사안 보고 및 조사를 통하여 피해자관련자와 가해관련자를 구분하여, 가해관련 학생이 다른 학교에 소속되어 있다면 관련 학교와 협력해야 한다. 다른 학교와의 협력을 통하여 사안의 신속한 해결과 피해관련 학생을 보호해야 한다. 또한 피해관련 학생이 다른 학교에 소속된 경우에는 해당 학교에서 피해관련 학생을 보호하는 지원을 제공하여야 한다.

교육감은 전담부서를 설치 및 운영을 해야 한다. 이는 학교폭력예방법 제11조(교육감의 임무)에 의하여 ① 교육감은 시·도교육청에 학교 폭력의 예방·대책 및 법률지원을 포함한 통합지원을 담당하는 전담부서를 설치·운영하여야 한다.

학교폭력예방법 제11조의2(학교 폭력 조사·상담 등)

1. 학교 폭력 피해학생 상담 및 가해학생 조사

2. 필요한 경우 가해학생 학부모 조사

3. 학교 폭력 예방 및 대책에 관한 계획의 이행 지도

4. 관할 구역 학교폭력서클 단속

5. 학교 폭력 예방을 위하여 민간 기관 및 업소 출입·검사

6. 그 밖에 학교 폭력 등과 관련하여 필요한 사항 이다.

전담 조사관은 학생을 면담하여 조사하는 경우가 원칙이기 때문에 전담조사관증을 착용하고 청결과 단정된 모습으로 감정적인 대응보다는 경청해야 하며 비밀유지에 각별해야 된다.

전담 조사관은 사안 조사하여 사안을 인지하였으면 48시간 내에 교육(지원)청으로 사안을 보고하는 것을 원칙으로 하며 긴급하거나 중대한 사안일 경우에는 유선으로 별도 보고 및 경찰청(112), 학교폭력 상담·신고센터(117)에 신고한다. 이때, 학교전담경찰관(SPO)을 통한 "상담"은 신고로 볼 수 없다는 점 유의해야 한다.

전담 조사관은 학교폭력예방법 시행령 제8조(전담부서의 구성 등)에 따른 것으로 법률내용은 다음과 같다.

① 법 제11조제1항에 따라 다음 각 호의 업무를 수행하기 위하여 시·도교육청 및 교육지원청에 과·담당관 또는 팀을 둔다.

1. 학교 폭력 예방과 근절을 위한 대책의 수립과 추진에 관한 사항

2. 학교 폭력 피해학생의 치료 및 가해학생에 대한 조치에 관한 사항

3. 학교 폭력 피해학생과 가해학생 간의 관계 회복을 위하여 필요한
   조치에 관한 사항

3의2. 학교 폭력 피해학생을 위한 법률 자문 등 법률지원에 관한 사항

3의3. 학교 폭력 관련 조사·상담에 관한 사항

4. 그 밖에 학교 폭력의 예방·대책 및 통합지원과 관련하여 교육감이 정
   하는 사항

② 교육감은 법 제11조의2에 따른 학교폭력 조사·상담 업무의 효율적
   인 수행을 위하여 필요한 경우에는 제1항에 따른 전담부서에서 학
   교폭력 조사·상담 관련 전문가를 활용하도록 할 수 있다.

③ 제2항에 따라 활용하는 학교 폭력 조사·상담 관련 전문가의 역할,
   요건, 수당 지급 등에 관한 세부 사항은 교육감이 정한다.

전담기구 사안조사 보고서

접수 일자	년 월 일		담당자 성명 & 연락처			
사안 유형	유형 신체폭력/ 언어폭력/ 금품갈취/ 강요/ 모욕(명예훼손)/ 따돌림/ 성폭력/ 사이버폭력/ 기타(중요도 순서로 기재)					
관련 학생	학교	학년반/번호	성명	성별	(공동 사안인 경우) 관련 학교의 사안 번호	비고 (가해 관련)/ 피해(관련))
		/				
		/				
사안 개요 (참석안내서 사안 개요)	※ 신고내용과 관련하여 전담기구에서 확인한 내용을 육하원칙에 의거 구체적으로 기재 (피해(관련)학생의 신고내용이 누락되지 않도록 주의) •					
사안 경위	※ 사안의 전후, 사안 접수, 전담기구 조사, 양측의 주장을 포함한 전체 사건 내용, 전담기구 심의 등을 시간의 흐름에 맞춰 구체적으로 기재 •					
자체해결 요건 충족 여부	※ 내부결재 시 확정이 안 될 것이므로 비워두었다가, 자체해결 안 된 경우 심의위 개최요청할 때 어느 요인으로 개최 요청하는지 아래에 체크해서 최종 발송할 것					
	1. 객관적 요건(4가지) 충족 여부(O/X) (미충족된 경우 4가지 중 해당되는 것 체크)			2. 피해학생 및 그 보호자 자체해결 동의 여부(O/X)		
	※ 4가지 요건 : (충족) / (미충족) ▲ 진단서 미제출함 ▲ 재산상 피해가 없거나 즉각 복구함 ▲ 지속적이지 않음 ▲ 보복행위가 아님			(동의) / (부동의)		
쟁점 사안	주요 쟁점 1.	• ※ 기타 쟁점 사안이 있는 경우 추가 작성		근거자료 ※ 작성날짜 포함		
	피해(관련) 학생의 주장 내용					
	가해(관련) 학생의 주장 내용					
	목격학생의					

쟁점 사안	진술	•	근거자료 ※ 작성날짜 포함
	주요 쟁점 2.	※ 위와 동일	근거자료 ※ 작성날짜 포함
	….	….	….

시행령 제19조 판단요소 관련 확인 사실 기재 ※ 학교는 작성 시 참고사항에 따라 각 판단요소별 구체적으로 사실을 기재(점수를 기재하는 것이 아님)	
가해학생이 행사한 학교폭력의 심각성· 지속성· 고의성	•
가해학생의 반성 정도	•
가해학생 및 보호자와 피해학생 및 보호자간 화해 정도	• 관계회복 프로그램·갈등조정 등을 진행하였는지, 진행할 의사가 있는지 •
해당 조치로 인한 가해학생의 선도 가능성	•
피해학생이 장애학생인지 여부	•
가해자와 피해학생의 분리 여부	※ 학교폭력예방법 제16조(피해학생 보호)에 의거, 2021.6.23. 이후 피해학생측 확인 후 원할 시 반드시 분리 보호하여야 함.(학교 주의 필요 – 미이행 시 법을 위반 소지가 있음) 본 가이드북 10쪽과(서식①-1) 참고.
긴급조치 여부	피해학생
	가해학생
가해학생 학교폭력 재발 현황	※ 학교폭력 가해학생 조치사항 관리대장을 통해 확인된 가해학생의 학교폭력 내역 기재(조치일자, 처분 내용) 기재. 여러 건일 경우 모두 기재(기재 유보 건 포함).
특이사항 및 고려사항	※ 성 관련 사안 여부, 치료비 분쟁, 피해학생이 다문화학생인지 여부, 관련 학생 및 그 보호자의 요구사항, 언론보도 등 특이사항 기재 •

[참고] 「학교폭력 예방 및 대책에 관한 법률」제14조제4항에 의거 전담기구에서는 학교폭력에 관련된 조사결과 등 활동결과를 보고하여야 함
   ※ 학교장 결재. 이후 학교장 자체해결이 되지 않은 경우 심의위원회 보고

교육부 전담기구 사안조사 보고서 예시

학교폭력제로센터에서 사안 조사 결과를 검토할 시 필요한 경우 전담

조사관이 보완조사를 해야 한다.

전담조사관은 성희롱 등의 성폭력 사안의 경우에는 학교 내 보건교사, 상담교사 등의 협조를 요청해야 한다.

또한 전담조사관은 사안조사를 할 경우에 사안관련 질문과 학생의 심리적 어려움이나 아픈 곳, 상해정도 등 상태 관련 질문과 학생의 요청사항이 있으면 확인을 해야 하며 증거 자료 제출 여부도 확인해야 한다.

전담조사관은 가해 학생의 심각성, 지속성, 고의성, 반성 정도, 화해정도를 확인하는 질문을 하는 것을 원칙적으로 해야 한다.

하지만 전담조사관은 형법적인 절차에서처럼 딱딱하거나 공포심을 조성하여 부담을 주는 조사를 해서는 안 된다.

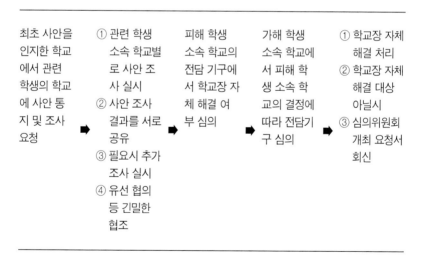

[학교 폭력 사안 조사 절차도]

※ 초등학교를 졸업하여 중학교 입학한 경우, 중학교를 졸업한 후 고등학교로

입학한 경우, 즉 상급학교로 진학하였을 경우에 해당한다.

중학교에 입학한 후에 초등학교 때의 학교 폭력을 신고하였다고 사안이 사라지지 않는다. 이런 경우에 소속을 달리하였다고 하며 해당 학생의 중학교에서 학교 폭력의 절차가 이루어진다.

👍 소속 학교를 달리한 경우 판례

👍 학교폭력예방법상 학교 폭력의 발생 시점이나 징계 시점을 제한하는 규정을 두고 있지 아니한 점, 학교 폭력으로 인한 가해 학생에 대한 조치에 관해서는 그 조치권의 행사를 제한하는 제척기간이나 공소시효 등에 관한 규정도 존재하지 않는 점, 학교 폭력의 발생 이후에 상급 학교로 진학하였다고 해서 피해 학생의 보호 및 가해 학생의 선도·교육의 필요성이 소멸한다고 볼 수 없는 점, 초·중학교 졸업 무렵에 발생한 학교 폭력에 대해서는 즉각적인 조치가 이루어지지 않은 채 진학하는 이상 가해 학생에 대한 조치가 더 이상 불가능하게 되어 법 적용의 사각지대가 발생하게 되는 점 등을 종합하여 보면, 학교 폭력이 중학교 재학 중에 발생한 경우에도 당해 가해 학생이 소속된 고등학교장(현 교육장)은 가해 학생 조치를 할 수 있다고 보아야 한다.(대구고등법원 2018누2620 판결)

👍 보호자 동의에 관한 판례

👍 원고들에 대한 상담 과정에서 그 보호자인 부모의 동석이 이루어지거나 영상녹화시설 등에 따라 그 상담 내용이 녹화 또는 녹취되지 아니한 사실은 인정된다. 그러나 학교나 상담사가 학교 폭력을 조사하는 과정에서 이러한 절차를 반드시 준수하여야 한다는 특별한 절차적 규정이 없다. 따라서 학교 폭력의 조사 과정에는 행정절차법과 형사소송법 등에서 규정한 엄격한 절차가 반드시 요구된다고 할 수 없다. 그리고 위와 같은 절차가 준수되지 않았다는 이유만으로 그 조사 또는 상담이 위법하다거나 상담일지의 정확성과 신빙성이 없다고 보아 이를 학교 폭력에 대한 조치의 원인이 되는 사실을 인정하는 자료로 사용할 수 없다고 볼 것은 아니다.(대구지방법원 2017구합23959 판결)

A학생과 B학생의 학교 폭력 사안의 사실관계를 알아보는 과정에서 A학생의 보호자가 함께하지 못한 상태에서 확인한 사실관계나 조사서 작성, 진술이 보호자가 없이 된 것이라 유효하지 않다고 주장하는 것에는 미성년자보호법, 청소년보호법에 해당되지도 않는다.

👍 학교 폭력 사안조사 시 보호자의 동의 여부를, 즉 사안조사 시 조사한다는 사실을 보호자에게 사전 통보나 동의를 구하는 규정이 없기 때문에 보호자의 동의 없이 사안조사를 했다 하여 인권 침해에 해당하지 않는다 - 국가인권위원회

사안조사 시 학교 폭력 사안과 관련하여 학생 소속 학교가 다른 경우에는 사안 보고 및 조사를 통하여 피해 관련자와 가해 관련자를 구분하여, 가해 관련 학생이 다른 학교에 소속되어 있다면 관련 학교와 협력해야 한다. 다른 학교와의 협력을 통하여 사안의 신속한 해결과 피해 관련 학생을 보호해야 한다. 또한 피해 관련 학생이 다른 학교에 소속된 경우에는 해당 학교에서 피해 관련 학생을 보호하는 지원을 제공하여야 한다.

전담조사관의 조사에 동의하지 않으면 미배정 동의서를 작성하여 학교에 제출한다.

학교 폭력 전담조사관 미배정 동의서

* 사안번호 : ○○○학교 20XX- ○호

학교명	학년/반	학생 성명	성 별

학교 폭력 전담 기구조사(조사관 미배정)에 동의합니다.

20 년 월 일

학 생 :   (인)

보호자 :   (인)

학교장 귀중

전담기구와 전담조사관을 비교하여 보면 다음과 같은 차이점을 알 수 있다.

전담 기구	전담 조사관
학교폭력예방법 제14조에 따르면, 전담기구의 구성은 교감, 전문상담교사, 보건교사 및 책임교사(학교폭력문제를 담당하는 교사를 말한다), 학부모 등으로(학부모는 전담기구 구성원의 3분의 1 이상)하며, 전담기구는 학교폭력에 대한 실태조사와 학교폭력예방 프로그램을 구성·실시하며 학교의 장 및 심의위원회의 요구가 있는 때에는 조사결과 등 활동결과를 보고해야 하며 학교폭력에 관련된 성폭력 등 특수한 학교폭력사건에 대한 실태조사의 전문성을 확보하기 위하여 필요시 전문기관에 의뢰할 수 있다. 전담기구의 운영은 학부모는 「초·중등교육법」제31조에 따른 학교운영위원회에서 추천한 사람 중에서 학교의 장이 위촉한다. 단, 학교운영위원회가 설치되지 않은 학교의 경우에는 학교의 장이 위촉한다. 전담기구의 심의 방법은, 전담기구 업무분장, 학부모 구성원 임기 등 전담기구 운영에 필요한 사항은 학교의 장이 정한다. 전담기구의 역할은 사안접수, 보호자 통보, 학교폭력 사실 확인 후 교육지원청에 48시간 이내 보고하는 것을 원칙으로 한다.	학교폭력예방법 제11조에 따르면, 교육감은 전담부서를 설치·운영해야 하며, 관련이 있는데, 조사관의 위촉과 해촉은 교육감 또는 교육장이 하며 조사관의 임기는 1년으로 하고 조사관의 요건은 - 교원으로 재직했던 사람으로서 학교 폭력 또는 생활지도 업무 경력이 2년 이상인 사람 - 경찰로 재직했던 사람으로서 학교 폭력·선도 업무 또는 조사·수사 업무 경력이 2년 이상인 사람 - 청소년 선도, 보호 및 상담 단체에서 청소년 선도, 보호 및 상담 활동을 2년 이상 담당한 사람 - 그 밖에 학교 폭력 예방 및 청소년 보호에 대한 지식과 경험이 풍부하다고 교육장이 인정하는 사람으로 하나 - 심신장애로 인하여 직무를 수행할 수 없는 경우 - 직무와 관련하여 비위 사실이 있는 경우 - 직무태만, 품위 손상이나 그 밖의 사유로 인하여 조사관으로 적합하지 아니하다고 인정되는 경우에는 임명을 철회하거나 해촉할 수 있음에 유의해야 한다. 또한, 조사관 규모는 지역의 학교 및 학생수, 학교폭력 발생 건수 등을 고려하여 시·도교육청에서 자율적으로 정한다. 조사관의 역할은 학교 폭력 사안 조사, 사안조사보고서 작성과 조사 결과 보고와 교육감(교육장)이 필요시 학교폭력 사례회의나 심의위원회에 참석해야 한다.

PART 9

학교 폭력 관련 정책 및 제도적 지원

학교안전공제회의 상담 지원 범위는 학교 안에서 발생하는 여러 안전과 관련된 문제에 대한 상담을 제공한다. 학교 폭력 관련 상담, 학업 스트레스 관련 상담, 가정 내 폭력 관련 상담, 학교 안전 문제 관련 상담, 사고 예방, 응급 상황 대처 등의 문제를 지원하고 있으며 정책에 따라 다를 수 있으나, 학교 폭력과 관련된 것을 살펴보려고 한다.

우선, 학교 폭력 예방 및 대책에 관한 법률과 시행령을 자세하게 살펴보면, 다음과 같이 되어 있다.

법률 제16조의제6항 피해 학생이 전문단체나 전문가로부터 제1항제1호부터 제3호까지의 규정에 따른 상담 등을 받는 데에 사용되는 비용은 가해 학생의 보호자가 부담하여야 한다.

다만, 피해 학생의 신속한 치료를 위하여 학교의 장 또는 피해 학생의 보호자가 원하는 경우에는 「학교안전사고 예방 및 보상에 관한 법률」 제15조에 따른 학교안전공제회 또는 시·도교육청이 부담하고 이에 대한 상환청구권을 행사할 수 있다.

법률 시행령 제18조(피해 학생의 지원범위 등) ① 법 제16조제6항 단서에 따른 학교안전공제회 또는 시·도교육청이 부담하는 피해 학생의 지원범위는 다음 각 호와 같다.

(1) 교육감이 정한 전문심리상담기관에서 심리상담 및 조언을 받는 데 드는 비용

(2) 교육감이 정한 기관에서 일시보호를 받는 데 드는 비용

(3) 「의료법」에 따라 개설된 의료기관, 「지역보건법」에 따라 설치된 보건소·보건의료원 및 보건지소, 「농어촌 등 보건의료를 위한 특별조치법」에 따라 설치된 보건진료소, 「약사법」에 따라 등록된 약국 및 같은 법 제91조에 따라 설립된 한국희귀·필수의약품센터에서 치료 및 치료를 위한 요양을 받거나 의약품을 공급받는 데 드는 비용

② 제1항의 비용을 지원 받으려는 피해 학생 및 보호자가 학교안전공제회 또는 시·도교육청에 비용을 청구하는 절차와 학교안전공제회 또는 시·도교육청이 비용을 지급하는 절차는 「학교안전사고 예방 및 보상에 관한 법률」 제41조를 준용한다.

③ 학교안전공제회 또는 시·도교육청이 법 제16조제6항에 따라 가해 학생의 보호자에게 상환청구를 하는 범위는 제2항에 따라 피해 학생에게 지급하는 모든 비용으로 한다.

위의 법령과 시행령에 따라서 학교 폭력사안으로 학교폭력대책심의위원회의 심의에 의하여 피해자 보호 조치를 제1호, 제2호, 제3호를 받은 경우에는 가해자 측에 청구하여 가해 학생의 학부모 부담이 원칙이나 학교안전공제회를 통하여 공제급여로 먼저 비용을 받을 수 있다. 그 보호 조치의 종류와 지원 범위는 다음과 같다.

보호 조치 제1호는 심리상담 및 조언으로 학교 폭력으로 받은 심리적(정신적) 상처를 회복할 수 있도록 하여 상처를 완화시켜 회복할 수 있도록 학교 내의 전문상담교사, 학교 폭력과 관련된 기관의 전문가에게 심리상담 및 조언을 받음

보호 조치 제2호는 일시보호로 상담실, 피해 학생보호센터, 기타 폭력을 피하여 일시적으로 보호를 받음

보호 조치 제3호는 치료 및 치료를 위한 요양으로 학교 폭력으로 인하여 생긴 신체적, 정신적 피해를 치료하기 위하여 의료기관 등에서 치료를 받거나 요양할 수 있음(진단서, 정신과 소견서 등 제출, 이 기간 동안에는 출석 인정)

표로 간단하게 정리를 하였으니, 표에 나와 있는 보호 조치와 관련하여 언제까지 가능한지를 살펴보고 기한 안에 청구하는 것을 잊지 말아야 한다.

종류	지원 범위
심리상담 및 조언	교육감이 정한 전문심리상담기관에서 심리상담 및 조언을 받는 데 소요되는 비용 (2년)
일시 보호	교육감이 정한 장소에서 일시보호에 소요되는 비용 (30일)
치료 및 치료를 위한 요양	의료법에 따라 개설된 의료기관, 지역보건법에 따라 설치된 보건소·보건의료원 및 보건지소, 농어촌 등 보건의료를 위한 특별조치법에 따라 설치된 보건진료소, 약사법에 따라 등록된 약국 및 같은 법 제91조에 따라 설립된 한국 희귀약품센터에서 치료 및 치료를 위한 요양을 받거나 의약품을 공급받는 데 소요되는 비용 (2년)

※ 심리상담 및 조언과 치료 및 치료를 위한 요양의 경우에 교육감이 지정한 기관에서 2년 동안 진행 가능하며, 추가적인 치료를 위하여 피해 학생 또는 보호자 요청 시에 학교안전공제보상심사위원회의 심의를 거쳐 1년 범위에서 연장 가능하다. 심리평가는 원칙적으로 초기 1회 50만원 이내 지급하며, 상담 및 치료 비용은 월 100만원을 초과할 수 없다.

학교안전공제회에서는 어떤 문제가 발생하여 청구하였는지를 파악하고 상담, 자문, 교육 프로그램 등을 결정하는데, 청구서를 작성할 때에는 청구 내용에는 어떤 종류의 지원을 요청하는지 기재하고, 발생한 문제에 대해 구체적으로 설명하여, 요청 사유로 해당 지원이 왜 필요한지를 설명한다. 청구자의 연락처 정보는 반드시 기재하여 청구서를 제출한다.

시행령 ⑦학교의 장 또는 피해 학생의 보호자는 필요한 경우 「학교안전사고 예방 및 보상에 관한 법률」 제34조의 공제급여를 학교안전공제회에 직접 청구할 수 있다.

⑧피해 학생의 보호 및 제6항에 따른 지원범위, 상환청구범위, 지급절차 등에 필요한 사항은 대통령령으로 정한다.

학교폭력대책심의위원회가·피해 학생 조치 결정(전담기구) → 분쟁 조정 → 학교폭력사고발생확인서 공제회 통보 → 학교 폭력 피해 치료비 심사 → 피해 학생 측에 치료비 지급 → 가해 학생 측에 구상권 행사(구상금 청구 공문 발송) → 구상금 청구 미 이행시 민사소송 진행

학교안전공제회의 청구 절차를 간단한 도식으로 나타내면 다음과 같다.

청구인인 피해 학생 및 보호자가 청구서를 작성하여 학교안전공제회에 접수하면, 학교안전공제회에서는 사실관계에 대한 심사를 비롯하여 자체 심사를 하여 치료비 등의 지급여부를 결정하고 확정이 되면 청구인에게 통보를 한다.

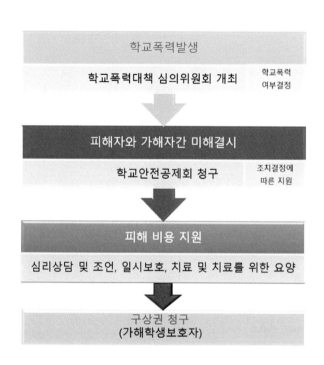

다시 강조하면 학교폭력대책심의위원회 학교 폭력 피해 학생 보호 조치 결정(피해자측 보호자) ➡ 피해 치료비 청구 ➡ 공제회 지급 여부 결정 및 통보 ➡ 공제회가 가해자에 대한 구상권 행사

제출 서류에는 진단서, 진료비, 약제비 영수증 등, 주민등록등본 또는 가족관계증명서, 피해자 측 학부모 통장사본, 학교폭력대책심의위원회 결과 통지서, 피해 학생의 개인 보험이 가입되었다면, 약관을 살펴서 보고 특약이 가입되어 있으면 입원, 수술, 후유장애 등의 보험금 청구가 가능하겠다.

02. 제도적 장치

학교생활기록부의 학교 폭력 가해조치에 대한 사항은 과거에 비하여 삭제가 쉽지 않도록 하였다.

<초·중·고 1학년>

학교생활 기록부 영역	가해학생 조치사항	삭제시기 (신고일 기준) 2024.3.1. 이후
학교폭력 조치상황 관리	1. 피해학생에 대한 서면사과	졸업과 동시
	2. 피해학생 및 신고·고발 학생에 대한 접촉, 협박 및 보복행위(정보통신망을 이용한 행위 포함)의 금지	
	3. 학교에서의 봉사	
	4. 사회봉사	졸업일로부터 2년 후 ※ 졸업 직전 심의를 통해 졸업과 동시 삭제 가능
	5. 학내외 전문가, 교육감이 정한 기관에 의한 특별교육 이수 또는 심리치료	
	6. 출석정지	졸업일로부터 4년 후 ※ 졸업 직전 심의를 통해 졸업과 동시 삭제 가능
	7. 학급교체	졸업일로부터 4년 후 ※ 졸업 직전 심의를 통해 졸업과 동시 삭제 가능
	8. 전학	졸업일로부터 4년 후
	9. 퇴학처분	삭제 대상 아님

학교생활 기록부 영역	가해학생 조치사항	삭제시기 (신고일 기준)		
		2024.3.1. 이후	2023.3.1.~ 2024.2.29.	2023.2.28.이전
행동특성 및 종합의견	1. 피해학생에 대한 서면사과	졸업과 동시	졸업과 동시	졸업과 동시
	2. 피해학생 및 신고·고발 학생에 대한 접촉 협박 및 보복행위(정보통신망을 이용한 행위 포함)의 금지			
	3. 학교에서의 봉사			
출결상황 특기사항	4. 사회봉사	졸업일로부터 2년 후 ※ 졸업 직전 심의를 통해 졸업과 동시 삭제 가능	졸업일로부터 2년 후 ※ 졸업 직전 심의를 통해 졸업과 동시 삭제 가능	졸업일로부터 2년 후 ※ 졸업 직전 심의를 통해 졸업과 동시 삭제 가능
	5. 학내외 전문가, 교육감이 정한 기관에 의한 특별교육 이수 또는 심리치료			
	6. 출석정지	졸업일로부터 2년 후 ※ 졸업 직전 심의를 통해 졸업과 동시 삭제 가능		
행동특성 및 종합의견	7. 학급교체	졸업일로부터 4년 후 ※ 졸업 직전 심의를 통해 졸업과 동시 삭제 가능	졸업일로부터 2년 후 ※ 졸업 직전 심의를 통해 졸업과 동시 삭제 가능	졸업과 동시
인적·학적사항 특기사항	8. 전학	졸업일로부터 4년 후	졸업일로부터 2년 후	졸업일루부터 2년 후 ※ 졸업 직전 심의를 통해 졸업과 동시 삭제 가능
	9. 퇴학처분	삭제 대상 아님	삭제 대상 아님	삭제 대상 아님

이는, 학교 폭력이 단순한 폭력이 아님의 강조와 졸업 후에 무조건 삭제로 말미암은 보여 주기식의 조치가 아니라는 것과 심각성을 둔화되는 것을 막으며 피해 학생의 고통을 알리고자 하는 감성적인 판단도 있다고 생각된다.

👍 생활기록부 관련 판례

학교생활기록부의 세부 사항에 가해 학생에 대한 조치를 입력하도록 규정한 것이 기본권침해에 해당하는지, 개인정보자기결정권을 침해했는지 여부 관련하여 학적사항의 '특기사항' 란에 가해 학생에 대한 조치사항을 입력하도록 규정은 '학교생활기록 작성 및 관리지침(2016.4.5. 교육부 훈령 제169호)' 제7조제3항 후문 및 제8조제4항에 의하여 기본권침해의 자기관련성 요건을 갖추지 못하였다고 판단하였다. (전원재판부 2012헌마630, 2016.4.28. 판결)

조치사항	개정 전	개정 후(24.3.1.~)
1·2·3호	· 졸업과 동시에 삭제	좌동
4·5호	· (원칙) 졸업 후 2년 보존 · (예외) 졸업 직전 심의를 통해 삭제 가능	좌동
6·7호	· (원칙) 졸업 후 2년 보존 · (예외) 졸업 직전 심의를 통해 삭제 가능	· (원칙) 졸업 후 **4년 보존** · (예외) 졸업 직전 심의를 통해 삭제 가능
8호	· 졸업 후 예외없이 2년 보존	· 졸업 후 예외없이 **4년 보존**
9호	· 영구보존(삭제 불가)	

※ 규칙 시행 전에 신고된 학교폭력 조치사항 학생부 관리·보존은 종전의 규정 적용

(교육부 자료)

즉, 2023.02.28. 이전의 조치를 받은 경우에는 개정 전(예: 제7호 조치는 졸업과 동시 삭제)으로 본다.

조치사항	개정 전	개정 후(24.3.1.~)
1·2·3호	행동특성 및 종합의견	학교폭력 조치상황 관리
4·5·6호	출결상황 특기사항	
7호	행동특성 및 종합의견	
8호	인적·학적 특기사항	
9호		

(교육부 자료)

제도적으로 학교 폭력으로 가해 조치가 내려지면 학교생활기록부에 기재될 시 졸업 전에는 삭제되지 않는다.

단, 제1호, 제2호, 제3호, 즉 제1호 피해 학생에 대한 서면사과, 제2호 피해 학생 및 신고·고발 학생에 대한 접촉, 협박 및 보복행위의 금지, 제3호 교내 봉사는 졸업과 동시에 삭제된다.

제4호와 제5호인 제4호 사회봉사, 제5호 전문가에 의한 특별교육이수 및 심리치료의 경우에는 조치를 모두 이행하면 졸업직전 학교 폭력 전담기구의 심의에 의하여 찬성 시 삭제 가능하다.

제6호와 제7호인 제6호 출석정지, 제7호 학급교체는 조치를 모두 이행하면 졸업직전 학교 폭력 전담기구의 심의에 의하여 찬성 시 삭제 가능하다.

다시 말하면, 제4호, 제5호는 졸업 후 2년간, 제6호와 제7호는 4년간 보존이 원칙이나 전담기구 심의에 의해 졸업과 동시에 삭제 가능하다.

제8호인 강제 전학은 졸업을 하여도 무조건 4년간 보존이다.

제9호 퇴학은 무조건 예외 없이 생활기록부에 영구적으로 남는다.

또한 2건 이상의 사안으로 조치를 받았거나 조치 이후 6개월이 지나지 않을 경우 조치를 이행하였어도 삭제 심의 대상자가 되지 못한다.

학교생활기록부에 기록된 가해 학생에 대한 조치는 고등학교와 대학교에서 입시전형자료로 요구할 경우 입시전형자료로 제공되며 입시제도에서 엄격하게 학교 폭력 가해조치에 대한 규제를 하고 있는 대학교가 늘어나고 있다.

무엇보다도 학교폭력대책심의위원회에는 초등학교 저학년들의 학교 폭력 사안은 빠졌으면 한다. 초등학교 저학년의 학교 폭력은 문제가 아니라는 말이 아니라, 화해조정을 통하여 갈등을 해결하여 관계회복과 재발방지 약속의 장으로 이끄는 것이 더욱 효율적이고 교육적인 선도가 되는 것으로 보인다.

2024년 여름은 유난히도 더웠다. 7월 어느 날, 신문에 난 기사가 나의 뜨거운 마음에 불꽃을 틔우게 하였다. 대통령 직속 국민통합위원회(이하 통합위)에서도 학교 폭력 문제를 학교폭력대책심의위원회 등 법적 분쟁이 아닌 학교 교육으로 해결해야 한다고 제언을 한 것이다.

경미한 또래 갈등은 곧바로 학교폭력대책심의위원회에 상정하기보다는 학교 현장에서 화해·조정을 통하여 해결해 달라고 제안하였다. 이 제안은 내가 진정으로 주장하는 바이다. 왜냐하면 우리는 현재 갈등의 시대에 살고 있다 해도 과언이 아니기 때문인데 학교 안에서까지 갈등을 해결하지 못하고 갈등만 키우고 있는 것에 대한 우려와 안타까움에서 학교 폭력 사안을 법적 분쟁이 아니라 교육적인 해결과 재발방지의 목적을 위해서는 경미한 또래 갈등 사안을 곧바로 학교폭력대책심의위원회에 올려서 처리하기보다는 학교 현장에서 화해·조정을 통하는 것이 교육적인 선도에서 바람직하고 생각하기 때문이다.

실제로, 17개 시·도 교육청의 지원청에서 화해중재 신청 건수가 많았던 지원청은 학교폭력대책심의위원회의 건수도 낮은 수치를 보여[26]주고 있다. 학교 폭력 사안 발생 시 조기 개입하여 갈등 심화 방지 및 사안처리 전 과정에서 당사자(보호자 포함)에 대한 직접 상담을 통한 중재 및 교육 활동을 하는 화해중재단(갈등조정단)은 학교 내 갈등 상황에 대하여 중재·조정을 하는 전문가로 구성된 중재위원들이 있다.

어느 지원청을 관련하여 딱 꼬집어서 말을 하는 것은 조심스럽지만, 수치를 비교하는 것이 수십 번의 설명보다는 체감 효과가 클 것으로 사료되어서 설명하고자 한다.

---

26) 저자가 작성한 2024교육부모니터단 제출 자료 참조

구분	화해공개 신청 및 공개 현황					화해공개 학교급별, 유형별 신청 건수											
						초				중				고			
	화해공개 신청 건수	화해 건수	신청건수 대비 화해 비율	총 공개 모임 회수 (예비+본+사후)	총공개 위원 활동가 수	학교 폭력	학생 인권 침해	교육 활동 침해	합계	학교 폭력	학생 인권 침해	교육 활동 침해	합계	학교 폭력	학생 인권 침해	교육 활동 침해	합계
시범7일	936	637	69.7%	1,519	2,609	354	1	9	364	437	0	7	444	171	0	7	178
18일	514	437	85.0%	975	1,168	240	1	3	244	207	2	3	212	56	0	2	58
25일	1,500	1,124	74.9%	2,494	3,777	594	2	12	608	644	2	10	656	227	0	9	236

[경기도교육청자료]

자료에서 나타나듯이, 화해중재는 1,500 이상의 신청건수를 기록하고 있으며, 이 중에서 화해조정이 성립된 것은 1,124건 74.9%로 학교 폭력 사안으로는 초등학교 사안 594건, 중등학교 사안 644건, 고등학교 사안 227건으로 총 1,465건 중 76%가 화해되었음을 나타내고 있다.

이에 조정을 위하여 활동한 중재위원은 3,777건이다. 위의 표는 경기도교육청에서 제공된 것으로, 학교 내 갈등 사안에 대하여 화해를 통한 관계 회복과 교육적 해결로 학교 폭력을 예방 및 해소하고 있다는 것을 보여주고 있는 것이다.

화해분쟁조정은 절차에 따라 접수된 사안을 가지고 사안에 적합한 전문가(주·보조) 2명이 투입되어 예비 조정과 본 조정을 통하여 피해 학생의 요구를 수용, 가해 학생은 사과와 반성을 하며, 피해·가해 입장을 이해하여 처벌이 아닌 관계를 회복하는 것에 집중을 하며 재발 방지의 약속 이행문(합의문)을 작성한다.

이러한 화해분쟁조정의 본 조정 이후에 실시한 만족도 조사에서도 99%가 만족한다는 의견이며, 가해 학생 측은 사과를 할 기회를 부여 받고, 심의취소에 동의를 하여준 피해 학생 측에 고마운 마음을 갖게 되었고, 갈등 상황 발생 시에 어떻게 풀어나가야 하는 것이며, 갈등을 피하는 것보다는 갈등을 관리하는 것에 대한 올바른 방법 등을 깨닫게 된 계기가 되었다고 하였다.

또한 피해 학생 측에서는 조정 절차를 통하여 부정적인 감정이나 갈등 감정이 해소되고 진정한 사과를 받게 되었으며 불편하던 마음이 풀렸다는 만족도 조사의 의견이 있었다.

이는 학교폭력대책심의위원회에서 해결하지 못한 교육적인 부분과 제2의 피해를 막을 수 있었다는 점이 비교되는 교육적이고 효율적인 방법으로 화해조정의 매우 큰 강점으로 부각시켰다고 하겠다.

이러한 의견들은 가·피해자의 만족도뿐만 아니라, 교육청의 입장에서도 학교폭력대책심의위원회에서는 변호사 선임과 법정 다툼으로 인한 부담스러움, 또 다른 갈등 상황이 생기는 것을 방지하며, 화해분쟁조정은 전문가 2명의 투입으로 인하여, 학교폭력대책심의위원회 개최 시 1건당 약 100만원 정도 소요되는 예산의 절감도 가져온다는 점에서 만족스럽다고 볼 수 있다.

학교 폭력 사안의 원인이 갈등이라는 것을 깨닫고 있는 현재에서 학교 폭력 사안에서 가해자의 처벌만을 강요한다고 해서 학교 폭력이 예방되는가? 피해자에게 어떤 도움이 되며 학교에서 원활한 학교생활을 위해서 어떻게 하는 것이 좋은 방법인지를 생각하여 본다면 근본적인 방법에 어떤 것이 좋은 방향인지를 선택할 수 있을 것이다.

학교 폭력 사안은 학교 내 갈등 사안의 체계적이고 전문적으로 접근하여 교육적인 해결이 필요하며 이렇게 함으로써 재발방지는 물론이며 학교 폭력예방에서 효율적이라는 것을 다시 강조하고 싶다.

그러기 위해서는 분쟁화해조정의 제도적 장치가 법적인 방향까지 뒷받침이 되어져야 한다. 학교 폭력 사안을 법적으로 해결하지 말자고 하면서 법적인 제도적 장치라니? 의문을 가질 수도 있을 것 같아서, 약간의 설명을 추가로 하자면 전국의 17개 시·도 교육청에서 분쟁화해조정단의 활용이 편차가 큰 부분이 있다. 이는 시·도 교육청마다 받아들이려는 적극적인 자세가 다르기 때문이기도 하며 학교 폭력 사안에서 이렇게 좋은 조정을 활용하고자 한다면 아낌없는 지원과 매뉴얼화 하는 것이 중요한데, 이렇게 되기 위해서는 제도화가 필요하다는 뜻이다.

제도화가 되면 한두 차례로 끝나는 것이 아니라 꾸준하게 적용을 하며, 제도화가 되려면 예산확보가 되어야 분쟁화해조정단을 활성화하는데 무리가 없을 것이란 해석이다.

👍 학교 폭력 가해 조치 솜방망이 처분 사례

동급생을 불러 CCTV가 없는 계단에서 친구들끼리 싸우도록 부추기는 행위를 하여 폭행을 하도록 강요한 학교 폭력사건으로 가해조치 처분은 내려졌으나 동급생을 지속적으로 괴롭힌 가해 학생들에게 출석정지 5일에서 10일의 처분으로 인하여 피해 학생들이 두려움을 호소하게 되었다. 이미 가해 학생 중에서 2명은 이미 1년째 학교에 나오지 않고 있기 때문에 처벌의 효율성과 실효성에서 피해자들은 솜방망이 처분이라고 하면서 두려워하고 있는 2022년 학교 폭력 사안의 한 사례이다.

👍 학교 폭력의 인정 범위에 관한 판례

학교폭력예방법 제2조 제1호는 학교 폭력의 개념에 관하여 규정하고 있으며, 제3조는 '이 법을 해석·적용함에 있어서 국민의 권리가 부당하게 침해되지 아니하도록 주의하여야 한다.'고 규정하고 있는바, 이는 '학교 폭력' 개념의 확대해석으로 인하여 지나치게 많은 학교 폭력 가해자를 양산하거나, 같은 행위를 두고서도 그것을 학교 폭력으로 문제를 삼는지에 따라 위법에 따른 조치대상이 되는지 여부가 달라지는 것을 방지하기 위한 취지의 규정으로 볼 수 있다. 특히 학교생활 내외에서 학생들 사이에 크고 작은 갈등이나 분쟁의 발생은 당연히 예상되고 학교 폭력으로 인하여 학교폭력예방법 제17조 제1항에 열거된 조치를 받은 경우

이를 학교생활기록부에 기재하고 졸업할 때까지 보존하게 되므로, 일상적인 학교생활 중에 일어난 어떤 행위가 학교폭력예방법에서 말하는 '학교 폭력'에 해당하는지 여부는 그 발생 경위와 상황, 행위의 정도 등을 신중히 살펴 판단하여야 한다.

(청주지방법원 2024.3.14. 선고 2023구합52593 판결 등)

※ 위 판례의 내용처럼 학생들 사이에 크고 작은 갈등이나 분쟁의 발생은 당연히 예상되는 것이 학교에서의 생활이다. 가해관련 조치가 아니더라도 이러한 갈등은 얼마든지 예방되거나 감소시킬 수 있다. 그러기 위해서는 교육청·학교·학부모가 화해조정을 이끌어내려는 적극적인 인식을 가져야 할 것이다.

PART 10

학교 폭력 예방을 위한
갈등(관계 회복) 관련 프로그램

01

소통과 경청의 자세 길러 주기

갈등이 생기는 이유 중에서 소통이 되지 않은 때이다. 또 소통의 방해가 생기면 갈등을 일으키게 된다.

▌▌ 갈등과 소통

- 葛藤 – 두 가지 이상의 상반되는 요구나 욕구, 기회 또는 목표에
  직면했을 때 선택을 하지 못하고 괴로워함.

- 疏通 – 뜻이 서로 통하여 오해가 없음.

그림에서 설명하는 갈등과 소통의 개념은 갈등의 개념과 비슷하다고 본다.

소통을 방해하는 원인에는 바로, 생각·감정 표현의 방식에서 공감대를 형성하지 못하고 있기 때문이며 상대의 말을 판단하거나 불통이 되는 이유 역시 '세상의 중심은 나!'라는 생각이 작동하기 때문이다.

'세상의 중심은 나!'라는 생각과 아이 메시지(I-message)는 다르다. 세상의 중심은 나라는 것은 내가 중심이니까, 상대의 말을 무시하고 배려 없고 다른 사람과의 소통을 하지 않는 나만의 해석으로 생각하고 결론을

내는 것으로 하면 안 되는 것이고 아이 메시지(I-message)는 나의 감정을 상대방에게 전달을 하여 오해로 인한 갈등 상황이 생기지 않도록 하는 올바른 방법이다.

그렇다면 소통을 방해받지 않으려면 어떻게 해야 하는가?

타인과 내가 다른 생각을 갖고 있다는 것을 인정하고 받아들이는 것이 우선이며, 내가 아닌 상대방에 의해 소통의 문제가 생긴다고 믿는 것이 문제이기 때문에 타인과 내가 다르다는 것을 인정하고 나의 의견을 표시하여 나 또한 타인과 다르다고 인지해야 한다.

그리고 소통은 갈등을 예방하고 해결하는 데 중요한 역할을 하고 있다고 생각하며 소통의 방법을 구체적으로 인식하는 것이 필요하다.

첫째로, 적극적으로 경청하기는 온몸과 표정으로 할 수 있다.
여기에는 눈 맞춤, 끄덕거림, 이완되고 편안한 자세 등이 있다.

두 번째로, 복잡하지 않고 간결하게 쉽고 명확한 전달을 말인 언어로 하되 비난이나 조롱이 섞이지 아니한다.
적절한 추임새, 문법적 스타일에 맞춘 단어 사용 등이 있다고 할 수 있다.

세 번째로, 상대를 받아들이는 자세로 존중하며 언어가 아닌 마음의 전달 사용하여 신뢰를 높인다.

열린 마음과 존중의 마음이라고 할 수 있다.

이러한 경청으로 상대는 존중을 받는 느낌과 자기 개방을 할 수 있도록 관계 형성이 촉진되며 더 깊은 신뢰감을 제공하게 된다.

하지만 나만의 독특한 소통의 방법보다는 종합적으로는 소통에서, 나만의 방식으로 고집하는 것이 아니라 상대방과의 공통점을 맞춰가는 소통의 방법을 쓰는 것이 좋다.

소통이 되지 않음으로 갈등 상황이 되지 않도록 유념하는 것은 학교 폭력을 예방하는 방법에서 큰 비중을 차지하고 있으며 학교폭력대책심의위원회에서 사안을 살펴볼 때 원인인 경우가 많다.

즉, 학교 폭력예방은 불소통이 되지 않도록 자신의 마음을 표현하며 갈등의 상황을 조기에 해결하는 것이 지름길이라는 것을 깨달을 수 있도록 감정 표현에 대한 교육도 필요하다고 본다. 어쩌면 이러한 방법에 대한 교육이나 예방 캠페인이 없었기 때문에 수년 동안 학교 폭력 예방 활동을 하였어도 계속적인 학교 폭력 사안이 발생하였던 이유가 아닐까 생각한다.

물론 인성교육, 성교육 등에서 소통부분도 다루는데 하는 의견도 있을 수 있다. 하지만 소통이 되지 않음이 갈등 상황이 되어 학교 폭력이 발생한다는주를 이루는 교육보다는 약간의 설명만 하고 지나가지 않는가?

다시, 조금 더 복잡하지 않게 소통의 바른 자세를 정리한다면 의사소통의 자세는 개방적인 태도, 상대방의 정체성 인정하기, 유대감 형성하기, 수용적인 소통 인식하기, 경청의 진정성을 강조하지만 설득이나 훈계는 자제해야 한다.

효과적인 의사소통이 바탕인
대인기술은 학습을 통하여 획득 가능
언어적 행동과 비언어적 행동으로 구성
적절함과 상황의 특성에 맞게 해야 한다

소통에 대한 이러한 능력을 길러주도록 해야 하며, 소통의 친구인 공감에 관한 능력도 역시 길러주어야 한다.

소통이 나만 된다고 소통이 아니라, 상대가 공감한다고 느껴야만 원활한 소통이 되었다고 인식한다. 소통 공감 경청이 따라다닌다고 보면 되겠다.

그렇다면 공감을 방해하는 행동에는 어떤 것들이 있을까? 여러 행동이 있겠지만 주로 나타나는 공감의 방해 행동을 나열해 보았다.

1. 시시콜콜 이야기하면서 상대의 마음을 상하게 하는 경우
2. 감정 조절을 못 하고 갑자기 욱하여 행동이나 말투를 표현하는 경우
3. 가깝거나 아랫사람에게는 싸늘하면서 친하지 않거나 윗사람에게만
   아부하는 경우

4. 지나치게 완벽을 추구하여 상대방이 비교되게 하는 경우

5. 상대의 이야기에 대한 반응으로 전혀 다른 이야기를 꺼낼 경우

6. 상대와 대화에 행동 따른 것을 하고 있는 경우

7. 전혀 다른 주제로 소통을 계속 이어 나갈 경우

공감 이외의 소통이 되지 않고 불통이 되는 이유는 무엇인지 공통된 주요점을 간단하게 나열하여 보면,

1. 상대의 말을 잘라서 말하기

2. 본인의 멋대로 단정하거나 비꼬기

3. 착오와 오류를 생각하지 않기

4. 상대를 존중하지 않는 태도

5. 상대의 말을 집중하지 않고 엉뚱한 방향으로 흐르기

6. 쌍방 대화가 아닌 일방 대화일 때

그리고 공감에서 흔하게 하는 실수가 있다. 추임새와 반응을 보일 때, "내가 다 이해해요", "충분히 알아들었다고요", "이해했다니까요" 식의 반응은 오히려 갈등을 불러일으킬 수 있다.

반면, "그랬구나", "XXX한 느낌이 들었을 것 같아", "그럴 것 같아" 식의 공감은 긍정적인 반응이다.

상대의 관점을 살펴보고 상대인 타인을 이해하고 소통을 시도한다면 효과적으로 소통을 할 수 있다. 나의 관점을 내려놓고 상대를 향한 집중하기는 소통을 방해하는 것으로부터 벗어나는 최선의 방법이다.

이러한 태도나 형태들을 대인기술이라고도 하는데, 소통이나 공감의 능력이 있다고 하여도 대인기술이 미흡할 때에도 관계갈등이 생길 수 있다.

대인기술이란 인간관계를 성공적으로 이끌 사교적 능력이나 사회적 기술이라고도 하며 자신의 권리, 욕구, 의무 등 자신이 원하는 바를 관계에서 효과적으로 수행하는 능력을 뜻하고 있다.

소통과 공감이 쌍둥이라고 보는 이유는 3가지의 관점에서이다.

충분히 들어주는 것!
상대를 인정해 주는 것!
나와 다름을 존중해 주는 것!

무심코 지나칠 수 있는, 이러한 소통과 공감에 관한 능력을 학교나 집에서 길러주어야 한다. 타인과 내가 다른 생각을 갖고 있다는 것을 인정할 수 있고 받아들인다면 소통이 방해받지 않을 것이다. 내가 아닌 상대방 때문이 아니라 다르기 때문에 소통이 되지 않았다는 인식이 생긴다면 갈등을 감소시킬 수 있다. 또래와의 관계에서 다른 가치관을 가졌다는 것을 인정하고 그 다름에 관하여 자연스럽게 대화를 한다면 갈등 상황은 발생하지 않을 것이며 원활한 소통으로 또래와의 관계는 유지된다.

상대방의 다름을 인정하는 것이 소통이지만, 상대방과의 공통점을 만들어 맞춰가는 방법도 소통의 한 방법이다.
소통이 되지 않는 이유 중에 감정 표현과도 관련이 있다고 본다. 동양적인 가정생활에서 자신의 감정을 표현하는 것이 때로는 부담스러운 것이며, 예의가 없다고 보는 주변의 시선이나 "겸손하지 못하다", "참을성이 없다"라는 비난의 시선이 두려워 자신의 감정을 적극적으로 표현하지 못하며 자라온 환경의 요인이 크다고 본다. 따라서 감정 표현인 부정적인 감정의 표현이 잘못된 표현은 아니며, 부정적인 감정을 표현함으로써 갈등이 증폭되지 않도록 하며 부정적인 감정의 표현이라 하여도 욕설이나 비난을 하지 않아도 얼마든지 표현하는 것을 교육해야 할 것이다. 또한 나의 긍정적인 감정이 상대에게는 부정적인 감정으로 느껴질 수도 있다는 것도 적극적으로 깨닫게 하여야 올바른 감정의 표현과 교류로 더욱 친밀한 또래관계나 불편한 관계가 되지 않는다는 점도 상기시켜 줘야 한다.

따라서 올바른 소통의 방법, 자기 자신의 감정을 표현하는 능력을 키우는 프로그램을 통하여 학교 폭력예방에 접근하는 것이 형식적인 캠페인이나 이론에 치중한 강의보다 효과적이며 교육적인 방법이라고 본다.

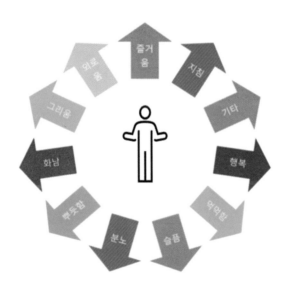

관계회복 프로그램(화해조정) 참여 신청 동의서

* 사안번호: XX-20XX-XX

관련학생	소속학교	학년반	학생 성명	연락처
보호자	성명		연락처	
신청 사유				

관계회복 프로그램(화해조정)을 신청하고자 하며 진행하는 것에 동의합니다.

2020년 ○월 ○일

○○○ 학생 보호자:　　(서명 또는 인)

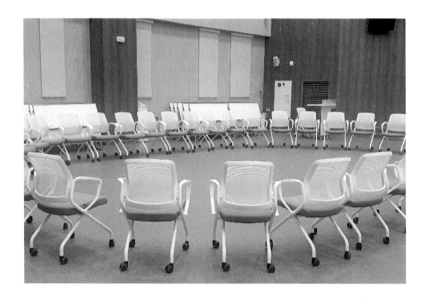

갈등 해소를 위한 화해 조정과 관계 개선을 위하여 가장 중요한 서클 프로그램에 대하여 강조하고 싶다.

2명 이상의 다수를 위한 적절한 프로그램은 관계 회복 프로그램이며 그중에서 서클 프로그램이 있다. 대화를 통하여 갈등 당사자들의 과거나 현재에 직접적인 갈등의 원인이 없다는 것을 파악하였을 때에는 구조를 파악하는 것이 무의미할 수 있기 때문에, 이해관계자가 있다는 것을 파악하고 이해관계자를 대화에 참여시키도록 한다.

서클의 기원은 아메리카 원주민들이 모두 동그랗게 둘러앉아서 평등하게 공동체의 중요한 사항 등을 동등한 자격으로 이야기한 데서 유래한 것으로 대화 모임을 말한다.[27] 원주민 문화에서는 서클이 중요한 상징이 되었다. 그 이유는 공동체 의식이며 평등이고 연결고리를 나타내고자 한 것으로 무한, 영원, 연결성, 순환 등을 상징한다고 보고 있다. 오늘의 협력, 공유, 존중과 같다고 보면 이해가 쉬울 것이다.

서클의 진행자를 키퍼(Keeper)라고 한다. 서클의 진행 방법은 의자를 둥글게 배치하여 앉고 의미 있는 물건을 토킹 피스로 하여 둘러 둔 의자의 가운데 토킹 피스를 둔다. 진행자는 보통 두 명이서 진행하는 게 원칙이나 상황에 따라 한 명 또는 다르게 하여도 된다.

진행자는 토킹 피스를 가진 사람만 말을 할 수 있도록 하고 참여자들에게 토킹 피스가 차례대로 건네지면 대화하며 다른 참여자들은 토킹 피스를 받은 사람이 하는 말에 집중하도록 규칙을 알려야 하며 이끌어야 된다. 토킹 피스를 받은 사람은 안전한 공간에서 자신의 감정을 마음껏 표현하고 다른 사람의 말을 집중해서 듣도록 도와줘야 한다. 하지만 질문을 하거나 주제를 선정할 수 있다는 점, 토핑 피스를 건네받았다고 말을 꼭 해야 되는 것이 아니며 침묵할 권리, 말을 하지 않고 다른 참가자에게 토킹 피스를 건넬 수 있으며 비밀보장이 있음을 진행자는 알려야 된다. 또한 토킹 피스를 처음부터 사용하지 않고 정해진 규칙으로 진행할 수도 있다.

---

27) 네이티브 아메리칸에선 Talking Stick 같은 도구를 사용하여 한 사람씩 말을 하고, 또 다른 원주민의 oral tradition에서 비롯되었다고 하나 원주민 문화의 상징적 의미로 여러 세대에 걸쳐 전해진 전통과 문화적 관습으로 기원전을 언제부터라 정확하게 하지 추정을 할 뿐

키퍼(Circle Keeper)는 단순하게 모임을 이끌고 관리하는 것에서 그치지 않고 공동체가 안전하고 모두의 존중을 받는 환경으로 공평하게 균형이 잡힌 대화로 갈등 해결을 촉진하도록 하는 역할이며,[28] 키퍼는 공감과 겸손과 지혜로써 서클의 주제에 따라 이끌어 가야 된다.

이 서클에는 규칙이 존재하는데 어느 한 사람이 대화를 이끌지 않으며, 자신의 주장을 내세우지 않으며, 다른 사람이 대화를 할 때에는 경청과 공감 하는 자세로, 모두 평등한 가치와 조건을 갖는다는 것을 알고 기억하기 위해 규정(규칙)이 있어야 한다.

서클의 규칙은 참여하는 사람들에게 서클이 목표로 하는 것이 무엇인지 상기시켜 주어야 하는데, 이는 서클 프로그램이 단순하게 놀이를 하거나 무의미한 대화를 하는 것으로 그치지 않는다는 것을 알려주며 프로그램의 적극적인 참여를 유도하여 이끌기 위함도 있다.

서클의 진행자는 서클 프로그램을 도와주며 서클 참여자 모두가 말할 기회가 똑같이 있다는 점을 알려야 되는데, 만약 서클 프로그램의 참여자 중에서 서클 규칙에 반대하는 참여자가 있다면, 기본 규칙을 왜 정해야 되는지, 기본 규칙의 필요성 등에 관하여 참여자 모두와 함께 의논을 해야 한다. 이렇게 하는 이유는 서로 존중을 받는 공간으로 안전감과 신뢰를 높여야 하기 때문이다.

---

28) Joseph Campbell, Harper Chrstopher 등의 학자들이 주장을 하고 있지만 개념을 정확하게 주장하였다고 하기 보다는 원주민의 문화와 전통에서 자연스럽게 발전되었다고 보고 있음

공감과 필요성을 이끌기 위해서는 진행자가 일방적으로 규칙을 정하는 것보다는 서클에 참여하는 참여자와 함께 정하는 것이 바람직하다.

정리를 하자면, 준비된 장소와 배치된 자리에서 서클을 진행하기 전에, 가장 중요한 것은 규칙을 정하고 적용하는 것인데, 진행자가 미리 규칙을 정할 수도 있지만 서클 프로그램의 참여자들이 규칙을 정하게 하는 것이 좋다는 것이다. 단, 규칙은 엄격하지 않아 되지만, 서로를 존중하며 비밀보장을 한다는 것은 강조되어야 한다.

비밀 유지는 기본으로, 평등하게 서로의 입장과 욕구를 소통하며 이야기를 통한 공감대를 형성하며 이해되는 것을, '나 전달법'을 사용하도록 서클 진행자는 진행을 유도해야 한다. 여기서 '나 전달법'은 '나'를 주어로 하여 자신의 생각과 감정을 솔직하게 표현하는 방식인 아이 메시지(I-message)를 활용해야 한다는 것이다.

또 서클의 진행자가 유념해야 될 점이 있는데, 분쟁조정과는 다르게 중립적이지 않아도 된다. 어떤 참여자를 편애하라는 뜻이 아니라, 진행자의 의견이나 감정 등을 이야기하면서 진행을 이끌 수 있다는 뜻이다.

이제 규칙을 정하고 모든 준비가 되었으면 다음과 같은 순서로 하는 것이 일반적이지만 경우에 따라서는 순서가 달라도 괜찮다. 토킹 피스는 선택된 주제에 대한 대화를 시작하는 첫 단계이며, 두 번째 토킹 피스가 돌 때에는 소감을 나눈다. 소감을 나누면서 상대방에 대한 경청의 자세와 소통을 통하여 주제에 대한 공감도 형성된다.

여기서 토킹 피스란 참가자에게서 참가자로 건네는 물건으로 토킹 피스를 가지고 있는 사람만이 말을 할 수 있는 규칙으로 방해를 받지 않고 자신의 생각이나 감정 등을 이야기하며, 다른 참여자들은 경청을 통하여 존중을 표하며 듣는다는 것이다. 토킹 피스를 받은 참여자가 다른 참여자에게 토킹 피스를 넘기는 것은 연결하는 제스처로 여기며 토킹 피스를 건네받은 참여자가 대화의 주체가 되어서 이야기를 하게 된다.

비밀유지로 인하여 내가 어떤 사람과의 불편했던 사실이나 감정 등을 털어놓고 듣는 사람들은 말하는 사람의 감정과 상황을 '그랬구나! 그랬었구나 그럴 수 있었겠다 몰랐었다' 등으로 이해함으로써 갈등은 감소가 된다. 이러한 점들이 있기 때문에 서클 프로그램을 활용하여 관계회복을 위하여 다양하게 진행되고 있다. 서클 프로그램의 마무리는 서클을 하면서 느꼈던 소감을 묻고 참여자들이 하고 싶은 말을 하도록 하여야 한다.

서클에서 합의를 한 부문이 있다면 후속 조치를 할 수 있는데, 후속 대화를 하기로 결정하지 않았다면 후속 조치는 하지 않도록 하는 것이 좋다.

결론적으로 서클 프로그램의 장점은, 서클의 대화 나누기를 통하여 얻어진 결과로 참여자들의 욕구나 목표를 알 수 있고, 자연스럽게 대화 나누기를 하면서 욕구를 만족시켜줄 방법을 서로 생각해 볼 수 있다는 점이다. 이 부분에서 조정과 다른데, 조정은 피해자와 가해자의 입장이 될 수 있지만 서클에서는 특정한 주제에 대하여 참가자 각자의 이야기를 나눌 수 있다는 점이 조정과 다르며 원탁 토론과 비슷하다고 할 수 있다.

하지만, 서클의 시작과 끝의 마무리는 서클을 참여를 하는 사람들에게는 일반적인 모임과는 다르다는 점에서 서클 프로그램의 장점이라는 것을 기억하길 바란다. 진행자가 유념해야 될 부분이기도 하다.

만약에 서클의 진행자가 계획한 목표의 결과를 얻지 못할 때에는 그대로 끝내지 않고 참여자들을 다시 분석하여 계획을 세워야 한다. 그래야 갈등의 해소를 위한 대화로 관계 회복의 효과가 지속할 것이기 때문이다.

아동·청소년들의 또래 관계에서 갈등이 발생하였을 때 서클 프로그램을 권장하는 이유는, 또래들과 만나기 전에 소통의 방법을 몰라서 소심하고 자신감이 없어서 대화를 잘 하지 못하거나 감정을 표현하지 못하는 경우의 아이들이 많았을 것이다. 이런 경우에 서클 프로그램에는 나의 의견을 전달하고 올바른 감정표현과 소통의 방법에 관하여 부담 없이 참여를 하여, 이를 통하여 스스로 연습을 해보는 것으로 접근할 수 있다. 또한 까다로운 이론수업이 아니라 여러 놀이를 통하여 협력하는 방법과 주제를 통한 대화를 나누면서 또래와의 관계를 자연스럽게 접근하며, 서클은 모두를 존중하는 동등한 자격으로 서로 다른 의견이나 생각을 진솔하게 나누는 대화의 공간이며, 갈등, 걱정, 분노 등의 문제에 대하여 해결책을 찾는 점에서 학교 폭력예방과 관계회복을 위하여 권장하고 싶은 이유이다. 그렇다고 놀이에만 치중하여 진행하면 곤란하다. 참여한 학생들이 즐겁게 놀이를 하였다고 하더라도 끝나고 난 뒤에 남은 것이 없다고 느끼게 되어서 진정한 관계 회복을 위한 활동이라는 보람과 존중과 역지사지의 결론보다는 "우리 뭐 했지?", "무엇을 배운 활동이

었지?" 등의 감정으로 시간 보내기로[29] 인식될 경우가 크기 때문이다.

지금까지 서클 프로그램과 관련하여 설명한 내용을 그림과 같이 아래에 정리하였으니 자세히 읽어보기 바란다.

사진처럼 둥그렇게 배치된 의자에 참여자들을 앉게 하고 진행자는 존중, 포용, 공감, 신뢰, 솔직함, 열린 태도를 기본으로 참여할 대상이 누구인지를 확인하며, 기본 규칙을 활용하여 진행을 하는데, 둘러앉은 참가자 중에서 토킹 피스를 차례대로 옆 사람에게 건네고, 주어진 주제나 하고 싶은 이야기를 하는 방식으로 토킹 피스를 건네받으면 의견을 나눌 동등한 지위를 갖고, 개인적인 갈등이나 힘든 현실, 감정에 대한 진심어

---

29) 프로그램을 놀이로만 끝난 학생들 대상으로 조사를 한 결과 91% 왜 했는지 모르겠다는 응답을 하였음

린 대화를 할 수 있도록 진행자는 진행을 한다.

서클은 이러한 이야기를 나눔으로써 다양하거나 특정된 문제 또는 갈등과 관련 주제에 대하여 자신들의 의견을 자유롭고 존중받으면서 나눌 수 있기 때문에 갈등 상황을 서클을 통하여 이야기를 하게 된다면 갈등의 원인이 무엇이며 갈등 해결을 위하여 어떤 방법이 필요한지를 스스로 알 수 있게 된다.

또한 서클의 장점은 분쟁조정보다도 시간적으로 빠르게 갈등을 해소할 수 있다. 그 이유는 모든 참가자들의 의견을 충분히 들을 수 있는 시간이 된다면 참가자 중 갈등 당사자의 욕구와 고통, 좌절, 어려움 등을 간접적으로 알 수 있으며, 다른 갈등의 당사자는 갈등의 해소를 위하여 노력하고 이러한 모습을 눈과 귀로 바로 확인하여 볼 수 있기 때문에 분쟁조정의 합의문을 작성하는 것과 같이 합의를 이끌어 낼 수 있다. 갈등의 직접적인 당사자들이 아니더라도, 감정을 느끼며 공감을 하게 되어 관계의 개선에도 도움이 된다.

서클은 갈등을 경험하고 피해를 입은 당사자도 참여를 하며, 갈등과 연결성이 없는 사람들이 참여를 하기도 하며, 갈등의 이해관계자도 참여를 할 수 있기 때문에 이들이 연결된 공간이라는 것을 인식하도록 이질감을 없애도록 격려와 긍정적인 공간이 되도록, 이러한 노력을 진행자가 이끌며, 갈등의 부정적인 방향은 다른 관점에서 바라보고 이야기를 나누면서 긍정적인 면이 보이게 되면 긍정적인 갈등이 되기 때문에 서클 프로그램이 갈등 상황에서 유용하다.

참가자의 이야기를 들으면서 존중한다는 것은 말을 하는 참가자는 말하는 용기를 얻게 되어서 '나의 전달법'을 터득할 수 있다. 서클의 또 다른 장점이 나의 감정을 타인에게도 전달을 할 수 있는 능력을 높이고 키우는 점에서 갈등 해소에 큰 역할 및 관계회복을 위한 프로그램으로 가장 적절하다고 보고 있으며, 학급의 새 학년이 시작되면 적극적으로 도입했으면 좋겠다.

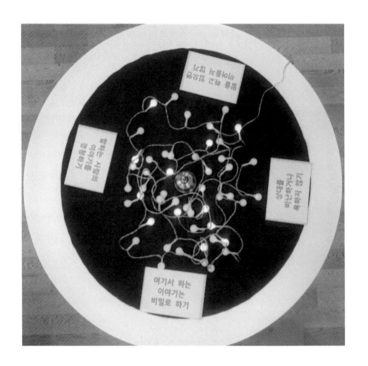

서클 프로그램이 갈등해결에서 중요한 점은, 갈등 상황을 해결했던 사례들을 이야기함으로써 부정적인 갈등 상황을 긍정적으로 갈등 해소의 방향을 제시할 수 있다는 것이다. 이는 관계 형성을 효과적으로 하여 재발을 방지를 할 수 있는 갈등 해결책을 찾을 수 있다는 점이다.

갈등의 상황은 감정적이고 신념적인 요소를 가지고 있어서 효과적인 해결책을 찾기 위해서 정신적, 감정적, 신체적으로 판단을 할 수 있도록 해야 하는데 여기에 적합한 것이 서클이라고 보고 있다.

정리하면, 서클 프로그램이 학교에서 또래 갈등 상황에서 꼭 필요한 이유는 참가자들이 모여 갈등이나 문제에 대하여 이야기를 나누고 풀어나가는 방법으로 자신의 감정을 나누고 공유하는 학습이 이루어질 최고의 장소이며 교육적인 부분에서도 학교, 학급이라는 공동체의 형성이 필요한 이유이다. 특히 교사들에게 학생들을 파악하고 경청과 공감을 일깨워주는 성장의 기회가 무한대인 프로그램이 서클이다. 교사들도 토킹 피스를 건네받으면 자신들이 느꼈던 감정이나 걱정 등에 대하여 이야기하면서 학생들과 공감하고 어려운 점을 서로 이야기하는 소통의 방법이기도 하기 때문에 활용하는 학교가 늘어나고 있다.

서클이 필요한 이유는 동양적인 사상으로 자신의 부정적인 감정을 감추는 것으로 오인하여 표현하지 않으려고 하는 부분이 있기 때문에 갈등을 나타내지 못하거나 표현하지 못하여 사소한 의견의 다름이나 오해가 부정적인 갈등으로 만들 가능성이 높기 때문이다. 또, 갈등에는 회복력이 있다. 회복력이란 갈등의 상황에서 스스로 극복하여 갈등의 감소를 가져오는 것으로 갈등의 회복력이 높다는 것은 자존감이 높다고 생각한다. 자존감이 낮으면 갈등의 상황을 부정적으로만 해석하거나 오해로 쌓여 갈등의 증가를 가져오게 된다. 이는 갈등의 갈등을 계속 이어서 가져오는 결과로 갈등의 증가가 되며 부정적인 감정을 계속 숨기거나 감정을 행동으로 옮겨 폭력성을 가져오게 된다.

부정적인 감정을 감추거나 축소하는 것이 아니라 관리하도록 하는 것이 즉, 갈등상황에서 회복력을 높이며 다름을 인정하여 이해충돌이 생기지 않도록 하는 것이 갈등 관리의 궁극적인 목표라고 본다.

자신의 부정적인 감정을 숨기는 것이 아니라 드러내어 갈등 해소하기 응용

이런 점에서 서클은 갈등 당사자와 직접적인 만남을 기피하거나 자신의 갈등 상황을 들키기 싫은 경우에는 관계회복프로그램을 통하여 갈등 상황을 간접적으로 전달하거나 자신의 감정을 표현하여 소통하고자 할 때에도 가능하다. 감정을 나누고 표현하고 바깥으로 표현하는 방법을 표현하도록 끄집어내는 것, 부정적인 감정을 숨기고 버릴 것이 아니라 갈등 상황에서 어떻게 관리를 해야 하는지를 알도록 하는 것은 아주 중요한 부분이라고 짚어 주고 싶다.

서클 프로그램을 통하여 갈등과 그 갈등 상황을 이해하며 자신의 입장과 욕구를 표현하여 학교 폭력에서의 갈등을 해결하는 실무적인 프로그램으로 학교 폭력의 예방에 앞장설 수 있기에 활용해 보기를 적극 권유하는 이유이다.

학교에서는 학기 초에 서로에 관하여 성향을 몰라 당황스러운 일을 경험하거나 감정표현이 서툰 익숙지 않은 학생들에게 원활한 관계와 소통을 하기 위해서, 사용하여 보는 것을 추천하고 싶다. 자기소개하기보다는 훨씬 공감이 쉽게 형성되어지고 경청과 타인을 이해하는 마음이 길러지며 자신의 감정을 표현하는 것에 도움을 줄 것이다.

PART 11

출생 순위와 양육 환경이
갈등에 미치는 영향

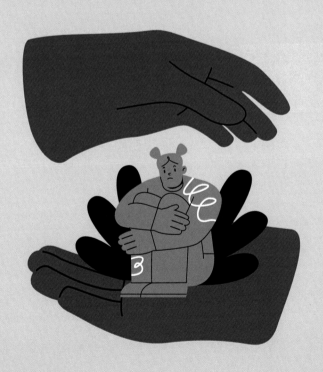

01.   출생 순위와 양육 환경의 영향

출생 순위에 따른 영향에 대해 의미 있게 연구한 여러 심리학자들의 이론의 핵심은 형제자매 간의 출생 순서에 따라 개인의 성격이나 사회 행동이 달라질 수 있다는 것이다. 이러한 이론은 학생들의 학교생활에도 영향을 미쳐 가정에서 결핍되었던 욕구나 정서를 표출할 수 있으며, 이것이 또 여러 가지 모양으로 충족되지 않았을 경우 학교 갈등으로 번질 수 있다는 가능성을 열어준다.

아이는 성격이나 사회적 상호작용 방식과 행동 패턴은 옛 속담에도 있듯이 집안에서나 학교생활에서나 비슷하게 반응할 수 있다. 그러므로 출생 순위를 고려하여 학생의 성격 특성을 이해하는 것은 갈등의 원인과 해결책을 분석하는 데 도움을 줄 수 있다.

부모는 자녀의 출생순서에 따라 기대와 양육 방식이 달라질 수밖에 없다. 자녀는 이 환경에서 자신이 느끼는 대로 자기에게 주어진 가족 내에서 정해진 위치와 맡은 역할에 따라 적절한 기능을 하게 된다. 그러면서 내심 기대를 하게 되지만 그렇게 만족감을 느끼지 못할 경우는 열등감을 느껴 그것을 우월감으로 승화시키려고 노력하게 될 것이다. 이때 주의할 점은 꼭 실제적인 생물학적 출생순위만을 말하는 것은 아니다.

가족 내 위치에서 고유하게 부여받은 역할에 의해 개인이 해석하고 믿고 있는 '순위'가 따로 있으며, 이 부분이 더 중요한 가치가 있다. 예를 들어 맏이가 심한 지적장애가 있거나 하는 불가피한 상황이 있는 경우, 둘째는 맏이를 대신하여 첫째의 역할을 부여받게 될 것이고 터울이 많이 나는 형제자매라면 이미 성장한 언니(누나)나 오빠(형)와 지내는 일이 적어질 것이다. 그는 마치 외동처럼 살아갈 수도 있게 된다. 이러한 예시는 실제적 연대순서보다도 '심리적인 순위'가 더 크게 적용될 수 있다는 것을 보여준다.

인간은 태어나면서 타인에게 인정받고 사랑받기 위해 존재한다. 이러한 현상은 가정에서와 같이 학교에서도 똑같이 일어나며 부모나 형제자매에게 느끼던 감정이나 욕구를 친구들에게나 교사에게 나타낼 것이다. 또한 성인이 되어서도 사회 집단으로 점점 확대되어 나타날 뿐이다. 학생들은 새로운 생활에 적응하고 대처하는 과정에서 협동심을 배우고 관계 맺는 과정에서 성장한다. 그런데 어린 시절에 경험하고 학창 시절에 경험한 고착된 자신의 역할과 결핍은 좀처럼 쉽게 벗어나기 힘들 수 있다.

항상 무대의 중심에 있고 싶은 아동·청소년의 욕구는 자기의 위치가 또래 집단이나 주위 환경으로부터 위협받게 된다고 느끼게 되면 갖가지의 갈등 모습으로 나타날 수 있다. 그러므로 학교 갈등을 살필 때 그들의 욕구는 어떤 종류의 것들인지 구분할 필요가 있다.

출생 순위 이론의 주요 학자

출생 순위 이론을 주장한 학자들은 알프레드 아들러(Alfred Adler), 프랭크 설로웨이(Frank J. Sulloway), 조지 윌리엄스(T. George Williams) 등이 있다. 그중 개인심리학(Individual Psychology)의 창시자인 아들러가 가장 대표적인 학자로 꼽을 수 있다.

[30]알프레드 아들러는 형제자매 간의 출생순서로 인하여 개인에게 미치는 영향에 대해 의미 있는 연구를 해왔다. 인간이 사회적으로 기능하게 되는 배경에는 첫 번째 영향이 가정일 것인데, 이때 사회적 관계와 맥락 속에서 인간의 행동을 이해하기 위해 가정의 여러 가지 변수를 적용하고 연구한 것이다. 아들러의 이론을 좀 더 이해하자면 그는 19세기 말에서 20세기 초에 활동한 오스트리아의 심리학자로서 프로이트(Sigmund Freud)와 함께 정신분석학의 초기를 함께 발전시킨 인물이다. 아들러는 개인을 통합적이고 전체적인 존재로 보려는 관점의 학자로서 무의식의 결핍과 충동으로 지배된다는 프로이트의 주장에 반하는 다른 이론을 내세웠다. 인간은 과거의 결핍이나 충동보다는 앞으로의 삶에 목표를 설정하고 사회적인 맥락에서의 자신을 능동적으로 실현하려는 미래지향적 존재로 보고 있다. 특히 인간이 사회적 존재로 살아가는 자기만의 방식이 있음을 강조하였고 그 과정에서 '열등감'이나 '우월감'의 동

---

30) 알프레드 아들러 (1870~1937) 오스트리아 정신의학자, 개인심리학을 수립, 인간의 행동과 발달을 결정하는 것은 인간존재에 보편적인 열등감.무력감에 대한 보상욕구라고 함

기를 경험하게 된다고 설명하고 있다. 아들러에게 있어서 열등감이나 우월감은 출생 순위를 관심 있게 연구하게 된 동기가 된다.

아들러의 출생순위 이론은 그의 가정환경과 사회적 맥락을 이해할 때 좀 더 쉽게 접근할 수 있다. 가정은 작은 사회이다. 가정이라는 사회에서의 경험이 나중에 성인이 되고서 겪을 수 있는 사회에 대한 반응이 서로 상당한 연결고리가 있다는 것을 염두에 두어야 한다. 가정에서의 자기 위치는 고유한 성격적 특성을 가지게 한다. 출생 순위에 따른 가족 내에서의 역할과 부모의 기대와 관심의 정도는 개인이 느끼기에는 정도가 다 다르게 느껴질 것이며 그에 반응하는 정서에 따라 다양한 방어기제가 만들어져 그 행동이 성격으로 굳혀질 것이다. 형제자매 간의 비교와 기대는 열등감과 우월감이 생기는 대표적 반응이 된다.

아들러는 열등감을 극복하려는 과정에서 자신만의 성격적 특성을 발전시킨다고 보았다.

프랭크 설로웨이(Frank J. Sulloway)는 하버드 대학교(Harvard University)에서 1978년에 과학사(History of Scince)로 박사 학위를 받았으며 20년간 사회과학과 발달심리학에서 출생순위와 가족의 역학이 개인의 성격에 어떠한 영향을 미치는가에 대해 활발한 연구를 하였다.

출생순위에 따른 다른 성향이 생길 수 있음을 과학적으로 탐구한 현대 학자이다. 그는 아들러의 이론을 뒷받침하는 결과를 이끌어낸 학자로서 사람마다의 성격 차이는 가족 내에서 특별한 자신만의 위치를 찾기 위해 다투게 되며 이때 경쟁하면서 발전하고 적응전략이 나온다고 주장하였다. 설로웨이는 출생순서에 따라서 크게 '혁신자'와 '전통주의자'로 나뉜다고 주장하였으며 이는 부모와의 관계에서 어떻게 반응하느냐의 문제라고 보고 있다. 권위자에 대한 반응을 볼 때, 첫째는 권위를 유지하고 보수적이며 전통적인 가치관을 따를 가능성이 컸으며 낯선 경험에 대해서 잘 동조하지 않고 단정적인 편으로 지배적 성향이 두드러진다고 보았다. 이것은 부모의 기대를 충족시켜 드리고자 좀 더 적응적이고 제시된 규칙을 따르려고 하는 심리에서 반영되었을 것이다.

둘째나 이후 자녀는 자신의 위치를 찾고 유지하려는 성향으로 창의적이고 비전통적인 성향을 보이며 기존 체제에 도전하고 더 혁신적이고 반항적인 성향을 갖고 있다고 보았다. 이 연구는 미국, 캐나다의 1,000명을 대상으로 연구하였고 큰 지지를 받았다. 이를 증명하기 위해 그는 과학자들이 새로운 이론에 대해서 어떻게 반응하였는지를 살펴보았는데 첫째로 태어난 다윈이나 아인슈타인, 프로이트 등의 학자들은 새로운 이론을 받아들이는 것을 좋아하지 않는 성향이 있었음을 알게 되었다.

이처럼 출생에 대한 이론들은 가정환경과 그들의 역동적인 서열에서 오는 정서 반응이 얼마나 중요한 것인지를 보여주는 중요한 단서가 되는 이론이라고 할 수 있다. 그의 연구를 집대성한 1996년에 발간된 '타고난 반항아'라는 책은 아마존 상위권 베스트셀러가 될 만큼 지지를 받았다.

조지 윌리엄스(T. George Williams, 1926~2010)는 진화생물학자로서 형제자매 간의 경쟁이 스스로가 살아남기 위해서 가정에서 터득한 생존에 의한 전략이라고 보았다. 부모라는 권위자에 대한 자녀의 반응은 성격을 좌우하고 서로가 차별화된 방향으로 자신의 위치를 정하는 싸움으로 보고 있다. 이기기 위해서 그들은 좀 더 창의적이어야 하며 적응하는 데 최적화되어야 하는데, 첫째는 부모의 지원을 독점하기 위해서 권위적이며 성취 지향적인 태도를 가지게 되고 둘째 자녀는 첫째와는 차별화된 전략으로써 좀 더 독립적이고 반항적인 모습을 갖게 될 수 있다고 하였다.

이처럼 출생순위에 관한 학문적 이론은 많다. 하지만 몇 가지 한계점도 분명 존재한다. 아들러 본인도 꼭 출생순위가 모든 성격에 영향을 미치는 결정적 요인만은 아니라고 경고하였듯이 여러 가지 환경적 요인들을 함께 살펴보아야 하는 것은 당연하다. 예를 들어 부모의 양육 태도가 무엇보다 중요하며, 가족의 경제적 상태와 학교와 친구들 간의 문화적 배경은 가치관을 형성하는 데 있어서 중요한 요소가 된다. 아들러와 프랭크 설로웨이 등의 출생에 관한 이론은 사회적 맥락 속에서 인간을 이해해 보려는 노력에 대한 중요한 의미를 담고 있으며, 가족 내에서의 상호작용이 얼마나 중요한지 보여주고 있다. 이렇게 형성된 자신의 욕구나 기대감은 학교생활에서도 고스란히 나타날 수 있다.

출생 순위에 따른 특징은 요즘에는 자녀를 많이 낳는 추세에 있지 않으며, 두 명이나 외동이 많고 셋 이상의 자녀가 있는 경우는 드문 편이다. 자녀들은 가정에서 형제자매와 지내면서 사회성을 기를 수 있는 연습이 되기 때문에 다자녀의 경우 여러 가지 경험이 제공될 수 있을 것이다.

학자들은 자녀의 출생 순위에 따라 서로 다른 가치관이나 성향, 성격에 미치는 영향이 달라질 수 있다고 주장한다. 출생 순위를 포함한 그들에게 제공되는 가정환경이나 부모와의 관계, 양육 태도를 살피는 것은 학교 갈등의 배경과 원인을 파악하는 데 도움을 줄 수 있다.

출생 순위 이론에 따르면, 출생 순위에 따라 학교생활에 미치는 행동 양식이나 친구들을 대하는 태도, 선생님을 대하는 태도는 다르게 나타날 수 있다. 출생 순위에 대한 차이점을 이해하고 각자가 느꼈을 결핍이나 아픔을 공감하며 건강하게 학교생활을 할 수 있도록 가족 내 조화와 학교 내 조화가 필요하다. 아래는 첫째, 둘째, 가운데, 막내, 외동 학생들의 특징과 그에 따른 가정에서의 양육 방향 및 학교생활의 특징, 학교생활에서 나타날 수 있는 문제 등을 구체적으로 설명하고자 한다.

첫째 아이- 첫째는 종종 부모의 높은 기대와 사랑, 관심을 한 몸에 받으며 자라왔기 때문에 스스로 그에 따른 기대에 부응하고자 하는 열망이 클 수 있다. 부모도 처음부터 부모가 아니라 아이를 낳았기 때문에 부모가 되었듯이 첫째 아이를 기르면서 많은 시행착오를 거치게 된다. 부모가 되기 전에 남편과 아내의 성격이나 문화를 맞춰나가는 것도 버거운 시기인데 둘만이 아닌 이 세상에 있지 않던 귀한 아이를 맞이하고 양육해야 한다는 부담감은 정서적으로나 신체적으로 매우 큰 부담감이 아닐 수 없다. 모든 것이 처음인 불안정한 시기에 생긴 첫 아이기 때문에 온전히 너그러운 사랑과 여유 있는 환경을 제공하기는 어려울 수 있다. 또한 첫 아이를 낳아 애착과 애정과 기대는 그 어느 때보다도 높은 수준으로 내가 어린 시절에는 받지 못했던 결핍의 부분까지 다 채워주고 보상해 주겠다는 열망이 과한 상태일 수 있다.

하지만 열망만 높을 뿐 육아에 대한 노련한 지식과 방법은 서툰 상황이기 때문에 내가 못 하는 부분을 배우자에게 그 기대를 하게 되고 그것을 부응하지 못하는 배우자에게 느끼는 분노와 실망감 때문에 또 다른 스트레스와 부정 정서가 생길 수 있다. 이처럼 부모의 안정적이지 않은 양육 태도와 일관되지 않은 정서적인 실수들을 첫째 자녀들에게 고스란히 나타낼 수 있다. 일관되지 않은 정서적인 실수들은 첫째 자녀들에게 고스란히 나타날 수 있다. 아들러는 첫째 아이를 두고 '폐위된 왕'에 비유한 바 있다. 부모는 첫째가 둘째가 태어나고서 자신이 더 관심을 받기 위해 문제 행동을 보이면 관심과 사랑보다는 이미 다 큰 아이로 생각하고 무관심하거나 벌로 다스리게 되는 경우가 생길 수 있다. 첫째는 이에 타인에게 애정이나 인정을 받기보다는 혼자서 스스로 생존하려는 전략을 세우게 되고 자신의 결핍된 욕구를 살피지 않으려는 초연한 모습을 보이기도 한다.

첫째 아이는 책임감이 강하고 완벽주의 성향으로 어쩌면 사랑보다는 기대감의 압박을 더 크게 느낄 수 있다. 부모에 의한 기대감은 그들로 하여금 자연스러운 책임감을 갖게 만들며 완벽주의 성향의 사람으로 만들 수 있다. 이러한 모습이 생긴 것은 어쩌면 뜻하지 않게 나타난 동생들에게 모범을 보여야 한다는 위치에 놓이기 때문에 부담이 가중될 수 있어 자신의 감정을 통제하려는 성향을 보이기도 한다. 형제나 자매에 대한 책임감이 있는 편이며 권위적인 인물에게 순응하려는 경우가 많다. 특히 성취욕구가 높고 이기려는 마음이 강하기 때문에 자신에게 잣대를 높이 들이대어 자칫 자학하는 듯한 완벽주의 성향의 아이들이 많다. 주위 사람들에게 우월하고 싶은 욕구가 많은 편으로 대인관계가 원만하기보다는 조금은 깐깐하게 보일 수 있다. 또한 자신의 감정을 잘 표현하지 못하는 편으로 감정을 억압하는 상황이 자주 있다 보면 타인들로부터 뜻하지 않은 오해를 쉽게 받을 수 있다.

교육 방향은 부모와 자녀 간에 이루어지는 상호작용의 영향은 이미 자녀의 성장에 있어서 지대한 영향을 미친다는 것은 당연한 일이며, 특히 여러 영향 중에 정서적 유대감이 무엇보다 중요한 부분을 차지한다. 이들을 양육하는 부모의 태도는 그렇지 않아도 우월하고 싶은 서열에 놓여 있는 아이기 때문에 성공에 대한 압박이나 강압적 지시 등을 하지 않도록 조심해야 한다. 승리하는 것이 목표가 아니라 서로가 함께 참여 하고 그 시간을 즐기는 것에 기쁨을 느끼도록 주력하고 용기를 북돋워 줄 필요가 있다. 맏이는 부담이 더 크게 작용하는 위치에 있다 보니 스스로 자신의 감정이나 행동을 통제하려는 성향이 있으므로 부모는 자녀가 작은 실수를 하더라도 너그럽게 대해주며 노력했던 과정에 초점 맞추어 스스로를 존중하고 인정하는 자세를 갖도록 도와주어야 한다.

자녀를 향한 부모의 지나친 기대는 자녀에게 스트레스를 가중시킬 수 있으니 부모는 책임감은 심어주되 현실적인 적당한 기대감을 설정하여 칭찬과 격려를 아끼지 않아야 한다. 또한 가정 내의 작은 프로젝트나 가족 행사와 같은 모임에서 리더의 역할을 해 볼 수 있는 환경은 자존감을 세워주고 책임감을 갖게 하는 데 도움을 줄 수 있다.

둘째가 태어나기 전까지는 외동이었던 첫째 자녀는 동생이 태어나면서 새로운 스트레스를 겪게 된다. 자신을 향하던 부모의 관심이 동생에게로 옮겨갔다고 느낄 수 있으므로 부모는 첫째 자녀와 일대일의 시간을 더 많이 가지려고 노력해야 하며 여전히 자신이 소중한 존재라는 것을 느낄 수 있도록 어리다고 하여 동생만 더 초점을 맞추지 않아야 한다.

둘째 아이- 둘째들은 태어났을 때 이미 위에 존중받고 사랑받고 있는 존재가 있음을 직감하기 때문에 그들이 받고 있던 관심과 사랑을 자신에게로 돌리기 위해 부지런히 노력하게 된다. 따라서 눈치를 잘 보고 비위를 잘 맞추는 성향이 생기기 쉬우며, 반대로 고집을 부려 자신이 관심을 독차지하려는 형태를 보이기도 한다. 주위를 잘 살피기 때문에 손위 형이 어떤 포인트에서 칭찬받았는지 아니면 야단을 맞는지에 대해 인식이 빠르며, 손위 형제자매를 보고 수정 보완하려는 모습으로 성장하는 경우가 많다.

교육 방향으로는 부모는 그들의 욕심과 개성을 존중하고 격려하며 비난하지 않아야 한다. 부모는 자칫 큰아이와 비교하기 쉬운데 이러한 교육은 두 아이에게 모두 좋지 못한 교육이 되며 둘 모두에게 자존감을 낮게 할 수 있는 좋지 못한 결과를 가져올 수 있다. 손위 형제자매와 다툼이 있는 경우 바로바로 개입하여 중재하기보다는 스스로 갈등을 해결할 수 있도록 시간을 줘야 하며 충분히 두 아이의 의견을 들어주고 장단점을 분별할 수 있도록 도와주도록 한다.

가운데 아이- 가운데에 끼인 자녀는 말 그대로 양쪽에 끼인 위치로 불안정할 수 있다. 이러한 환경은 그들로 하여금 여러 가지 면에서 민감한 사람으로 만들 수 있으며 이러한 성향이 좋은 방향으로 쓰이면 센스가 있고 훌륭한 중재자의 역할을 해나갈 수 있는 좋은 자질로 길러질 수 있다. 하지만 부정적인 방향으로 자라게 된다면 자신과 타인에게 예민하여 신경질적이 될 수 있거나 감정적으로 신랄하게 복수하거나 인생이 불공평하다고 생각하여 분노와 자학적 행위가 생기기도 한다. 친구들 사이에서도 자신이 주인공이 되지 못한다는 생각이 들 때라면 편을 가르기 위해서라도 자신에게 유리한 쪽으로 상황을 만들어 버리게 되는 모습을 보이기도 한다.

교육 방향은 부모는 가운데에 끼인 자녀가 온전히 자신만의 부모임을 느낄 수 있도록 개인 대 개인의 시간을 많이 보낼 수 있도록 노력해야 한다. 가족의 다양한 역할에 포함시켜서 좀 더 의미 있는 사람임을 스스로 느끼도록 도와주어야 한다. 다른 자녀보다도 의견을 제일 먼저 물어봐 준다거나 그 자녀의 의견에 따라주는 상황을 자주 연출할 필요가 있다.

막내 아이- 막내는 부모와 손위 형제자매에게 응석받이가 될 만큼 충분한 사랑과 관심을 독차지하여 다른 형제자매에게는 부러움의 대상이 되기도 하고, 반면에 이미 손위 형제자매들에게 여러 가지 교육적인 시행착오, 즉 압박과 강요에 의한 미안함과 회의감에 대한 반대 모습의 교육으로 사랑과 수용만을 허락하는 경우가 있을 수 있다. 그렇기에 막내는 자립심이 없을 수 있고 갈등을 직면하기보다는 회피하고 자기 멋대로 숨어버리는 성향이 생길 수 있다. 어려서 충분히 수용 받고 자란 자녀는 붙임성이 있는 성격으로 무조건적 무리에 소속되고자 하는 성향을 보일 수 있다.

교육 방향은 막내의 특징상 부모나 손위 형제자매가 어리다고 도와주는 일들에 자주 노출되었을 경우가 많으므로 부모는 그들이 스스로 문제를 해결해 보고 책임을 질 수 있는 상황을 만들어줄 필요가 있다. 예를 들어 갈등 상황에서 쉽게 개입하여 구해주거나 아기처럼 취급하여 스스로 자신을 어리고 나약하다고 생각하게 만들면 안 된다. 스스로 선택하고 스스로 책임을 지도록 도와주어야 하며 이 과정을 통해 자신을 신뢰할 수 있도록 격려해주어야 한다.

반면, 외동아이- 외동은 모든 관심과 사랑의 대상이 자신이었으므로 형제자매와 미리 터득할 수 있는 갈등 상황에 놓일 수 없었으므로 자신을 부모와 비교하고 평가하는 경향을 보일 수 있다. 비교의 대상과 자신이 너무 터울이 지기 때문에 자신을 다른 사람에 비하여 쓸모없는 사람으로 느끼는 성향이 내재화될 수 있으며 그렇기 때문에 스스로를 통제하고 책임지려고 하는 경향이 생길 수 있다. 자신이 원하는 대로 되지 않으면 협동을 거부하는 등 돌발 상황도 종종 일어날 수 있다.

교육 방향은 외동은 가정에서 형제자매들과의 협동이나 양보 등 함께 배울 수 있는 기회가 없으므로 다른 가정의 형제자매들과 놀 수 있는 기회를 좀 더 제공해 주어야 하며, 더 세심하게 신경 써 줄 필요가 있다. 이 말은 더 내 아이에게만 집중하고 과잉보호하라는 의미가 아니다. 예를 들어 친구 집에 가서 어울려보기, 친구와 함께 밤을 보내보기 등, 좀 더 자주 다른 집 형제자매와 어울려볼 수 있는 기회를 제공해 주어야 한다.

아동은 싸우는 과정을 통해 무관심한 상황에서 관심을 끌 수 있으며,

싸움과 협박의 행위는 내가 원하는 것을 얻어내는 방법이 되기도 한다. 내가 원하는 것이 있을 때 무엇이든지 내가 할 수 없다면 나는 무가치한 사람이라고 인식하며 오직 힘센 사람만이 이기게 된다는 의식을 갖게 된다. 상대가 다치기 전에 내 스스로 싸움을 멈추게 할 수 있는 것은 다른 사람의 일이 될 것이다. 내가 상처받는 상황이 되면 오히려 복수를 해서라도 나의 억울함이나 분노를 해소하려고 드는 경우도 생긴다. 외동은 타인과의 적절한 대응과 건강한 관계 맺음에 대한 경험을 자주 제공해 주어 한쪽으로 치우치지 않도록 신경 써 주어야 한다.

03. 양육 태도에 의한 생활 양식

부모의 양육 태도에 따른 유형은 지배형, 기생형, 도피형, 사회적 유용형으로 나눌 수 있다.

지배형(ruling Type)은 부모가 자녀를 양육할 때 지배하고 통제하는 독재자형으로 자녀를 양육한다면, 자녀는 독단적이고 공격적인 생활태도를 취하게 되고 활동적이긴 하지만 사회적인 인식이나 관심이 거의 없는 사람이 되어 비사회적인 면에서 타인의 안녕에는 아랑곳하지 않고 행동하는 사람이 될 수 있다.

기생형(getting Type)은 부모가 지나치게 자녀를 과잉보호하며 양육한다면 자녀는 스스로 문제를 해결할 수 있는 기회를 차단당함으로써 자신감이 부족하게 되고 그 결과 인생의 어려운 고비를 스스로 해결할 수 있는 능력이 없다고 판단하여 열등감이 생길 수 있다. 이러한 자녀에게 나타날 수 있는 생활태도의 모습은 기생적인 형태가 되어 자신의 욕구 충족만을 위하여 다른 사람들에게 의존하는 사람이 될 수 있다. 그들의 관심사는 오직 타인으로부터 더 많은 것을 얻어내는 데에 있을 수 있다.

도피형(avoiding Type)은 부모가 자녀의 기를 꺾어버리는 행동으로 양육을 했거나 무관심으로 애정 결여의 양육 태도를 취했다면, 자녀는 매사에 소극적이며 부정적인 생활 태도를 갖게 되고 사회적 관심이 부족한 사람이 될 수 있다. 뿐만 아니라 어떤 형태로든 인생에 참여하려는 활동을 하지 않는 사람이 될 수 있고, 어떤 일에서든 실패하는 것을 두려워하기 때문이며 삶의 과제로부터 도피하는 사회적으로 무익한 사람이 될 수 있다.

사회적 유용형 (socially useful Type)은 아들러의 이론에서 심리적으로 건강한 사람의 표본이라고 할 수 있다. 바로 성숙한 사람의 생활태도의 모습으로 사회적 관심이 많고 자신과 타인들의 욕구를 동시에 충족시키는 한편, 인생과업을 완수하기 위해 기꺼이 다른 사람들과 협동할 수 있는 사람이 될 수 있다.

04. 리더십과 학교 갈등

리더십은 개인이 집단 안에서 어떤 목표를 수행하는 데 주도적인 역할을 하고 그 일을 잘 이끌기 위해 자기가 솔선수범하며 다른 사람들에게 에너지를 주는 능력을 말한다.

리더십은 학교 갈등을 헤쳐 나가는 데 있어서 해결로 이끄는 중요한 능력으로 학생의 기본 자질이 중요한 요소가 된다. 앞서 말했듯이 집안에서의 모습이 학교에서도 고스란히 나타날 수 있기에 출생순위로도 그들의 성향을 살펴보았다. 리더십의 스타일은 저마다 다르기 때문에 리더십의 스타일에 따라 갈등이 해결되기도 하고 갈등의 원인이 되기도 한다. 서로 다른 리더십은 갈등 상황을 어떻게 바라보고 '반응'하냐의 가치관의 문제이다.

권위적인 리더십이란 권위적인 리더십 스타일을 가진 학생은 집단 내에서 강하게 규칙을 설정하고, 이를 따르도록 요구하는 경향이 있다. 이러한 리더십은 팀을 이끄는 데 명확한 방향을 제시하지만, 때로는 다른 학생들과의 의견 충돌을 유발할 수 있다. 자신의 방식을 고집하고 타인의 의견을 수용하지 않으며 공감하는 능력이 부족하다. 공감력이 떨어지기 때문에 함께 수행하는 활동에서의 문제를 일으킬 수 있어 자신이 독단적으로 결정을 내리거나 다른 학생들이 불만을 토로할 때 저항하거나 억압하는 형식을 취할 수 있다.

첫째, 자녀의 특징이 권위적이며, 타인으로부터 자신이 인정받지 않으면 토라지거나 뒤로 물러나버리는 성향이 있음을 기억할 필요가 있다. 이들은 좀 더 타인의 이야기를 듣고 존중하며 협력적인 분위기를 만들 수 있도록 노력할 필요가 있다.

　민주적인 리더십이란 민주적인 리더십 스타일을 가진 학생은 팀원들의 의견을 경청하고, 함께 결정을 내리는 방식을 선호한다. 이러한 리더십은 갈등이 발생했을 때 다양한 의견을 수용하고, 협력적인 해결책을 찾을 것이다. 민주적인 리더십은 학교 내 갈등을 완화시키고 예방하는 데 효과적일 수 있으며, 의견 차이가 나는 활동에서도 중재자의 역할을 하며 학생들 간의 갈등을 예방하고 해결하는 데 도움이 된다. 하지만 리더가 때로는 지나치게 타협적인 태도를 보이거나 결정을 내리는 데 시간이 오래 걸려 우유부단하여 명확한 방향을 제시하지 못할 때 갈등이 오래 머물 수 있다.

　여기서 중재자의 역할이라는 것은 학교 갈등을 해결하는 데 있어서 매우 중요한 요소이다. 학급 대표나 동아리 활동에서 서로의 의견이 안 맞아 충돌이 발생할 경우 모든 구성원의 의견을 균형 있게 듣고 서로 협의할 수 있도록 이끄는 역할로서 중재는 갈등 조정의 중요한 요소라 할 수 있다. 리더는 고정성과 투명성을 가지고 서로에게 이익이 되도록 도우며 어떤 특정의 개인보다는 학급 전체가 좀 더 개선되는 방향을 제시하여 현저하게 갈등이 줄어들 수 있도록 도울 수 있다.

　학생들에게 리더십을 부여하되 남용하지 못하도록 제한하여야 한다. 리더가 자기의 권위를 남용하거나 타인들의 의견을 무시하게 되면 독단적으로 행동할 때 진정한 갈등 해결을 진행할 수 없다. 다른 학생들은 리더 학생에게 불만을 품게 되고 학급 내 분열이나 저항이 발생할 수 있다. 예를 들어 리더가 자신이 친한 친구들만 선택하여 중요하거나 좋은 역할만 맡기고 다른 학생들은 좋지 못한 역할이나 배제할 경우를 예로 들 수 있다. 이것은 갈등의 모습 중 '편짜기'의 모습으로 번질 수 있다.

학교에서는 적절한 리더십 교육을 통하여 어느 특정 학생만의 특권이 아니라 서로 돌아가면서 의무적으로 권한을 주는 것이 좋을 듯하다. 리더십이 교육 프로그램 내용에는 문제 해결 능력과 협상과 조정기술, 의사소통 기술 등을 포함하는 것이 좋다.

학교 갈등은 경쟁 및 협력과 관계가 깊다. 학교에서의 갈등은 경쟁과 협력 간 밀접한 관련이 있는데, 학생들은 학교에서 소소하게 경쟁할 일들과 협력할 일들에 매번 놓이게 된다. 학업이나 체육활동, 봉사활동, 함께 하는 수행평가 등 모든 활동이 경쟁이나 협력을 요구한다. 위의 두 가지 요소는 균형을 잘 이루고 있어야 학교생활이 원활하게 진행된다. 균형을 잘 이루지 못할 때 여러 가지 갈등이 발생할 수 있다.

경쟁은 학생들에게 긍정적인 동기부여를 주기 때문에 과도하지만 않는다면 좋은 효과를 가져온다. 예를 들어 학업 경쟁으로 시험에 관한 결과를 두고 학생들 간의 비교는 성적을 오르게 하고 좀 더 열심히 공부하는 자세를 취하기 때문에 긍정적 효과를 가져온다. 뭐든지 과하지만 않으면 경쟁의 순기능은 작동한다.

첫째 자녀(아이)는 종종 리더 역할을 맡으며, 자신이 주도적인 역할을 할 때 편안함을 느낀다. 이들은 갈등 상황에서 리더십을 발휘하려는 경향이 있지만, 다른 학생들이 이를 거부하거나 반항할 경우 갈등이 발생할 수 있다.

막내 자녀(아이)는 종종 추종자 역할을 맡거나, 갈등 상황에서 유머나 타협으로 문제를 해결하려 할 수 있다. 이들은 강한 리더십을 가진 친구와의 관계에서 문제가 생기기보다는 자신이 무시당하거나 소외감을 느낄 때 갈등을 겪을 가능성이 크다.

둘째 자녀(아이)는 형제간의 경쟁 속에서 성장했기 때문에 또래와의 경쟁에서 갈등을 겪을 가능성이 높다. 그러나 동시에 협력적인 성향을 보이기도 하며, 자신이 경쟁에서 인정받을 때 더 협력적인 행동할 수 있다.

외동 자녀(아이)는 경쟁보다는 독립적인 성향이 강하며, 자신이 해야 할 일을 혼자 처리하는 경향이 짙다. 따라서 협력적인 환경의 갈등 상황에서 적응하는 데 어려움을 겪을 수 있다는 점을 유념해야 한다.

PART 12

부록

특별교육 개념

학교폭력대책심의위원회에서 가해관련 학생에게 2호 이상(5호 제외) 처분 결정 시에 교육감이 정한 기관에서 특별교육을 이수하거나 심리치료를 받아야 된다. 특별교육에서는 가해 학생뿐만 아니라 가해 학생의 보호자도 함께 교육을 받아야 된다.

특별교육 이수 시간	처분 대상	교육 기관
4시간 이내	2호 보복행위 금지 3호 학교봉사	교육감이 지정한 기관 (시·도 학부모지원센터, Wee센터, 청소년꿈키움센터, 청소년상담복지센터, 평생교육센터 등)
5시간 이상	4호 사회봉사 5호 특별교육(심리치료) 6호 출석정지 7호 학급교체 8호 전학	교육감이 지정한 기관 (시·도 학부모지원센터, Wee센터, 청소년꿈키움센터, 청소년상담복지센터, 평생교육센터 등)

2호~5호 : 단위학교 및 지역아동센터

5호~6호 : 지역아동센터, 대안교실

5호~8호 : 대안교실, 학생교육원, Wee센터

특별교육 미이수 시 과태료 부과

특별교육은 서면으로 안내가 되며, 3개월 이내 미이수할 경우 교육청으로 통보가 된다. 교육청은 보호자에게 14일 이내 재통보를 하며 그럼에도 1개월 이내 미이수할 경우에는 과태료가 부과될 수 있다. 즉 특별교육 이수 통보를 받은 가해 학생 보호자는 받은 날로부터 3개월 이내 특별교육을 받아야 하며 불응할 경우(추후 1개월 이내 이수 요청 통보) 과태료 300만 원이 부과된다.

위반행위(법조문)	과태료 금액
법 제17조제9항을 위반하여 특별교육을 이수하지 않은 자 (법 제23조제2항)	300만원

※ 3개월 이내 미이수 시 → 1개월 이내 이수 통보 → 1개월 이내 미이수 시 → 과태료 부과 예고 통보 → 14일 동안 미이수 → 300만 원 이하 과태료 부과

👍 특별교육 관련 판례

보호자의 특별교육 처분만의 취소를 다툴 수 있는지와 관련된 판례를 살펴보면, 가해 학생 보호자에 대한 특별교육 이수 조치는 가해 학생이 특별교육을 이수해야 하는 경우 그 목적을 달성하기 위하여 해당 학생의 보호자에게 하는 부수처분으로서 가해 학생의 특별교육 이수를 전제로 하므로, 가해 학생에 대한 처분과 별도로 존재하거나 다툴 수 있는 것이 아니다.

즉, 가해 학생에 대한 특별교육 이수 조치가 유효하여 가해 학생이 특별교육을 이수하는 경우 해당 학생의 보호자는 위 규정에 근거한 처분에 따라 함께 교육을 받아야 하고, 가해 학생에 대한 특별교육 이수 조치가 위법하여 취소되거나 무효로 되어 가해 학생이 특별교육을 이수하지 아니하게 되는 경우에는 해당 학생의 보호자에 대한 특별교육 역시 이를 이수하게 할 근거를 상실하게 된다.

운동부 학생의 가해 조치 결과에 대한 대회 참가 제한 기간

제한 기간	3개월	6개월	12개월	5년	10년
조치 결과	1호/2호/3호	4~7호	8호	9호: 성추행, 성희롱, 폭력 등	9호 : 강간, 유사강간 및 이에 준하는 성폭력

※ 폭력 문제가 사회적으로 심각하게 되면서 교육부와 문화체육관광부가 학교 폭력이 학교 운동부에서 발생하는 것을 근절하기 위하여 실시하게 된 조치로 형사사건과는 별개로 학교폭력대책심의위원회의 조치 결과에 따라서 3개월에서 10년까지 대회 참가가 금지된다. 1년 이상의 대회참가 금지 징계가 된다면 국가대표 선발이나 체대 입시에도 상관이 있을 것이다.

단계	주요내용	관련 기관
① 사안 접수	■ **(접수경로)** 전수조사 및 신고센터를 통한 사안 접수 • 전수조사를 통한 사안 접수 시 교육(지원)청 주관 이후 단계(이하 ②~⑥) 진행 • 신고센터를 통한 사안 접수 시 해당 시도교육청 확인 및 배정(교육부 → 교육(지원)청, 보안처리˙ 후 공문 발송) * 신고자의 개인정보는 교육부에서만 관리	교육부 교육 (지원)청
② 개별 면담	■ **(대상)** 해당 학교 전체 학생선수 개별 면담 실시 ■ **(방법)** 교육(지원)청 업무담당자는 해당 학교를 방문하여 학생선수 전체를 대상으로 개별 면담 실시 • 방문일은 보안을 유지하고, 대기 공간과 면담 공간을 분리하되 대기 공간에서는 학생선수 간 대화 금지 ※ 피해 종목과 학년이 명확한 경우 해당 종목 및 학년만 실시 가능	교육 (지원)청

단계	주요내용	관련 기관
③ 폭력 발생 사실 판단	■ 개별 면담 결과를 바탕으로 폭력 발생 사실 확인 • 폭력 발생 확인 시 이후 단계 진행 • 폭력 미발생 확인 시(허위 신고 등) 종결 처리하고 후속조치 결과("폭력 미발생")를 교육부로 제출(공문) ※ 폭력 발생여부를 최종 판단하기 위해 학생선수 대상 유선을 통해 개별 면담 중 밝히지 못한 내용이 있는지 재확인 철저	교육 (지원)청
④ 폭력 발생 사실을 학교 안내	■ 폭력 발생 사실을 해당 학교로 안내(보안처리 후 공문 발송, 교육(지원)청→해당 학교) ■ 학교 폭력 신고 접수(학교, 신고접수대장 기록)	교육 (지원)청 학교
⑤ 학교 폭력 사안처리	■「2020년 학교 폭력 사안처리 가이드북」에 따른 사안처리 절차에 따라 조치 • 초기대응, 사안조사, 학교장 자체해결 여부 심의, 심의위원회 조치 결정, 조치이행 등	학교 교육 (지원)청
⑥ 후속조치 결과 제출	■ (신고센터로 접수된 경우) 조치결정 결과(학교장 자체해결 또는 심의위원회 심의의결 결과)를 학교 체육담당 부서로 제출(공문) • 학교장 자체해결 결과 보고서 첨부 또는 심의위원회 심의·의결 등 조치 결과 명시 • 학교→교육(지원)청→교육부 ■ (전수조사로 접수된 경우) 교육청은 후속조치 결과(엑셀 서식-안내 예정)를 매월 말까지 교육부로 별도 제출	학교 교육 (지원)청 교육부
⑦ 결과 안내	■ 신고센터에 본인 인증을 통한 신고로 접수된 경우 신고자 메일을 통한 조치 결과 및 이후 처리 절차 안내	교육부

[운동선수일 경우 조사 순서]

다른 법에서의 학생 징계 유형

① [학교폭력예방법]에 근거한 학교 폭력 가해 학생에 대해 심의위원회
에서 선도·교육 조치를 내리는 경우
1호 서면사과, 2호 보복금지, 3호 교내봉사, 4호 사회봉사,
5호 특별교육이수 및 심리치료, 6호 출석정지,
7호 학급교체, 8호 강제전학, 9호 퇴학

② [초·중등교육법]에 근거한 학교 규칙을 위반한 학생에 대해 생활교
육위원회(선도위원회)를 개최하여 징계를 하는 경우
1. 교내봉사(3일 이내), 2. 사회봉사, 3. 특별교육 이수(6일 이상), 4. 출
석정지(1회 10일 이내, 연간 30일 이내), 5. 퇴학 처분(고등학생만 해당)

③ [교원지원법]에 근거한 교육활동 침해행위를 한 학생에 대해 교권
보호위원회를 통해 조치하는 경우
1. 학교봉사, 2. 사회봉사, 3. 특별교육(학폭심의위에서와 같음), 4. 출
석정지, 5. 학급교체, 6. 전학, 7. 퇴학처분(고등학생만 해당)

※ 학교폭력대책심의위원회의 조치에서 특별교육이란, 학내외 전문가에 의한
특별교육 이수 또는 심리치료를 말하고 있다.

비교한 표를 꼭 참조하길 바란다.

사안 유형	생활교육위원회	학교폭력 전담기구 학교폭력대책심의위원회	교권보호위원회
근거	초·중등교육법 및 시행령	학교폭력예방법 및 시행령	교원의 지위 향상 및 교육활동 보호를 위한 특별법 및 시행령
사안 유형	학생생활규정(학교 규칙) 위반	학교폭력	교육활동 침해
운영 기관	학교	학교, 교육지원청	학교 (2024.3.28.부터 교육지원청), 서울특별시교육청
위원회 구성	[재량]학교 규칙으로 정함	[필수]법령에 근거하여 구성	[필수]법령에 근거하여 구성
징계 조치	[1호] 학교내의 봉사 [2호] 사회봉사 [3호] 특별교육이수 [4호] 1회 10일 이내, 연간 30일 이내의 출석정지 [5호] 퇴학처분 (퇴학 의무교육 대상 제외)	[1호] 피해학생에 대한 서면사과 [2호] 피해학생 및 신고·고발 학생에 대한 접촉, 협박 및 보복행위의 금지 [3호] 학교에서의 봉사 [4호] 사회봉사 [5호] 학내외 전문가에 의한 특별 교육이수 또는 심리치료 [6호] 출석정지 [7호] 학급교체 [8호] 전학 [9호] 퇴학처분 (퇴학: 의무교육 대상 제외)	[1호] 학교에서의 봉사 [2호] 사회봉사 [3호] 학내외 전문가에 의한 특별교육 이수 또는 심리치료 [4호] 출석정지 [5호] 학급교체 [6호] 전학 [7호] 퇴학처분 (퇴학 의무교육 대상 제외)
학교내의 봉사· 사회봉사· 특별교육이수의 시간·일수 상한	상한 제한 없음	상한 제한 없음	상한 제한 없음
출석정지	1회 10일 이내, 연간 30일 이내	상한 제한 없음	상한 제한 없음
징계 근거	초·중등교육법 제31조 1항	학교폭력예방법 제17조 1항	교원지위법 제18조 1항 (2024.3.28.부터는 교원지위법 제25조 제1항)

청소년 나이의 기준

청소년기본법과 청소년보호법이 있는데, 청소년기본법에서 정의하는 청소년은 9세 이상 24세 이하인 사람을 말하며, 청소년보호법에서는 만 19세 미만인 사람이다. 청소년보호법은 만 나이가 아닌 연 나이를 기준으로 만 19세가 되는 해의 1월 1일을 맞이한 경우는 제외하고 있다.

아동이 건강하게 출생하고 안전하며 행복하게 자랄 수 있도록 아동의 복지를 보장하는 것을 목적으로 제정한 아동복지법에서는 아동은 만 18세 미만인 사람으로, 아동의 연령이 18세 또는 보호 목적이 달성되었다고 인정될 경우 아동의 보호 조치를 종료할 수 있다.

또한 민법에서는 만 19세를 기준으로, 만 19세 미만은 미성년자로 만 19세 이상은 성년으로 구분한다. 아동·청소년은 만 19세 미만을 말한다.

관련법	용어	연령	관계부처	비고
청소년기본법	청소년	9~24세 이하	여성가족부	24세 포함
청소년보호법	청소년	19세 미만	여성가족부	연 나이*
아동복지법	아동	18세 미만	보건복지부	
근로기준법	근로연소자	15~18세 미만	고용노동부	
소년법	소년	19세 미만	법무부	
형법	형사미성년자	14세 미만	법무부	
민법	미성년자	19세 미만	법무부	
공직선거법	선거권자	19세 이상	법무부	선거권 부여

청소년 관련 법과 기준 요약

참고로 아동·청소년 대상 성범죄 발생 신고의무 기관은 다음과 같다.

1. 유치원
2. 학교, 위탁교육기관
3. 학생상담지원시설, 위탁교육시설
4. 제주 국제학교
5. 의료기관
6. 아동복지시설, 통합서비스 수행기관
7. 장애인복지시설
8. 어린이집, 육아종합지원센터, 시간제 보육서비스 지정기관
9. 학원, 교습소
10. 한부모가족복지시설
11. 성매매 피해자 등을 위한 지원시설, 성매매 피해 상담소
12. 성폭력 피해 상담소 · 피해자 보호시설
13. 가정폭력 관련 상담소 · 피해자 보호시설
14. 청소년 상담복지센터, 청소년쉼터
15. 학교 밖 청소년 지원센터
16. 청소년 보호 · 재활센터
17. 체육단체
18. 대중문화 예술기획 업소
19. 청소년활동시설

소년보호재판의 구체적인 절차

범죄소년이나 비행소년의 보호가 필요하여 미성숙의 소년이라는 기본
적 이해로 적합한 보호 조치를 강구하는 것을 목적으로 하여, 경찰·검
찰·법원으로부터 송치·이첩된 소년사건에 대하여 비행원인을 조사·심리
하여 최적의 보호처분을 행하는 재판을 위한 소년보호사건은 가정법원
소년부 또는 지방법원소년부의 관할이다. 소년의 여러 상황 등에 대한
조사관의 의견과 감별관의 감별의견 등 관련 전문가의 조언 등을 참조
하여 처분결정을 한다.

촉법소년이라는 말을 한 번쯤은 들어왔을 것이다. 만 10세 이상 14세
미만의 아동을 말하나 처벌을 받지 않는다는 뜻이 아니라 형사재판의
대상이 아니라는 뜻으로, 만 10세 이상 19세 미만의 아동 청소년은 소년
법의 적용대상이 된다.

소년법원은 경찰, 검찰, 법원으로부터 보내온 소년사건에 관하여 비행
원인을 조사하고 심리하여 이에 맞는 최적의 보호처분을 내리는 재판기
관이다. 현재 서울가정법원, 대구·부산·광주에 지방법원 소년부지원, 대
전·춘천·청주·전주에 지방법원 소년부 등 8개소가 있다.

사건이 접수되면 조사를 하고 소년보호재판은 송치나 통고에 의하여
시작된다.

송치란 경찰서장, 검사, 법원 등이 사건, 기록 등을 다른 관공서 등에 보내는 것을 말한다. 소년보호사건을 법원 소년부에 송치하는 경우에는 경찰서장의 송치, 검사의 송치, 법원의 송치 등 3가지가 있다.

경찰서장의 송치는 촉법소년과 우범소년에 해당하는 소년이 있을 때에는 경찰서장은 직접 관할 법원 소년부에 송치해야 한다.

검사의 송치는 소년에 대한 형사사건을 수사한 결과 보호처분에 해당하는 사유가 있다고 인정한 경우에는 검사는 사건을 관할 법원 소년부에 송치해야 한다.

법원의 송치는 법원에서 소년에 대한 형사사건을 심리한 결과 보호처분에 해당할 사유가 있다고 인정하면 사건을 관할 법원 소년부에 송치해야 한다.

통고제도란 보호자 등이 경찰서, 검찰청 등의 수사기관을 거치지 않고 직접 사건을 법원에 접수시키는 절차로, 소년 문제의 초기 단계에서 간편하게 법원에 소년 문제의 해결을 의뢰할 수 있는 제도를 말하는데, 소년을 수사기관에 보내서 수사를 받게 하는 부담을 주지 않고 소년 문제를 해결할 수 있다는 점에서 자주 택한다. 통고는 서면으로 할 수도 있고 말로 할 수도 있다.

조사란 소년에 대한 보호의 필요성에 관한 자료를 수집·분석하는 것으로서 생활환경조사의 기능을 가지고 있어서 소년보호사건이 접수된 후에는 조사단계로 넘어가는데, 소년보호사건의 심판절차는 조사단계와 심리단계로 나눠진다.

여기서 심리란, 조사된 자료를 기초로 하여 비행 및 보호의 필요성이 있는지 여부를 판단하고 적절한 보호처분을 결정하는 것으로서 사법적 기능을 가진다. 또한 소년부 판사는 사건을 조사 또는 심리하는 데에 필요하다고 인정하면 소년의 감호에 관하여 결정으로써 보호자, 소년을 보호할 수 있는 적당한 자 또는 시설에 위탁, 병원이나 그 밖의 요양소에 위탁, 소년분류심사원에 위탁하는 조치를 임시로 할 수 있다.

이때 소년분류심사원에 위탁하는 조치를 제외한 나머지의 경우 위탁기간은 3개월을, 소년분류심사원에 위탁하는 조치의 경우 그 위탁기간은 1개월을 각 초과하지 못한다. 단 특별히 계속 조치할 필요가 있을 때에는 한 번에 한하여 결정으로써 연장할 수 있다.

최종적인 결정을 소년부 판사가 내리는데, 보호처분을 할 수 없거나 할 필요가 없다고 인정하는 경우 아무런 처분을 하지 않기로 하는 결정으로 불처분 결정을 내려 사건은 종결된다.

판사가 금고 이상의 형에 해당하는 범죄 사실이 발견되고 그 동기와 죄질에 비추어 형사처벌을 할 필요가 있다고 인정하는 경우 검사에게 송치하는 결정을 내리게 된다.

소년보호처분 결정: 보호처분을 할 필요가 있다고 인정하는 경우에 다음과 같이 보호처분을 내리는데, 경우에 따라서 이 10가지 중에서 몇

가지 보호처분을 함께 묶어서 할 수도 있다. 소년법원의 판사는 아래와 같은 보호처분을 내린다.

대상 연령	보 호 처 분 종 류	기간(제한)
10세이상	보호자 또는 보호자를 대신하여 소년을 보호할 수 있는 사람에게 감호위탁	6개월 + 6개월
12세이상	수강명령	100시간 이내
14세이상	사회봉사명령	200시간 이내
10세이상	보호관찰의 단기 보호관찰	1년
	보호관찰의 장기 보호관찰	2년 +1년
	「아동복지법」상의 아동복지시설 또는 그 밖의 소년보호시설에 감호위탁	6개월 +6개월
	병원.요양원 또는 「보호소년 등의 처우에 관한 법률」상의 소년의료보호시설에 위탁	
	1개월 이내의 소년원 송치	1개월 이내
	단기 소년원 송치	6개월 이내
12세이상	장기 소년원 송치	2년 이내

① 1호 처분: 보호자 의무. 소년의 보호자 또는 보호자를 대신하여 소년을 보호할 수 있는 자에게 감호를 위탁하는 처분으로 보호처분의 내실을 위하여 보호자의 보호능력이 부적절하다고 인정되는 경우 자원 보호제도를 두고 자원지도자의 지도와 감독을 받도록 하고 있다. 보호자 등에 대한 감호위탁의 기간은 최단기간을 6월로 하고, 최장 1년까지로 가능하다

② 2호 처분: 수강명령. 독립된 보호처분으로 개정. 12세 이상(기존 16세에서 12세로 개정). 100시간 이내로 수강명령은 원래 비행성이 비교

적 약한 비행소년들로 하여금, 특성에 따라 사회적응을 위한 일반소양, 지능개발, 준법교육 또는 인성개발, 성격조정이나 악습조정을 위한 특수교육 및 정신교육, 약물사용 금지를 위한 치료적인 각종 전문교육 등을 적절하게 받을 수 있게 하고 있다.

③ 3호 처분: 사회봉사명령. 독립된 보호처분으로 개정. 14세 이상(기존 16세에서 14세로 개정). 200시간 이내로 사회봉사명령(Communnity Service Oeder)은 보호관찰과 마찬가지로 구금형의 폐해를 방지하고 범죄인의 사회복귀를 촉진하기 위하여 내리는 처분이다.

④ 4호 처분: 소년을 보호관찰관의 단기보호관찰을 받게 하는 것으로 부모의 보호와 법원의 보호관찰을 함께 받는 처분으로, 전문보호관찰관에 의하여 사회 내에서 보호관찰관의 단기보호관찰을 받게 하는 처분이다. 이는 전문보호관찰관에 의하여 사회 내에서 1년 동안 지도와 원호를 받아 건전하게 사회에 복귀할 수 있도록 한다. 또한 사회봉사명령과 수강명령을 병행할 수 있다.

⑤ 5호 처분: 보호관찰관의 보호관찰을 받게 하는 처분으로 그 기간을 2년으로 하고 필요에 따라 1년 연장할 수 있고 사회봉사명령 또는 수강명령을 병행 가능하다. 참고로 보호관찰은 전국 12개 보호관찰소와 6개 지소에서 담당하고 있다.

⑥ 6호 처분: 아동복지시설 또는 소년보호시설에 감호를 위탁하는 것으로 위탁기간은 6개월로 하되 6개월의 범위 안에서 연장할 수 있

다. 소년원 송치 처분에 비하여 강제적 요소가 약한 대신에 복지적 성격이 강하다고 볼 수 있다.

⑦ 7호 처분: 병원, 요양소 등에 위탁하는 것으로 그 기간은 6월을 원칙으로 하고 6월의 범위 안에서 연장할 수 있도록 한 처분이다.

⑧ 8호 처분: 1개월 이내로 소년원에 송치(쇼크구금)하는 것으로, 사회 내 처우인 장기보호관찰 처분과 병합할 수 있는 유일한 소년원 송치 처분으로 해석된다.

⑨ 9호 처분: 단기로 소년원에 송치하는 것으로, 그 기간은 6월을 초과하지 못한다.

⑩ 10호 처분: 소년원에 송치. 12세 이상. 2년 이내. 자유에 대한 강제적 제약의 정도가 가장 높다고 볼 수 있다. 소년원에서의 수용교육은 소년을 사회로부터 격리시키기 때문에 부정적인 면도 많다. 그렇지만 범죄에 취약한 환경으로부터 보호될 수 있다는 점에서 긍정적인 면도 있다고 본다.

15. 학교 폭력 경찰 사건 접수

15-1. 경찰 고소·고발 접수 등 처리 절차

: 고소장(고발장) 접수

→ 고소장(고발장) 내용 검토

→ 고소인(고발인) 조사

→ 피고소인(피고발인) 소환 조사

→ 피고소인(피고발인) 출두 범죄 혐의 사실 조사

→ 필요시 구속영장 신청(경찰 36시간 이내, 검찰 48시간 이내)

→ 법원 심사 → 유치장 입감

→ 혐의 인정 시 경찰에서 검찰로 송치

→ 혐의 인정 시 검찰에서 법원으로 기소

→ 법원 재판(1심, 2심, 3심)

15-2. 경찰 사건 결정 통지서

: 통상 경찰에서 따로 통보하지 않고 사건을 접수한 검찰에서 아래와 같이 문자 메시지로 통보합니다.

[Web발신]
귀하와 관련하여 ▮▮▮▮경찰서에서
송치한 사건은 2024-03-21 인천지검
2024형제▮▮▮▮호(주임검사 ▮▮▮)로
접수되었으며, 자세한 사건 진행 내역은
형사사법포털 사이트(www.kics.go.kr)에서
확인할 수 있습니다. 휴대전화 번호가 변경된
경우 정확한 안내 메시지 수신 등을 위해
검사실로 알려주시기 바랍니다.

MMS
오전 10:05

■ 검찰사건사무규칙 [별지 제160호서식]

피의사건 결정결과 통지서

예 대한 피의사건에 관하여 아래와 같이 결정하였으므로 통지합니다.

○○○ **검찰청**

검사 ㊞

| 사 건 번 호 | | 년 형제 호 |
| 결 정 일 자 | | |

결 정 최 명	결 정 결 과

-결정결과에 대한 안내-

1. **'구공판, 구약식'** 결정은 사건에 대하여 법원에 재판을 청구하는 결정으로, 법원에 문의하여 법원 사건 번호를 확인하고 대법원 인터넷 사이트(safind.scourt.go.kr/sf/mysafind.jsp)에서 재판진행 상황을 확인할 수 있습니다.
2. **'기소유예'** 결정은 죄는 인정되나 정상을 참작하여 기소를 하지 않는 결정입니다.
3. **'혐의없음'** 결정은 증거 부족 또는 법률상 범죄가 성립되지 않아 처벌할 수 없다는 결정입니다.
4. **'죄가안됨'** 결정은 피의자가 14세 미만이거나 심신상실자의 범행 또는 정당방위 등에 해당되어 처벌할 수 없다는 결정입니다.
5. **'공소권없음'** 결정은 처벌할 수 있는 시효가 경과되었거나 친고죄에 있어서 고소를 취소한 경우 등 법률에 정한 처벌조건을 갖추지 못하여 처벌할 수 없다는 결정입니다.
6. **'각하'** 결정은 위 2~5의 사유에 해당함이 명백하거나, 고소인 또는 고발인으로부터 고소·고발 사실에 대한 진술을 청취할 수 없는 경우, 또는 사안이 경미하여 수사의 필요성이 인정되지 않는다는 결정입니다.
7. **'참고인중지'** 결정은 참고인 등의 소재불명으로 참고인 소재발견 시까지 수사를 중지하는 결정입니다.
8. **'보완수사요구(결정)'** 결정은 송치사건의 보완 수사가 필요한 경우 경찰에게 기록을 송부하는 결정으로, 문의사항이 있는 경우 담당검찰서로 연락하시기 바랍니다.
   ※ 「검사와 사법경찰관의 상호협력과 일반적 수사준칙에 관한 규정」(제59조제1항)은 검사는 사법경찰관으로부터 송치받은 사건에 대해 보완수사가 필요하다고 인정하는 경우에는 특별히 직접 보완수사를 할 필요가 있다고 인정되는 경우를 제외하고는 사법경찰관에게 보완수사를 요구하는 것을 원칙으로 할 것을 규정하고 있습니다.
9. **'공소보류'** 결정은 국가보안법 제20조(공소보류)에 따라 형법 제51조(양형의 조건)의 사항을 참작하여 공소 제기를 보류하는 결정입니다.
10. **'이송'** 결정은 타 검찰청 또는 타 수사기관으로 사건을 이송하는 결정입니다.
11. **'소년보호사건 송치'**, **'가정보호사건 송치'**, **'성매매보호사건 송치'**, **'아동보호사건 송치'** 결정은 가정법원으로 사건을 송치하는 결정입니다.

❋ 문의사항이 있을 경우에는 전화 000-0000으로 연락하시기 바랍니다.

215mm × 297mm [백상지(80 g / ㎡)]

15-4. 경찰 시정조치 요구 관련 절차

① 검사는 사법경찰관리의 수사과정에서 법령위반, 인권침해 또는 현저한 수사권 남용이 의심되는 사실의 신고가 있거나 그러한 사실을 인식하게 된 경우에는 사법경찰관에게 사건기록 등본의 송부를 요구

② 제1항의 송부 요구를 받은 사법경찰관은 지체 없이 검사에게 사건기록 등본을 송부

③ 제2항의 송부를 받은 검사는 필요하다고 인정되는 경우에는 사법경찰관에게 시정조치를 요구

④ 사법경찰관은 제3항의 시정조치 요구가 있는 때에는 정당한 이유가 없으면 지체 없이 이를 이행하고, 그 결과를 검사에게 통보

⑤ 제4항의 통보를 받은 검사는 제3항에 따른 시정조치 요구가 정당한 이유 없이 이행되지 않았다고 인정되는 경우에는 사법경찰관에게 사건을 송치할 것을 요구

⑥ 제5항의 송치 요구를 받은 사법경찰관은 검사에게 사건을 송치

⑦ 검찰총장 또는 각급 검찰청 검사장은 사법경찰관리의 수사과정에서 법령위반, 인권침해 또는 현저한 수사권 남용이 있었던 때에는

권한 있는 사람에게 해당 사법경찰관리의 징계를 요구할 수 있고, 그 징계 절차는 「공무원 징계령」 또는 「경찰공무원 징계령」에 따름

15-5. 고소인 등 이의신청 관련 절차

※ 이의 신청 시 재수사 지휘가 이루어집니다.

: 경찰의 불송치 결정

→ 고소인(고발인)의 이의신청(불송치 결정을 내린 사법경찰관 소속 관서의 장에게)

→ 검찰로 사건 이송

→ 검찰에서 재수사 지휘 또는 직접 수사하거나 이의신청 기각

→ (검찰에서 재수사 지휘 시) 경찰에서 재수사

불송치 결정 이의신청서

☐ **신청인**

성 명		사건관련 신분	
주민등록번호		전 화 번 호	
주 소		전 자 우 편	

☐ **경찰 결정 내용**

사 건 번 호	-
죄 명	
결 정 내 용	

☐ **이의신청 이유**

☐ **이의신청 결과통지서 수령방법**

종 류	서 면 / 전 화 / 팩 스 / 전 자 우 편 / 문 자 메 시 지

．　．　．　．

신청인 　　　　　　(서명)

소 속 관 서 장 　귀 하

210㎜ × 297㎜(백상지 80g/㎡)

15-6. 경찰 수사 결과 불송치 결정

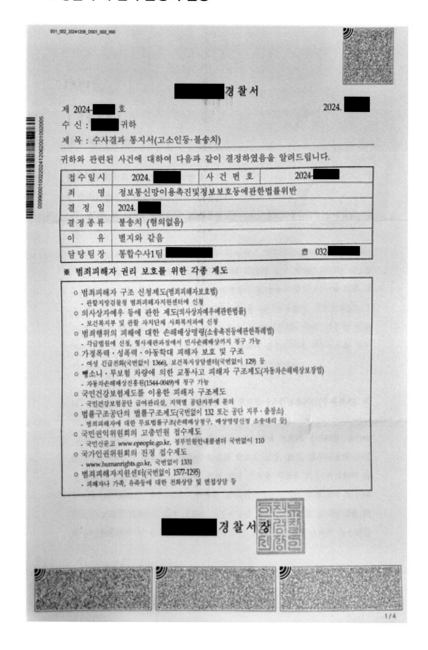

001_002_2024I206_D001_002_990

▓▓▓▓경찰서

제 2024-▓▓호   2024.▓

수 신 : ▓▓귀하

제 목 : 수사결과 통지서(고소인등·불송치)

귀하와 관련된 사건에 대하여 다음과 같이 결정하였음을 알려드립니다.

접 수 일 시	2024.▓▓	사 건 번 호	2024-▓▓
죄 명	정보통신망이용촉진및정보보호등에관한법률위반		
결 정 일	2024.		
결 정 종 류	불송치 (혐의없음)		
이 유	별지와 같음		
담 당 팀 장	통합수사1팀 ▓▓▓▓		☎ 032▓▓

※ 범죄피해자 권리 보호를 위한 각종 제도

○ 범죄피해자 구조 신청제도(범죄피해자보호법)
  - 관할지방검찰청 범죄피해자지원센터에 신청
○ 의사상자예우 등에 관한 제도(의사상자예우에관한법률)
  - 보건복지부 및 관할 자치단체 사회복지과에 신청
○ 범죄행위의 피해에 대한 손해배상명령(소송촉진등에관한특례법)
  - 각급법원에 신청, 형사재판과정에서 민사손해배상까지 청구 가능
○ 가정폭력·성폭력·아동학대 피해자 보호 및 구조
  - 여성 긴급전화(국번없이 1366), 보건복지상담센터(국번없이 129) 등
○ 뺑소니·무보험 차량에 의한 교통사고 피해자 구조제도(자동차손해배상보장법)
  - 자동차손해배상진흥원(1544-0049)에 청구 가능
○ 국민건강보험제도를 이용한 피해자 구조제도
  - 국민건강보험공단 급여관리실, 지역별 공단지부에 문의
○ 법률구조공단의 법률구조제도(국번없이 132 또는 공단 지부·출장소)
  - 범죄피해자에 대한 무료법률구조(손해배상청구, 배상명령신청 소송대리 등)
○ 국민권익위원회의 고충민원 접수제도
  - 국민신문고 www.epeople.go.kr, 정부민원안내콜센터 국번없이 110
○ 국가인권위원회의 진정 접수제도
  - www.humanrights.go.kr, 국번없이 1331
○ 범죄피해자지원센터(국번없이 1577-1295)
  - 피해자나 가족, 유족등에 대한 전화상담 및 면접상담 등

▓▓▓▓ 경찰서장

1 / 4

【 별지 】

【 결정 종류 】

불송치(혐의없음)

【 피의사실의 요지와 불송치 이유 】

※ 결정 종류 안내 및 이의·심의신청 방법

<결정 종류 안내>

○ 혐의없음 결정은 증거 부족 또는 법률상 범죄가 성립되지 않아 처벌할 수 없다는 결정입니다.

○ 죄가안됨 결정은 피의자가 14세 미만이거나 심신상실자의 범행 또는 정당방위 등에 해당되어 처벌할 수 없는 경우에 하는 결정입니다.

○ 공소권없음 결정은 처벌할 수 있는 시효가 경과되었거나 친고죄에 있어서 고소를 취소한 경우 등 법률에 정한 처벌요건을 갖추지 못하여 처벌할 수 없다는 결정입니다.

○ 각하 결정은 위 세 결정의 사유에 해당함이 명백하거나, 고소인 또는 고발인으로부터 고소·고발 사실에 대한 진술을 청취할 수 없는 경우 등에 하는 결정입니다.

<이의·심의신청 방법>

○ 위 결정에 대하여 통지를 받은 자(고발인은 제외)는 형사소송법 제245조의7제1항에 의해 해당 사법경찰관의 소속 관서의 장에게 이의를 신청할 수 있습니다. 신청이 있는 때 해당 사법경찰관은 형사소송법 제245조의7제2항에 따라 사건을 검사에게 송치하게 됩니다.

○ 수사 심의신청 제도(경찰민원콜센터 국번없이 182)
- 수사과정 및 결과에 이의가 있는 경우, 관할 시·도 경찰청「수사심의계」에 심의신청

PART 13

서류 관련

탄원서

탄 원 서

사건번호 :

이　름 :

생년월일 :

주　소 :

연 락 처 :

- 피고인과의 관계

- 판사님께 피고인에 대해 하고 싶은 말

　(성품, 평소 행실, 장점, 대인관계 등)

- 혹시 잘못한 점이 있더라도 최대한 선처해달라는 취지의 내용

　　　　　　　　　　　　0000. 0. 0.

　　　　　　　　　　　　　　　　　　탄원인 000 (인)

* 인감도장 날인하고 인감증명서 첨부

　또는 도장 날인하고 신분증 사본 앞뒷면 첨부 (주민번호 뒷자리는 전부 가려주십시오)

민사조정신청서

조 정 신 청 서

사 건 명

신 청 인　　(이름)　　　　　　　(주민등록번호　　　　　-　　　　)

　　　　　　(주소)　　　　　　　　　　　　　(연락처)

피신청인　　(이름)　　　　　　　(주민등록번호　　　　　-　　　　)

　　　　　　(주소)　　　　　　　　　　　　　(연락처)

소송목적의 값		원	인 지		원

※조정비용은 소장에 첨부하는 인지액의 1/10 입니다.

(인지첩부란)

송달료 계산 방법 : 당사자 수(신청인 + 피신청인) × 5 × 5,150원(1회 송달료)
※1회 송달료는 추후 변동될 수 있습니다.

휴대전화를 통한 정보수신 신청

위 사건에 관한 재판기일의 지정변경·취소 및 문건접수 사실을 예납의무자가 납부한 송달료 잔액 범위 내에서 아래 휴대전화를 통하여 알려주실 것을 신청합니다.

■ 휴대전화 번호 :

20 . . .

신청인 원고　　　　　　　　(날인 또는 서명)

※ 문자메시지는 재판기일의 지정변경·취소 및 문건접수 사실이 법원재판사무시스템에 입력되는 당일 이용 신청한 휴대전화로 발송됩니다.

※ 문자메시지 서비스 이용금액은 메시지 1건당 17원의 납부된 송달료에서 지급됩니다(송달료가 부족하면 문자메시지 서비스가 발송되지 않습니다).

※ 추후 서비스 대상 정보, 이용금액 등이 변동될 수 있습니다.

○○ 지방법원 귀중

◇유의사항◇

1. 연락처란에는 언제든지 연락 가능한 전화번호나 휴대전화번호, 그 밖에 팩스번호·이메일 주소 등이 있으면 함께 기재하여 주시기 바랍니다. 피신청인의 연락처는 확인이 가능한 경우에 기재하면 됩니다.

2. 첨부할 인지가 많은 경우에는 뒷면을 활용하시기 바랍니다.

증인(목격자)신청서

증인신청서

1. 사건: 20   가단(합, 소)
2. 증인의 표시

성 명			
생년월일		. .	
주 소			
연락 가능한 전화번호	사택	사무실	휴대전화
원·피고 와의 관계			

3. 증인이 이 사건에 관여하거나 그 내용을 알게 된 경위
   예시) 이 사건 임대차계약을 체결할 당시 원고, 원고의 처와 함께 계약 현장에 있었음

4. 신문할 사항의 개요
   ① 예시) 이 사건 임대차계약 당시의 정황
   ② 예시) 임대차 계약서를 이중으로 작성한 이유
   ③

5. 희망하는 증인신문방식(해당란에 " ✓ " 표시하고 희망하는 이유를 간략히 기재)
   □ 증인진술서 제출 방식   □증인신문사항 제출 방식   □서면에 의한 증언 방식
   이유: 예시) 원고측과 연락이 쉽게 되고 증인진술서 작성 의사를 밝혔음

6. 증인의 출석을 확보하기 위한 협력 방안(해당란에 " ✓ " 표시)
   □ 기일에 함께 출석하기로 협의함   □ 채택 후 출석 여부를 확인할 예정임
   □ 별다른 방안을 강구하기 어려움   □ 기타 (   )
   □ 영상신문을 통한 증언을 원함 (유의 사항 4. 참조)

7. 예상 소요 시간(주신문)
   □ 15분 □ 30분 □ 기타 (분)

8. 그 밖에 필요한 사항

20 .   .

(원/피)고 소송대리인   서명 또는 날인

법원 귀중

소장

```
┌─────────────┐
│  접 수 인    │
├─────────────┤
│             │              소        장
│             │
└─────────────┘
```

사건번호	
배당순위번호	
담 당	제 단독(부)

사건명

원   고   성명: 주민등록번호(-   )
          주소:
          연락 가능한 신화번호:

1. 피   고   성명: 주민등록번호(-   )
          주소:
          연락 가능한 신화번호:

2. 피   고   성명: 주민등록번호(-   )
          주소:
          연락 가능한 신화번호:

소송목적의 값		원	인지	원
			예납 송달료	원

청 구 취 지

1. 피고는 원고에게   원 및 이에 대하여 소장부본 송달 다음 날부터 다 갚는
   날까지 연 12%의 비율로 계산한 돈을 지급하라.
2. 소송비용은 피고가 부담한다.
3. 제1항은 가집행할 수 있다.
라는 판결을 구합니다.

청 구 원 인

1.
2.
3.

입 증 방 법

1.
2.

첨 부 서 류

1. 소송비용(인지, 송달료)납부서 각 1부
1. 위 입증서류   각 1통
1. 소장부본   1부

20 .   .   .

원고   서명 또는 날인

휴대전화를 통한 정보수신 신청

위 사건에 관한 재판기일의 지정·변경·취소 및 문건접수 사실을 예납의무자가 납부한 송달료 잔액 범위 내에서 아래 휴대전화를 통하여 알려주실 것을 신청합니다.

■ 휴대전화번호:

20 .   .   .

신청인 원고   서명 또는 날인

※ 종이기록사건에서 위에서 신청한 정보가 법원재판사무시스템에 입력되는 당일 문자메시지로 발송됩니다(전자기록사건은 전자소송홈페이지에서 전자소송 동의 후 알림서비스를 신청할 수 있음).

※ 문자메시지 서비스 이용 금액은 메시지 1건당 17원의 납부된 송달료에서 지급되나(송달료가 부족하면 문자메시지가 발송되지 않습니다.

※ 추후 서비스 대상 정보, 이용 금액 등이 변동될 수 있습니다.

※ 휴대전화를 통한 문자메시지는 원칙적으로 법적인 효력이 없으니 참고자료로만 활용하시기 바랍니다.

법원 귀중

증거 서류 제출

증 거 자 료

사 건 번 호:

원　　고:

피　　고:

첨 부 서 류

1.

2.

3.

20 ． ． ．

신청인　　　　　　（서명 또는 날인）
연락 가능한 전화번호

법원 귀중

합의서

합　의　서

피해자

　　　주소 :

가해자

　　　주소 :

내 용

　　　　피해자　　XXX은　　가해자　　XXX으로부터 OOOOOOOOOOOOOOOOOOO내용으로 가해자의 처벌을 원치 않으며 피해자는 차후로 이 사건으로 민·형사상의 이의를 제기하지 않겠습니다.

　　　　　　　　20XX년 XX월 XX일

　　　　　　　　　　　위　고　소　인 :　　　　　㊞

　　　　　　　　O　O　　귀하

※취급중인 사건을 당사자 및 피위임자가 합의를 하실 경우 사건취급 담당자에게 제출하시고 피위임자는 합의서와 위임장 및 인감(개인)이 필요합니다.

공탁서 제출

[별지 제1호 양식]

금전 공탁서(형사공탁)

공탁번호	년금제 호	년 월 일 신청	법령조항	공탁법 제5조의2

공탁자	성 명 (상호, 명칭)		피공탁자	성 명	
	주민등록번호 (법인등록번호)			법원의 명칭과 사건번호 및 사건명	....
	주 소 (본점, 주사무소)			검찰청의 명칭과 사건번호	....
	전화번호				

공탁금액	한글		보관은행	은행 지점
	숫자			

공탁원인사실	

비고(첨부서류등)	☐ 계좌납입신청

위와 같이 신청합니다.　　　　　　대리인 주소
　　　　　　　　　　　　　　　　　　전화번호
　　공탁자 성명　　　인(서명)　　성명　　　　　　인(서명)

회수제한 신고	공탁자는 피공탁자의 동의가 없으면 위 형사사건에 대하여 무죄판결이 확정될 때까지 공탁금에 대한 회수청구권을 행사하지 않겠습니다. 공탁자 성명　　　인(서명)　　대리인 성명　　　　인(서명)

위 공탁을 수리합니다.
공탁금을　년　월　일까지 위 보관은행의 공탁관 계좌에 납입하시기 바랍니다.
위 납입기일까지 공탁금을 납입하지 않을 때는 이 공탁 수리결정의 효력이 상실됩니다.

　　　　　　　　　　년　　　월　　　일
　　　　　　법원　　　지원 공탁관　　　　　　(인)

(영수증) 위 공탁금이 납입되었음을 증명합니다.

　　　　　　　　　　년　　　월　　　일
　　　　공탁금 보관은행(공탁관)　　　　　　(인)

※ 금전공탁서(형사공탁) 작성안내(뒷면을 참조하시기 바랍니다)

금전 공탁서(변제 등)

공 탁 번 호			년 금 제 호		년 월 일 신청	법령조항	
공 탁 자	성 명 (상호, 명칭)			피 공 탁 자	성 명 (상호, 명칭)		
	주민등록번호 (법인등록번호)				주민등록번호 (법인등록번호)		
	주 소 (본점, 주사무소)				주 소 (본점, 주사무소)		
	전화번호				전화번호		
공 탁 금 액	한글 숫자		보 관 은 행		은 행 지점		
공탁원인사실							
비고(첨부서류 등)			☐ 계좌납입신청 ☐ 공탁통지 우편료 원				
1. 공탁으로 인하여 소멸하는 질권, 전세권 또는 저당권 2. 반대급부 내용							

위와 같이 신청합니다.   대리인 주소
전화번호
공탁자 성명   인(서명)   성명   인(서명)

위 공탁을 수리합니다.
공탁금을   년   월   일까지 위 보관은행의 공탁관 계좌에 납입하시기 바랍니다.
위 납입기일까지 공탁금을 납입하지 않을 때는 이 공탁 수리결정의 효력이 상실됩니다.

　　　　　　　　년　　　월　　　일

　　　　　　　법원　　　　지원 공탁관　　　　　　　(인)

(영수증) 위 공탁금이 납입되었음을 증명합니다.

　　　　　　　　년　　　월　　　일

　　　　　　공탁금 보관은행(공탁관)　　　　　　(인)

✱ 1. 서명 또는 날인글 하되, 대리인이 공탁할 때에는 대리인의 성명, 주소(자격자대리인은 사무소)를 기재하고 대리
     인이 서명 또는 날인하여야 합니다. 전자공탁시스템을 이용하여 공탁하는 경우에는 날인 또는 서명은 인증서에 의
     한 전자서명 방식으로 합니다.
  2. 공탁당사자가 국가 또는 지방자치단체인 경우에는 법인등록번호란에 '고유번호'를 기재하시기 바랍니다.
  3. 피공탁자의 주소를 기재하는 경우에는 피공탁자의 주소를 소명하는 서면을 첨부하여야 하고, 피공탁자의 주소를
     알 수 없는 경우에는 그 사유를 소명하는 서면을 첨부하여야 합니다.
  4. 공탁통지서를 발송하여야 하는 경우, 공탁금을 납입할 때 우편료(피공탁자 수 ✕ 1회 분)도 납부하여야 합니다
     (공탁신청이 수리된 후 해당 공탁서 신청번호로 납부하여야 하므로, 미리 여납할 수 없습니다).
  5. 공탁금 회수청구권은 소멸시효 완성으로 국고에 귀속될 수 있습니다.
  6. 공탁서는 재발급 되지 않으므로 잘 보관하시기 바랍니다.